기독교문서선교회 (Christian Literature Center: 약칭 CLC)는 1941년 영국 콜체스터에서 켄 아담스에 의해 시작되었으며 국제 본부는 미국 필라델피아에 있습니다.
국제 CLC는 59개 나라에서 180개의 본부를 두고, 약 650여 명의 선교사들이 이동 도서차량 40대를 이용하여 문서 보급에 힘쓰고 있으며 이메일 주문을 통해 130여 국으로 책을 공급하고 있습니다. 한국 CLC는 청교도적 복음주의 신학과 신앙 서적을 출판하는 문서선교기관으로서, 한 영혼이라도 구원되길 소망하면서 주님이 오시는 그날까지 최선을 다할 것입니다.

추천사 1

정성구 박사
전 총신대학교 총장, 전 대신대학교 총장

한말의 독립운동가 도산 안창호 선생은 사상가이자 독립협회, 신민회, 흥사단 등에서 일했다. 그간 도산 안창호에 관한 연구서도 많았고, 논문도 많이 있었다. 그러나 이번에 이정권 박사가 목회자 입장에서 쓰신 도산 안창호의 신앙 인격과 사상에 관한 최초의 연구이다. 그는 안 도산의 사상 연구에 10년의 세월을 보냈다.

이정권 박사는 예수사랑교회를 목회하면서 도산의 기독교 세계관에 흠뻑 빠져들어 건국대학교에서 철학과의 박사 학위 논문으로 제출하였다. 나는 이정권 목사의 학자로서의 삶과 목회자로서의 삶을 곁에서 오랫동안 지켜봤다. 그의 선비 정신과 목양의 삶은 도산을 닮았다.

한국 근대사에 도산 연설과 설교에 감동되어 기독인이 된 사람이 수를 셀 수 없다. 안 도산은 동서양의 가교역할을 하면서도, 칠흑같이 어둡고 힘든 시대에 예수 그리스도의 복음만이 민족의 살길이라고 외쳤다. 나라를 빼앗기고 희망도 꿈도 없던 시대에 안 도산의 외침은 잠자는 민족을 일깨우는 역할을 했다.

이번에 출판한 이정권 박사의 도산 안창호의 책이 오늘처럼 거짓이 판치는 암울한 시대에 희망의 메시지가 될 것이라고 확신하면서 몇 자 적어 추천하는 바이다.

추천사 2

김은호 목사
오륜교회 설립목사

'분열, 갈등, 우울.' 오늘날 한국 사회를 대변하는 표현들입니다. 많은 전문가가 이러한 문제를 속히 해결하지 않으면 더 큰 어려움에 직면하게 될 거라고 경고합니다. 그러나 누구도 이에 대한 근본적인 해결책을 제시하지는 못하고 있습니다.

하나님은 영적으로 어두운 이 세상을 향한 대안으로 교회를 세우셨습니다. 세상 속의 그리스도인들을 향해 '너희는 빛과 소금'이라고 선언하셨습니다. 우리가 참된 그리스도의 제자로 살아갈 때 세상은 우리를 통해 예수님을 보게 될 것입니다.

그런 의미에서 도산 안창호의 '무실역행', '정의돈수'는 오늘을 살아가는 그리스도인들에게 큰 울림을 줍니다. 믿음은 말이 아닌 성도의 삶을 통해 드러나고 전해지기 때문입니다. 갈수록 어두워가는 이 시대에 『도산 안창호 동서양을 말하다』를 통해 그의 기독교 실천철학이 우리 마음에 불을 지피길 소망합니다. 하나님의 말씀을 아는 것에 그치지 않고, 삶을 살아내는 자들이 더욱 많아지길 축복합니다.

추천사 3

소강석 목사
새에덴교회 담임목사

  도산 안창호 선생은 일제강점기의 독립운동가이며 교육자이셨습니다. 그리고 교육을 통한 애국 계몽 운동가이기도 합니다. 도산은 일제강점기의 시대에 총칼을 들고 일본군과 맞서는 것도 중요하지만, 대한의 백성이 독립 국가의 주인으로 실력과 높은 수준의 인격을 갖추는 것을 더 중요하다고 생각했습니다. 그는 실력과 인격이 독립을 이루는 힘이며 대한민국을 독립 국가로 유지·발전시키는 힘이라고 굳게 믿었습니다. 이에 흥사단이란 단체를 만들어 자신의 사상과 신념을 구체적으로 실천하였습니다.

  중요한 점은 도산의 이러한 활동은 기독교인으로서의 활동이며, 도산의 대부분 사상이 기독교의 성경으로부터 형성되었다는 것입니다. 도산은 어린 시절 유교의 영향을 받았지만, 청소년기부터는 성경을 배우고 기독교 교리를 철저히 배웠습니다. 그러므로 도산의 교육사업과 계몽운동은 기독교인으로서의 활동이며 행동이었습니다.

  이번 이정권 박사의 논문이 이와 같은 사실을 잘 증명해 주고 있습니다. 이정권 박사의 논문에 의하면 도산의 무실역행과 정의돈수가 유교의 사상에 머문 것이 아니라, 기독교의 성경의 가르침과 기독교의 사상으로부터 형성되었다는 것을 알게 됩니다. 그리고 도산은 이러한 사상을 사상으로만 머물게 한 것이 아니라 가정과 단체와 국가를 바로 세우기 위해서 부단히 실천적인 노력을 기울였습니다.

  이정권 박사의 논문은 이러한 도산 안창호 선생의 사상과 그 실천적 노력의 과정을 성경의 직설법과 명령법의 관점에서 독특한 내용을 전개하였습니다. 도산은 성경을 배우고 연구하면서 성경의 구조인 직설법과 명령법의 관점에서 도산 자신의 사상과 실천 역시 사상적인 측면에서는 직설법을 사용하고 실천적인 측면에서는 명령법을 사용했습니다. 이런 도산의 실천철학은 분명 성경의 영향을 깊게 받은 결과라고 이 논문은 주장하고 있습니다.

이러한 이정권 박사의 논문의 관점으로 볼 때, 도산 안창호 선생은 한국 기독교의 큰 자산입니다. 하나님께서 일제강점기의 어려운 역사 현실 속에서 도산을 하나님의 일꾼으로 사용하셨다고 말할 수 있습니다. 그런 측면에서 도산은 하나님의 종이었고 한국 교회를 대표하는 대한민국의 지도자였습니다.

우리 기독교인들은 이번 이정권 박사의 논문을 통해서 도산 안창호 선생을 새롭게 바라볼 수 있게 되었습니다. 도산은 우리 대한민국 교회사의 중요한 인물로 자리매김할 수 있게 되었습니다. 도산은 한국 기독교의 큰 자산입니다. 하나님께서는 나라와 민족이 어려울 때 도산이라는 충직한 종을 일으켜 대한민국이 나아갈 길을 제시해 주셨고, 도산은 대한민국의 지도자로서의 사명을 충성스럽게 감당하였습니다. 그런 면에서 이정권 박사의 논문은 오늘날 우리 기독교에 큰 경종을 울려줍니다. 혼란스러운 이 시대에 도산 같은 기독교 지도자가 나타나기를 소망하며 하나님께서 도산 같은 언행일치의 지도자를 세워주시기를 소망하게 됩니다.

바쁜 목회 일정 가운데서도 알차고 의미 있는 논문을 내신 이정권 박사의 노고를 치하하며 많은 목사님과 성도가 이 책을 읽고 하나님의 섭리를 발견하기를 바라며 기꺼이 추천합니다.

추천사 4

김성민 박사
건국대학교 철학과 명예교수

    구한말과 식민지 시기의 독립운동가를 대표했던 인물을 꼽자면 바로 도산(島山) 안창호(安昌浩) 선생일 것이다. 독립협회와 신민회, 흥사단 등의 활발한 국내 활동부터 중국과 미국에서의 임시정부 활동에 이르기까지 조국의 독립운동에 헌신했던 도산의 삶 전체는 오늘 우리들의 한국이 있을 수 있게 했던 밑바탕과 같기 때문이다. 그만큼 조국의 독립과 자유를 위해 헌신했던 도산의 처절한 삶은 넓고도 깊었다. 조선 전체를 종횡무진한 것은 물론, 아시아 곳곳을 넘어 미국 샌프란시스코와 로스앤젤레스에 닿을 만큼 적극적으로 설명하고 나눴다. 그렇기에 한국 근현대의 엄혹한 현실 속에서 살아온 한국인들에게 도산 선생은 가장 존경받는 인물일 수밖에 없었다.

    그런데 현재 한국에서 활동하고 있는 다양한 분야의 연구자들에게 도산 선생에 관한 관심은 그에 대한 존경과 비례하지 않는다. 일제강점기에 활동한 독립운동가, 사상가, 이론가에 관한 연구는 적지 않게 수행되었지만, 유독 도산에 관한 연구는 그리 많지 않다.

    특히, 그의 활발한 활동과 다양한 언설에도 불구하고 조선의 광복과 새로운 국가건설로 집약되는 도산의 철학적 사유에 관한 관심은 매우 인색하다. 이를테면 무실역행(務實力行)으로 대표되는 도산의 철학적 사유는 인식론에서부터 실천론에 이르기까지를 포함하고 있어 하나의 고유한 철학적 사유체계로 평가하기에도 절대 부족하지 않다. 이런 현실에서 도산 선생의 기독교 철학을 꼼꼼하게 살피고 있는 이정권 박사의 책은 무척이나 반갑고도 고마운 연구서이다.

이정권 박사는 도산의 핵심적 사유를 기독교 실천철학이라고 정의한다. 정확한 안목이라고 생각한다. 도산의 사유에는 기독교라는 축과 실천철학이라는 또 다른 축이 접점을 이룬다. 이를 위해 이정권 박사는 무실역행의 원리를 동양적 사유 전통에서부터 논증하는 한편, 기독교 실천철학의 토대로서 구세학당이 어떻게 도산에게 영향을 끼쳤는지를 꼼꼼하게 추적한다.

더욱이 무실역행의 원리를 '직설법'과 '명령법'이라는 도식 안에 배치하여 기독교 실천철학의 맥락 속에서 재구성한다. 뛰어난 해석이며 설명 과정이라고 평가하고 싶다. 아울러 이 책의 백미는 무실역행의 실천적 전개와 관련된 부분이다. 자기사랑과 타인사랑을 대비하고 무실역행의 현실적 실천을 혼인, 부부, 자녀, 가정, 사회로까지 확장해 도산의 기독교 실천철학을 온전하게 체계화하기 때문이다. 이 책이 나오기까지 이정권 박사의 순수한 학문적 열정과 노력을 느낄 수 있었다. 개인적으로 이정권 박사의 논문지도 교수로서 감사와 치하를 전하고 싶다. 좋은 길잡이가 될 것을 자신한다.

추천사 5

정상봉 박사
건국대학교 철학과 교수

　이정권 박사는 2023년 여름 『도산 안창호의 동서양을 말하다』로 철학박사 학위를 취득하였다. 지난 20여 년 동안 이 박사는 늘 목회 활동으로 바쁜 와중에서도 철학 연구 작업을 성실하게 수행해 온 것을 지켜보았다. 그 결실이 도산 안창호 선생의 기독교 철학사상을 다룬 학위 논문인데, 해당 주제에 관해서는 우리나라 최초의 박사 학위 논문이다. 때마침 기독교계의 요청에 부응하여 이렇게 출판을 하게 되었으니 참으로 축하할 만한 일이다.
　도산 안창호 선생은 중국과 일본, 그리고 서구 열강의 외압에 시달리던 19세기 말부터 일제강점기에 이르기까지 격변과 환난 속에서 전통 사상의 공리공담을 버리고 무실역행(務實力行)을 추구하고 아울러 기독교(基督敎)의 사랑을 실천함으로써 우리가 새로운 지평을 열어 갈 수 있다는 점을 천명하였다.
　이 박사는 이점에 주목하여 도산 안창호 선생의 핵심사상이 무실역행(務實力行)과 정의돈수(情誼敦修)이며, 그것은 교육과 설교에서 직설법(Indicative)과 명령법(Imperative)으로 펼쳐졌다고 하였다. 여기서 '무실역행'은 유학(儒學)의 사유 전통 속에 그 뿌리를 두고 있는데, 그 '실'(實)은 바로 진실(眞實), 착실(着實), 실용(實用), 실천(實踐)의 네 가지 의미를 담고 있다. 그리고 개인, 가정, 단체, 국가, 세계로 향하는 기독교적 사랑을 독실하게 실천하는 것이 바로 정의돈수(情誼敦修)다.
　이 박사의 학적 연구가 집약된 이 책은 체계적으로 구성되어 있고 그 내용도 매우 구체적이어서 비단 기독교계뿐만 아니라 전통과 현대, 동양과 서양이 교직된 현대를 살아가는 이 땅의 모든 이들에게 도산 안창호 선생의 철학사상을 다시 들여다봄으로써 사랑과 화합의 참 의미를 깨닫는 복된 기회를 안겨 줄 것으로 기대된다.

추천사 6

김도식 박사
건국대학교 철학과 교수

　이정권 박사의 『도산 안창호 동서양을 말하다』는 평생 기독교 전파에 힘쓴 목회자의 경륜과 지난 20여 년 동안 철학도로서의 연구가 하나의 결실로 이루어진 책이다. 이 박사는 건국대학교 대학원 과정에서 한국 현대철학이 기독교 사상과 접속될 수 있는 지점을 찾고자 했고, 그 과정에서 도산 안창호 선생을 만나게 된다. 그동안 도산 안창호에 관한 연구가 다각적으로 진행된 것은 사실이지만, 그의 사상을 철학적인 관점에서 기독교와 연결하여 탐구한 것은 이 박사가 처음이다. 이러한 사실만으로도 이 책은 가치가 매우 높다고 평가받을 만하다.
　이 책에서는 도산의 핵심 사상을 '무실역행'(務實力行)으로 파악하고, 이 개념을 통하여 이 박사는 도산 사상을 성경의 이론적 측면과 실천적 측면으로 접목한다. 무실역행은 거짓을 버리고 진실을 사랑하며, 이를 힘써 행하는 것이다. 이는 기독교에서 말하는 교리를 진리로 이해하고 이를 애써 실행하는 지행합일(知行合一)과 자연스럽게 연결된다. 이러한 측면에서 도산의 사상이 성경에서 강조하는 이론철학 및 실천철학으로 이어지기에, 이 책은 도산 사상과 기독교의 현대철학적 의미를 이해하고자 하는 모든 이에게 필독서가 될 것이다.

추천사 7

진지훈 박사
제기동교회 담임목사 | 총신대학교 신학대학원 강사

　대한민국 국민이라면 도산 안창호 선생을 알 것이다. 그런데 막상 도산 안창호 선생에 관해 이야기해 보라고 하면 입을 떼는 사람을 찾아보기 어렵다. 도산 안창호 선생은 한국 근대사에서 정말 중요한 인물이다. 서양 사상과 문물이 쏟아져 들어오는 개화기와 일제 식민 지배라는 민족의 아픔을 겪었던 격동기를 살면서 우리 민족이 가져야 할 사상적 기반을 만들고 그것의 실천을 통해 민족 근대 민족운동을 이끄셨던 분이다. 한국인이라면 모를 수가 없는 분이다. 그런데 대부분 한국인이 그의 이름만 알뿐 그가 그토록 외치며 실천하고자 했던 사상이 무엇인지 잘 알지 못 한다.
　학자들은 그의 사상을 일반적으로 "동서양 사상의 융합"이라고 평가해 왔다. 어린 시절 서당에서 한학을 배웠던 그가 청년기 미국인 기독교 선교사 밀러가 세운 구세학당에서 공부하면서 기독교 사상을 비롯하여 서양 사상을 배웠기 때문이다. 그리고 실제로 그의 사상 속에는 유가 사상을 비롯한 동양의 전통 사상이 배어 있으면서도 서양의 기독교적인 사상도 적절하게 어우러져 나오고 있다. 하지만 정작 도산 선생이 동서양의 사상을 어떻게 융합했는지에 대한 이해나 설명은 극히 빈약했다.
　기독교계에서도 도산 선생은 기독교 정신을 실천하신 분이라고 외치면서 도산의 유명세에 기대왔을 뿐, 도산의 사상이 어떤 면에서 기독교적인지에 대한 설명을 제대로 하지 못했다. 그의 단편적인 가르침에서 기독교적인 흔적을 찾아내 그것이 기독교 사상이라고 말하는 것이 고작이었다. 도산이 기독교 정신을 어떻게 한국인들의 전통 사상 속에 녹여내었는지는 말하지 못한 것이다. 기독교인이라면 부끄러움을 느낄 수밖에 없는 부분이다.

그런데 도산 안창호 선생을 이야기할 때 기독교인들이 느끼는 부끄러움을 이정권 박사가 이 책을 통하여 깨끗하게 씻어 주었다. 이정권 박사는 오랫동안 성경을 연구하고 설교하며 목회해온 목사일 뿐 아니라 동시에 학부에서부터 철학을 공부해 온 철학자다. 이정권 박사는 이 책을 통해서 도산 안창호 선생의 사상이 왜 동서양 사상의 융합이라고 평가될 수 있는지를 명쾌하게 설명했다.

한마디로 말하면, 이정권 박사는 도산의 화법을 성경 언어에서 사용하는 직설법(indicative)과 명령법(imperative)의 조화로 설명했다. 성경에서 원리적인 교훈은 직설법을 통해서 설명하고 삶 속에서 직접 실천해야 할 교훈은 명령법의 형태로 말하고 있는데 도산이 어떤 사상적인 근거와 논리를 이야기할 때는 동양적인 사상에서 근거해서 직설법으로 이야기하고 그것의 실천을 강조할 때는 성경적인 원리를 가져다가 명령법적인 형태로 이야기하고 있음을 발견한 것이다. 이것은 철학자이면서 동시에 목사인 이정권 박사만이 할 수 있는 놀라운 발견이라고 생각한다.

이정권 박사의 이 책을 통해 우리는 드디어 도산 안창호 선생님의 동서양 철학의 융화에 대해서 이제 제대로 논할 수 있게 되었다. 도산 안창호 선생님을 존경한다고 말하는 한국인이라면 누구나 이 책을 보고 도산 안창호 선생의 사상이 무엇인지를 배웠으면 좋겠다. 특히, 도산 안창호 선생님이 기독교 정신을 실천하신 분이라고 말하는 기독교인들, 특히 한국 교회의 지도자들은 모두 보아야 할 귀한 책이다. 도산 안창호 선생의 사상에 대해서 깊이 있는 연구의 결과물을 내준 이정권 박사의 노고와 수고에 대해서 기독교인의 한 사람으로서 깊이 감사한다.

추천사 8

신동식 목사
빛과소금교회 담임목사 | 기독교윤리실천운동 교회신뢰운동본부장

뜨거운 책을 만났습니다. 시대를 향한 간절함이 묻어 있는 책입니다. 한국 교회와 사회가 망각하고 있었던 시대정신을 깨우는 책입니다. 도산 안창호를 단지 독립운동가로만 알고 있었던 우리의 무지를 깨우는 귀한 책입니다. 기독교 실천철학자로서 도산을 재조명한 이 책은 위기의 한국 교회와 한국 사회에 매우 적실한 책이라 생각합니다.

도산은 동서양의 사상의 융합자로 나라 잃은 시대에 자신의 사상을 자국의 언어로 분명하게 제시하였습니다. 무실역행과 정의돈수는 유교적 언어지만 그 내용은 성경적 세계관입니다. 성경적 세계관이 유교적 사회에 어떻게 발현될 수 있는지를 정확하게 보여주는 책입니다. 유교 공부와 언더우드의 구세학당에서의 요리문답 공부의 충실함이 어떻게 열매로 나타나는지 잘 보여주고 있습니다.

정직이 무시되고 거짓이 아무렇지도 않게 여겨지는 시대입니다. 자신의 탐욕을 위해서라면 온갖 악을 행하고 있습니다. 인간 안에 있는 부패성이 악함으로 나타나고 있습니다. 가슴 아픈 시대를 살고 있습니다. 개인과 가정과 국가의 모습이 위기입니다. 독립된 자주 국가지만 상처가 많습니다. 이러한 시대를 깨우는 것이 그리스도인의 소명입니다.

하지만 안타까운 것은 이러한 세상을 향한 교회와 그리스도인의 역할이 점점 신뢰를 잃어가고 있습니다. 말은 거창한데 행함이 보이지 않음을 세상이 눈치챘기 때문입니다. 사랑은 말하는데 사랑이 습관이 되지 않아서 힘을 발휘하지 못합니다. 그러는 사이 사회는 점점 망가지고 있음을 봅니다.

이런 시대에 교회와 그리스도인은 어떠한 자세를 가져야 할까? 이 질문에 대한 정직한 답을 찾는 데 이 책을 추천합니다. 이 책의 저자인 이정권 박사의 치밀한 논지와 제시는 한국교회에 귀한 자산이 되기에 충분합니다. 기독교 실천철학자로서의 도산 안창호를 다시금 깨어나게 하신 기독교 실천철학자인 이정권 박사의 노고를 정말 축하드립니다. 저자를 오랜 시간 알고 있었기에 이 책이 얼마나 귀하게 연구되고 출판되는지 알고 있습니다. 이 책은 교회 지도자들뿐 아니라 그리스도인들이 특별히 청년 세대들이 반드시 읽기를 추천합니다.

도산 안창호 동서양을 말하다

A Study on Dosan Ahn Chang-ho's Practical Philosophy of the Christianity
Written by Lee, Jung-kwon
All rights reserved.
Korean Edition Copyright ⓒ 2024 by Christian Literature Center, Seoul, Korea.

도산 안창호 동서양을 말하다
직설법(Indicative)과 명령법(Imperative) 중심으로

2024년 03월 29일 초판 발행

지 은 이	|	이정권
편 집	|	이신영
디 자 인	|	박성준, 김현미
펴 낸 곳	|	(사)기독교문서선교회
등 록	|	제16-25호(1980. 1. 18.)
주 소	|	서울특별시 동대문구 천호대로71길 39
전 화	|	02~586~8761~3(본사) 031~942~8761(영업부)
팩 스	|	02~523~0131(본사) 031~942~8763(영업부)
이 메 일	|	clckor@gmail.com
홈페이지	|	www.clcbook.com
송금계좌	|	기업은행 073-000308-04-020 (사)기독교문서선교회
일련번호	|	2024-34

ISBN 978-89-341-2671-3 (03100)

이 책의 출판권은 (사)기독교문서선교회가 소유합니다.
신저작권법에 의하여 한국 내에서 보호를 받는 저작물이므로 무단 전재와 무단 복제를 금합니다.

신학박사 논문 시리즈 80

도산 안창호
동서양을 말하다

직설법과 명령법을 중심으로

Indicative Imperative

이 정 권 지음

CLC

목차

추천사 1 **정성구 박사** | 전 총신대학교 총장, 전 대신대학교 총장   1
추천사 2 **김은호 목사** | 오륜교회 설립목사   2
추천사 3 **소강석 목사** | 새에덴교회 담임목사   3
추천사 4 **김성민 박사** | 건국대학교 철학과 명예교수   5
추천사 5 **정상봉 박사** | 건국대학교 철학과 교수   7
추천사 6 **김도식 박사** | 건국대학교 철학과 교수   8
추천사 7 **진지훈 박사** | 제기동교회 담임목사   9
추천사 8 **신동식 목사** | 빛과소금교회 담임목사   11

서문   19

제1부 서론   21
제1장 연구의 필요성과 목적   22
제2장 선행연구 검토 및 연구방법   27
제3장 논의의 진행 방향   37

제2부 도산의 무실역행의 원리   39
제1장 무실론의 개념적 연원   40
   1. 중국의 무실   40
   2. 우리나라의 무실   43
   3. 도산 안창호의 무실   52

제2장 도산의 무실역행의 지향   **56**

    1. 진실성(眞實性)   **56**
    2. 착실성(着實性)   **63**
    3. 실용성(實用性)   **65**
    4. 실천성(實踐性)   **69**

제3장 도산 기독교 실천철학의 토대로서 구세학당   **75**

    1. 도산의 기독교 실천철학   **75**
    2. 도산의 구세학당 입학   **78**
    3. 구세학당의 기독교 교육   **81**
    4. 구세학당과 무실역행   **84**

제3부 무실역행의 직설법과 명령법의 정의   **88**

제1장 도산의 직설법과 명령법   **89**
제2장 도산과 복음서의 직설법과 명령법   **92**
제3장 도산과 바울서신의 직설법과 명령법   **110**
제4장 성경의 직설법과 명령법의 관점으로 본 도산의 실천철학   **119**

    1. 도산의 무실역행(務實力行)   **120**
    2. 도산의 정의돈수(情誼敦修)   **128**

제4부 도산 무실역행의 실천적 전개   **137**

제1장 무실역행의 출발점으로서 애기애타(愛己愛他)   **138**

    1. 무실역행에서 애기애타로의 이행   **139**
    2. 애기애타의 정의   **144**
    3. 자기사랑(愛己)   **153**
    4. 타인사랑(愛他)   **157**

제2장 무실역행의 실천적 전개로서 가정   **161**
   1. 혼인관   **161**
   2. 부부 관계   **168**
   3. 자녀 관계   **171**
   4. 가정   **177**

제3장 무실역행의 훈련장으로서 단체   **180**
   1. 힘의 철학   **180**
   2. 힘의 실천철학을 기르는 방법으로서 충의와 용감   **190**
   3. 힘의 실천철학을 기르는 방법으로서 건전한 인격   **196**
   4. 힘의 실천철학을 기르는 방법으로서 신성한 단결   **202**
   5. 훈련 단체에서의 지도자의 조건   **207**

제4장 무실역행의 실현장으로서 국가   **212**
   1. 국가관   **212**
   2. 국권 회복의 실현으로서 독립 국가   **217**
   3. 주인의식의 실현으로서 통합 국가   **223**
   4. 변화의 실현으로서 문명국가   **227**

제5부 결론   **232**

참고 문헌   **240**

국문 초록   **248**
ABSTRACT   **252**

서문

이 책 『도산 안창호 동서양을 말하다』의 목표는 세 가지다. 하나는 일반적으로 도산 안창호를 교육개혁 운동가, 애국 계몽운동가, 일제강점기의 독립운동가, 정치가, 개화사상가 등으로 다양하게 평가하는 전통적인 해석과는 달리 기독교 실천철학자로서 제시하는 것이다. 또 다른 하나는 국내 도산 연구자들이 도산의 사상을 동양사상과 서양사상의 융합이라고 주장하면서도 정작 도산의 동서양 융합 사상이 구체적으로 무엇인지에 대해서는 제시하지 못함을 아쉬워하면서 도산의 무실역행(務實力行)과 정의돈수(情誼頓修)를 성경의 직설법과 명령법의 관점을 통해 동서양의 융합으로 평가해 보았다. 마지막으로 도산의 기독교 실천철학의 핵심인 무실역행과 정의돈수를 적용하기 위해서 애기애타(愛己愛他), 가정, 단체, 국가를 하나의 방법론으로 제시하고자 한다.

이 책이 세상에 빛을 보기까지 감사를 드려야 할 분들이 많다. 이 책을 위해서 수고해 주신 기독교문서선교회(CLC)와 이신영 선생과 여러 스태프에게 감사를 전한다.

또한, 이 책을 쓰는 동안 내 사랑 아내 정은영과 아들 이룸, 딸 이솔아 여동생 이순주 그리고 장모 석득렬 권사님과 형수 최지숙 권사님과 친척들은 나에게 인내와 사랑과 격려를 보내주셨다.

한 사람의 사상은 다른 사람들에게 영향을 받으면서 형성된다. 나는 철학의 고향 건국대학교 철학과에서 많은 것을 배웠다. 특별히 강영계, 기종석, 김성민, 김도식, 정상봉 선생님은 나의 사상 형성에 영향을 주신 위대한 스승님들이다.

20대에 만나 학원복음화(S.C.E)를 위해서 함께 수고했던 나실인 친구들에게 감사를 전하며 10년을 함께 책을 읽고 연구했던 필로고스 동역자들과 예수님의 풍성한 품성을 알게 해주신 서석만 목사님께도 깊은 감사를 드리고, 매주 월요일 구리구장에서 함께 축구하며 목회와 삶을 나누는 임마누엘 동역자들에게 감사를 드린다. 그리고 예수사랑교회에서 함께 복음을 위해서 수고하시는 남월현 목사님, 변희철 장로님과 성도님들께 특별한 감사를 드린다.

마지막으로, 몇 년 전에 하늘나라에 가신 어머니 장윤선 권사님과 작년에 천국에 입성하신 형님 이병구 장로님께 이 책을 헌정한다.

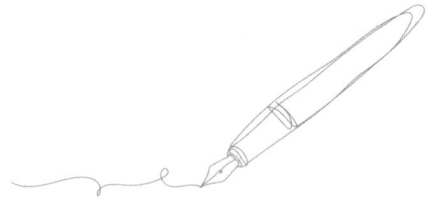

제1부

서론

제1장 연구의 필요성과 목적

제2장 선행연구 검토

제3장 논의의 진행 방향

제1장

연구의 필요성과 목적

　도산 안창호(安昌浩, 1878년-1938년)는 교육개혁 운동가, 애국 계몽운동가, 일제강점기의 독립운동가, 정치가, 기독교 실천철학자, 개화사상가 등으로 다양하게 평가된다. 도산은 일제강점기를 살면서 대한민국 독립을 위해 평생을 헌신한 독립운동가이며 정치가이다. 그리고 그는 사후에, 특히 흥사단을 통해 우리 민족의 발전과 번영을 위한 청사진을 제시한 탁월한 운동가요, 기독교 실천철학자였다. 무엇보다 그는 현대인으로서는 드물게 무실역행(務實力行)과 정의돈수(情誼敦修)로 솔선수범(率先垂範)했던 민족의 지도자였다.

　도산의 탁월한 점은 일제강점기의 암울한 시대를 살면서도 낙망하지 않고 조국의 미래를 준비한 것이다. 도산과 함께했던 대부분의 독립운동가가 총과 칼의 혁명적 방법으로 독립을 이루려고 할 때 도산은 교육을 통해 건전한 나라의 인물을 양성하고 힘의 철학으로 교육해야 한다고 주장하며 그 길을 준비했다.

　도산은 구세학당에서 3년간 제도적인 교육을 받았다. 그러나 그는 이미 타고난 진실함과 지혜와 지식으로 기독교의 풍부한 사상체계를 가지고 있었다. 어린 시절에는 고향에서 한학(漢學)을 공부해 유교적 교양을 쌓았다. 청소년기에 서울에 올라와 기독교에 입문해 교리문답을 통해 기독교 사상을 체계적으로 배웠다. 그리고 기독교를 통해 물밀듯 들어오는 서구 문물에 눈을 뜨게 되었다.

도산은 구세학당에서 유길준(俞吉濬, 1856년-1914년)과 양계초(梁啓超, 1873년-1929년)의 사상적 영향도 받았다. 그리고 오랜 해외 생활을 통해 서양문명의 필요성을 잘 알고 있었고, 특히 서구문화와 문명개방의 중요성을 잘 알고 있었다.

도산은 자신이 직접 저술한 책이 없다. 그러나 도산의 연설과 담화와 설교문이 오늘날까지 전해지고 있다. 그리고 도산에게 가르침을 직접 받지는 않았으나 도산의 인격과 학문을 본으로 삼고 배웠던 주요한과 이광수에 의해 도산의 기독교 실천철학이 전해졌다.

이광수는 도산의 정신과 인품을 존경하여 임시정부 상해 시절 도산의 곁에 있으면서 수년 동안 그를 모셨다. 그것이 계기가 되어 이광수는 도산의 실천철학을 민족 앞에 내놓았다. 그가 집필한 『도산 안창호』는 도산을 연구하고 이해하는 데 가장 많이 사용하고 있는 기초 자료이다.

또한, 주요한은 『안도산전서』를 출판했다. 주요한의 저술은 도산의 생애와 철학을 집대성한 대표적인 저술이다. 『안도산전서』는 그 안에 부록으로 실려 있는 도산의 말과 글 때문에 도산 연구의 중요한 자료가 된다.

그리고 지난 2000년에 도산 안창호 기념사업회에서 지금까지 흩어져 있던 도산의 자료들을 모아 『도산안창호전집』14권[1]을 편찬해 세상에 내놓았는데 이로써 그동안 묻혀 있던 도산의 실천철학이 세상의 빛을 보게 되었다. 이 전집은 도산을 연구하는 연구자들에게 많은 도움이 된다.

지금까지 도산 안창호에 관한 연구는 주로 역사학, 경영학, 정치학, 그리고 교육학을 중심으로 이루어졌다. 역사학계에서는 임시정부와 미국의 한인회를 중심으로 독립운동에 관한 연구와 더불어 실력양성론과 개화사상의 측면이 주로 연구되었다. 경영학적인 측면에서 도산의 서번트 리더십

---

[1] 제1권 시문, 서한 Ⅰ, 제2권 서한 Ⅱ, 제3권 서한 Ⅲ, 제4권 일기, 제5권 민족운동과 대한인국민회, 제6권 대한민국임시정부와 유일당운동, 제7권 흥사단, 제8권 흥사단 원동위원회, 제9권 동우회 Ⅰ, 제10권 동우회 Ⅱ·흥사단우 이력서, 제11권 전기 Ⅰ, 제12권 전기 Ⅱ, 제13권 논찬·추모록, 제14권 사진.

(servant leadership)이 연구되었고 정치학에서는 도산의 정치사상에 관한 연구가 이루어져 왔다.

그리고 도산 안창호에 대한 제일 많은 연구는 교육학에서 이루어졌는데 도산의 교육 사상 연구와 인성 교육 사상에 관한 연구가 주를 이루고 있다.

본서에서는 도산 안창호의 기독교 실천철학에 대하여 심도 있게 연구하고자 한다. 본 연구가 진행될 방향성은 다음과 같다.

첫째, 도산 안창호의 기독교 실천철학을 동서양 사상의 융합으로 보고자 한다. 국내 도산 안창호 연구자들은 도산의 사상을 동양사상과 서양사상의 융합이라고 말하기를 주저하지 않는다. 하지만 정작 도산의 동서양 융합 사상이 구체적으로 무엇인지에 대해서는 침묵할 뿐 활발한 연구를 하지 않았다. 도산의 기독교 실천철학은 동양철학과 서양의 실천철학이 만나는 장소이다. 도산이 원리적으로 설명하고 있는 무실역행과 정의돈수는 좁게는 자기 자신을 사랑하는 것으로 시작해서 넓게는 실천적으로 타인을 어떻게 사랑해야 하는지를 언급한다. 그리고 개인에서 출발한 무실역행은 가정과 단체와 국가까지 확장한다.

도산의 사상을 기독교 실천철학이라 규정한 것은 도산의 사상을 동양 철학적 논리와 서양 기독교 사상을 토대로 심층적으로 접근하기 위해서다. 비록 도산이 구한말 한국이라는 유교적인 환경에서 자신의 세계관을 형성했지만, 그의 내면에는 성경의 토대가 있었다. 도산의 기독교 실천철학에 형이상학, 인식론, 존재론, 미학 등의 서양 철학의 체계는 상대적으로 빈약하다.

그러나 그의 사상에는 동양의 실천철학과 서양의 기독교 실천철학적인 측면이 풍성하게 융합되어 있음을 발견할 수 있다. 도산이 추구한 기독교 실천철학의 가치는 개인과 가정, 단체와 국가 그리고 세계의 평화와 공동 행복이라는 가치였다. 그것은 도산이 볼 때 동양철학과 기독교 사상이 갖는 공통분모였다. 도산은 우리나라 번영과 세계의 평화라는 지평을 항상 마음속에 두었다. 즉, 도산은 대공(大公)의 가치 및 진리와 정의의 가치를 추구하였다.

둘째, 도산의 동서양 융합 사상을 기독교 실천철학이라는 측면에서 연구하고자 한다. 도산에 관한 전문적인 학문적 연구는 매우 미흡하다. 그것은 우리나라의 도산에 관한 박사 논문이 9편밖에 없다는 것에서 잘 알 수 있다.

특히, 도산의 기독교 실천철학이 전혀 연구되지 않았고, 기존 도산에 관한 연구는 특정한 분야에 집중되어 있어서 도산의 기독교 실천철학에 대해서는 종합적이고 체계적인 연구로 이어지지 않았다.

도산의 실천철학에는 유학적 배경이 자리하고 있다. 도산은 14세부터 17세까지 성리학자 김현진(金鉉鎭)의 문하에서 한학(漢學)과 성리학(性理學)을 배웠다. 그런데 도산은 유학을 알아 가면 갈수록 유학의 허례와 형식주의를 발견했다. 도산은 유학 자체가 아닌 유학의 공리공담(空理空談)과 허례, 형식주의를 비판하게 되었다.

17세부터 19세까지는 구세학당의 1대 교장 미국 북 장로회 선교사로 우리나라에 파송된 언더우드(H. G. Underwood, 한국 이름 언더우)와 구세학당의 3대 교장인 선교사 밀러(F. S. Miller, 한국 이름 閔老雅)로부터 성경과 서양 문화를 체계적으로 배웠다.

특히, 그는 구세학당에서 성경을 해석하는 관점인 직설법(Indicative)과 명령법(Imperative)을 배웠다. 도산이 어려서 배운 한학과 구세학당에서 배운 성경은 그의 연설과 담화 그리고 설교를 통해 직설법과 명령법 형태로 드러났다. 그는 원리적인 설명할 때는 동양 유가 철학의 '무실역행'이나 '정의돈수'를 직설법으로 설명한다. 그리고 직설법의 원리를 설명하고 난 후에는 성경의 단어나 문장, 성경의 의미 실천을 독려하는 명령법으로 말한다.

또한, 도산이 말한 기독교의 회개가 선행되는 개인과 사회의 개조는 우리나라가 지금까지 추구하는 과제이다. 그리고 도산이 생각한 건전한 인격은 인성 교육과 전인 교육의 성격을 갖는 것인데 이것은 또한 21세기 융합 시대에 인물 양성의 중요한 원리이다. 아울러 도산이 추구하는 세계의 평화와 공동의 행복이야말로 한국 사회가 가야 할 행복한 복지국가, 풍요로운 문명국가의 이상이 될 수 있다.

셋째, 도산의 기독교 실천철학이 가지는 현대적 의의에 관해 살펴보고자 한다. 도산의 기독교 실천철학은 구한말의 계몽사상에 국한되지 않는다. 21세기 현대 사회에도 적용할 수 있다. 도산의 무실론에 내재한 진실성, 착실성, 실용성, 실천성의 실용 정신은 나로부터 출발해서 가정과 단체, 그리고 현대 사회와 국가의 핵심적인 화두로 발전한다.

도산의 직설법과 명령법은 말만 무성한 현대에 강한 실천의 모범이 된다. 도산의 힘의 철학은 작금의 미국과 중국, 러시아와 일본 등 강대국 사이에서 절실히 요구된다. 긴장의 연속인 남북 관계뿐만 아니라 동북아의 안보를 해소하는데 중요한 사상이 될 수 있다.

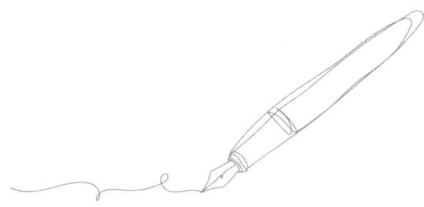

제2장

선행연구 검토 및 연구방법

　도산 안창호는 웅변가, 독립운동가, 교육자, 정치가, 기독교 실천철학자였다는 점에서 다양한 주제와 시각으로 연구되었다. 그는 우리 민족사에 빛나는 역사적인 인물로 긍정적 평가를 받고 있다. 특히, 청년동우회와 흥사단은 도산이 직접 설립한 단체로 근대 우리 민족사상을 정립하는 데 중요한 역할을 했음을 부인할 수 없다. 도산은 죽어서 한 줌의 흙이 되었지만, 흥사단은 민족의 역사 속에 남아서 그의 실천철학을 계승 발전하고 있다.

　도산은 타고난 웅변가, 이론가였으며 그의 연설과 담화는 직설법의 원리와 명령법의 실천으로 삶에 적용하는 살아있는 연설과 담화였다. 그래서 도산의 글은 논리적이었을 뿐 아니라 매우 설득력이 있는 것으로 평가된다.

　구한말과 일제강점기에 대중매체(mass media)가 발달하지 않은 열악한 상황에서 도산의 연설과 담화와 글이 많은 사람에게 온전히 전달되기는 쉽지 않았다. 하지만 그의 연설과 담화가 제대로 전달되기 어려운 상황에서도 잡지에 게재된 글, 구술 등이 기록으로 남아 현재까지 전달된 것은 후학들을 위해서 귀한 일이다.

　도산이 직접 쓴 글은 적지만, 담고 있는 내용은 자기에게서 출발하여 가정, 단체, 국가 그리고 전 세계를 포함하고 있다. 그의 인품과 리더십을 존경하며 따랐던 춘원 이광수(春園 李光秀, 1892년-1950년)와 주요한(朱耀翰, 1900년-1979년)에 의해 도산의 정신과 관점과 뜻이 간접적으로 전해지고 있음을 살펴볼 수 있다. 이런 점에서 이광수와 주요한 등의 역할과 임무는 상당히 중요하다고 생각된다.

첫째, 이광수는 그의 전집에 수록된 『도산 안창호』라는 글과 소설 『선도자』에서 도산을 모델로 썼다. 특히 심혈을 기울여 집필한 『도산 안창호』[1]와 『민족개조론』[2]은 도산의 생애와 인격 그리고 정신과 사상을 이해하고, 후대에 도산의 인품과 정신을 알리는 데 선구자적인 역할을 했다.

둘째, 주요한은 『안도산전서』(安島山 全書)[3]를 1963년에 편저로 출판했다.[4] 이 책은 이제까지 출판된 도산 연구에 관한 대표적인 책이며 가장 학술적인 연구서로 전체적인 그의 생애와 사상을 이해할 수 있도록 해 준다. 주요한은 이 책을 편저하면서 가능한 모든 사료와 자료들을 수집하고 분석하여 연대별로 수록했다. 그는 도산의 전기와 함께 그의 연설과 말과 설교와 글을 수록했다. 도산 안창호 연구의 매우 귀중한 자료이다.

셋째, 장리욱의 저술한 『도산의 인격과 생애』[5]는 도산의 생애와 내면적으로 건강한 그의 인품을 이해할 수 있다.

넷째, 안병욱은 도산 사상을 대중화하기 위해 가장 많은 노력을 했다. 그의 책 『도산사상』[6]은 도산 사상을 일반 대중에게 쉽게 소개한 교양서로 볼 수 있다.

다섯째, 도산 연구의 1차 자료인 「도산안창호전집」[7] 14권이 2000년 도산 안창호선생기념사업회에 의해 편집간행되었다. 이 책은 도산의 문헌과 관련 자료가 집대성되었다.

---

1 이광수, 『도산 안창호』, 상·하, 대성문학사, 1959.
2 이 책은 도산의 민족개조에 대한 이광수의 견해를 구술하여 간행한 것이다.
3 주요한, 『안도산전서』, 삼중당 1963.
4 그 이후의 범양사에서 전기편과 자료편을 분책해 1990년에 발간했다. 1970년 샘터사는 상편에서 '행적과 사상'과 하편에서 '도산어문집'으로 재판을 간행했다. 홍사단 출판부는 1999년에 제1부 '전기편'과 제2부 '언론, 자료편'으로 재구성해 간행되었다. 이 책에서 초판 이후 발굴된 자료들을 추가로 수록했다. 그리고 2015년 홍사단에서 증보판을 발행하였다(주요한, 『안도산전서』, 홍사단, 2015).
5 장리욱, 『도산의 인격과 생애』, 대성문화사, 1975.
6 안병욱, 『도산사상』, 대성문화사, 1970.
7 도산안창호선생전집편찬위원회편, 『島山安昌浩全集』, 1-14권, 도산안창호선생기념사업회, 2000.

여섯째, 『흥사단운동』[8], 『흥사단 50년사』[9], 『흥사단운동 70년사』[10] 등은 흥사단 관련 자료, 미국의 한인 이민자료와 독립운동 관련 자료들도 귀중한 자료가 되고 있다.

일곱째, 일본에 의해 언로가 차단된 일제강점기의 잡지인 「삼천리」, 「새벽」, 「동광(東光)」과 흥사단의 기관지였던 「기러기」와 「조선일보」, 「동아일보」 등도 도산의 생애와 철학을 탐구할 수 있는 귀중한 자료이다.

도산에 관한 연구는 2000년 이전에는 석사 연구자 중심으로 교육학에서 많이 연구되었다. 2000년 이후부터는 박사 연구자 중심으로 독립운동과 인성 교육, 정치철학 등에 관한 연구가 이루어졌다.

그러나 도산의 철학에 관한 연구나 기독교 실천철학에 관한 연구는 부족한 상태이다. 한국학술정보원(RISS)에서 도산 안창호에 관한 연구를 검색하면(2023년 4월 20일 검색) 1969년 이후 총 253건이 검색되는데 주로 독립운동, 정치사, 사회사, 교육사 분야에서 연구가 이루어졌다.

2000년 도산 안창호 선생기념사업회에 의해 편집 간행된 『도산안창호 전집』 14권이 나온 것을 기점으로 연구의 양적 증가와 질적 깊이를 보였다. 도산 안창호에 관한 박사 학위 9편, 석사 학위 논문 103편, 학술지 논문 208편이다. 국내 학술 논문을 주제별 분류하면 인문학 164편, 사회과학 49편, 교육 19편, 기타 12편, 예술 체육 5편, 공학 5편이다.

지금까지 연구 발표된 도산에 관한 선행연구 박사 논문 9편을 분석한 뒤, 그리고 선행 박사 논문의 한계를 지적하고 기독교 실천철학을 논하고자 한다.

8 　흥사단출판부, 『흥사단운동』, 대성문화사, 1965.
9 　흥사단출판부, 『흥사단 50년사』, 대성문화사, 1964.
10 　흥사단출판부, 『흥사단 70년사』, 1986.

첫째, 도산 안창호에 관한 박사 학위 선행연구를 분석 검토해 보면, 도산에 관한 박사 논문은 이명화(李明花)[11]가 처음이다. 이 논문은 중국에서 도산의 독립운동에 관해 연구한 것이다. 도산을 민족의 영웅주의적 시각이 아닌 사회사적 인물로 형상화했다. 이 논문은 2000년에 도산기념사업회에서 편찬한 방대한 자료를 인용하고 있고 도산에 대한 첫 번째 박사 논문이라는 면에서 높이 평가할 수 있다.

하지만 이 논문은 역사적 관점에서 도산의 대한민국 독립운동 활동을 연구한 것이기에 이 논문은 독립운동에만 국한되어 도산 연구에 한계가 있다. 따라서 도산의 유학적인 사유와 철학적인 체계에 관한 연구로는 미진하다.

둘째, 이순복[12]은 도산 사상의 형성과정과 특징들을 연구했다. 도산의 교육 철학적 관점에서 사회교육 또는 성인교육을 언급하고 있다. 특히, 성인교육을 강조하게 된 배경과 특징, 교육의 목적과 목표, 내용, 주체적인 방법과 실천을 위한 조직 등을 연구한 처음 논문이라는 의의를 갖는다.

이 논문은 도산의 성인교육 연구가 한국적인 성인교육의 방향을 계속해서 제시할 수 있을 것으로 본다. 또 현대의 비인간화된 사회에서 도산의 인격 혁명을 통한 사회개혁을 여전히 성인교육의 핵심으로 생각한다. 그리고 도산의 힘의 철학은 힘이 있을 때 나라의 주권을 회복할 수 있고 독립 국가로서 민족의 안녕과 번영을 유지할 수 있다고 보았다.

하지만 도산의 사상적 체계와 내용은 성인교육으로 귀결되고 교육에 국한된 논지를 전개했다.

셋째, 손동유[13]는 일본 관헌 자료에만 의존해 도산을 분석한다면 도산이 문치파의 영수[14]로 적극적으로 독립에 대한 의사를 가지지 않는 인물로 해

---

11 이명화, 「중국에서의 안창호의 독립운동 연구」, 홍익대 대학원 박사 학위 논문, 2000.
12 이순복, 「도산 안창호의 성인교육 연구」, 강남대 대학원 박사 학위 논문, 2003.
13 손동유, 「안창호의 정치활동 연구」, 홍익대학원 박사 학위 논문, 2004.
14 1980년대 이후 일제하에 부르조아 민족운동과 계량 주의에 관한 연구가 이루어져 오면서, 개항기 문명 지상주의의 '개화파'와 계몽운동가의 부르조아 우파 '실력양성론자', 일제강점기 '민족개량주의자'들이 안창호와 맥을 같이 하고 있는 것으로 연구되었다. 안창호의 초기 '실력양성론'은 다른 '실력양성론자'들이 이후 대부분이 친일파로 선

석할 수 있다고 지적한다. 손동유는 기존 도산의 정치적 평가에 대한 문제점은 도산을 민족주의 우파 계열로 보아 그의 정치 성향이 민족주의적 관점을 기반으로 한 중도적이라고 보았다는 것이다.

하지만 이 논문은 도산의 정치 활동과 성향에 관한 연구에 중점을 두고 있다. 그래서 도산의 정치적인 활동과 성향에 따라 때로는 친일한 우파로 예단할 수 있고, 때로는 일제에 항거하는 좌파로 예단할 수 있다. 만약 도산을 정치적인 활동과 성향으로 우파로 판단한다면 도산의 사상과 철학을 체계적으로 이해하기에는 어려움이 있다.

넷째, 심옥주[15]는 도산의 정치 활동을 바탕으로 그 활동 속에 나타나는 그의 인식체계에 기초하여 철학적 함의를 파악하고 있다. 도산의 정치철학은 그가 열망한 독립운동에서 국가와 백성의 문제를 실천하기 위한 그의 인식체계를 반영한다. 그것은 도산이 국가 및 백성의 문제 해결과 실천을 위해 국내외에서 독립활동을 한 전반에 잘 나타난다. 특히, 심옥주는 도산의 정치, 경제, 사회, 문화, 교육 등의 실천적 행보를 독립운동에 둔다.

그리고 도산의 다양한 활동과 목적은 독립운동의 방향성을 제시하고 있다. 그러니까 도산의 정치 활동을 민족독립운동의 관점으로 규정했다. 도산의 정치 활동과 그의 세계관에 대한 정치 철학적 입장에서 자신의 논문을 전개하고 있다.

하지만 도산의 정치철학의 범위를 국가, 정의, 평화, 자유의 네 부분으로 제한하여 기술하였다는 점에서 도산의 동서양 융합의 실천적인 철학의 내

회해 반민족행위를 자행했다는 공통점 때문에 비판의 대상이 되었다. 그러나 이러한 주장은 대부분 일제의 관헌 자료에 근거한다. 안창호 관련 사료를 광범위하게 검토하지 않았기 때문에 재검토가 필요하다. 일제 관헌 자료만 조합해 도산의 활동을 재구성하면 안창호는 '평안도파', '흥사단파', '실력양성준비론파', '문지파'의 영수로서, 적극적인 독립의사도 가지지 않았던 인물로 해석된다. 그러나 도산은 일제에 국권을 회복하기 위해서 독립운동을 조직적으로 전개했다. 『齊藤實文書』에서는 안창호를 두고 '문지파의 백미'라고 표현한다. 안창호의 자치운동에 대해 '독립에 도달할 단계로는 철저한 자치권 획득의 의미로 묘사한다. 『齊藤實文書』10, 고려서원 영인, 1990.

15 심옥주, 「도산 안창호의 정치철학에 관한 연구, 그의 국가·자유·정의·평화의 관점을 중심으로」, 동의대학교 대학원 박사 학위 논문, 2013.

용을 파악하는 데 한계가 있다.

다섯째, 황수영(黃秀暎)[16]은 도산의 철학을 사회철학으로 규정한다. 도산의 사상을 하나의 사회사상이 아니라 사회철학으로 규정하는 것은 도산의 사회사상 내면에 자리한 철학적 기반 때문이다. 도산의 사회철학은 유학이나 실학과 같은 전통적 학문과 기독교 사상, 서구 사조, 사회진화론 같은 외래적 학문이 도산에 의해 주체적으로 조화 수용된 것이라고 논지를 전개한다.

그러나 도산 사상의 핵심은 무실역행이다. 오히려 도산은 무실역행을 기반으로 자신의 기독교 실천철학을 발전시켰다. 그러므로 도산의 철학을 사회철학에만 규정하는 것은 그를 전체적으로 이해하는 데는 무리가 있다.

물론 도산이 사회진화론을 적극 수용해 사회철학으로 발전시켰다. 왜냐하면, 그는 서구 문물의 영향을 받아 개화사상과 힘의 양성론, 개조론을 전개하고 있기 때문이다.

그러나 도산은 오히려 개화사상과 힘의 양성론 그리고 개조론을 전적으로 수용하는 것이 아니라고 비판하면서 민족주의적인 입장으로 받아들인다. 도산은 동서양을 융합함으로 자신의 철학을 발전시키고 있다.

여섯째, 이영석[17]은 도산이 대한임시정부, 연통부와 교통부, 국민대표회의, 흥사단, 대한독립당 등 민족운동의 과정에서 보여준 정치 리더십을 전개한다. 그는 정치 리더십이란 집단이 처하고 있는 문제 상황에서 사람들의 관계 속에서 행동을 유도하는 것이라고 정의한다. 도산의 정치 리더십은 정치지도자로서 민족 독립운동의 방향과 청사진을 제시하는 임무라 할 수 있다. 이영석은 도산이 민족 독립의 정치적 목적을 실현하기 위해서 가졌던 인식과 실천적 행동들을 분석한다.

---

16 황수영, 「도산 안창호의 사회철학연구」, 충남대학교 대학원 박사 학위 논문, 2014.
17 이영석, 「안창호의 정치적 리더십 연구 : 비무장 카리스마적 변환의 리더십 모델을 중심으로」, 고려대학교 대학원, 박사 학위 논문, 2015.

그리고 도산의 정치 리더십에 대해 터커(Tucker)의 정치지도자의 진단, 처방, 동원이라는 세 가지 기능을 활용해 리더십을 전개한다. 도산의 리더십을 21세기에 맞게 전개하고 적용하는 것은 좋은 접근이다.

그런데 도산의 리더십은 무실역행을 토대로 솔선수범하는 리더십이다. 도산의 리더십을 집단의 문제 가운데 행동을 유도하는 것이라고 본다면 집단의 문제 이전에 한 사람의 진실성을 중요하게 생각했던 도산 무실역행의 진실과 정직을 설명하는 데는 한계가 있다.

일곱째, 최청평[18]은 도산의 독립운동 행보를 하나는 독립투쟁의 행보로, 또 다른 하나는 인재 양성사업의 행보라고 파악한다. 이 두 가지 독립운동의 행보 속에서 도산은 다양한 리더십을 나타낸다. 특성이론 또는 자질론과 상황이론, 행동이론의 전통적인 개념과 서번트 리더십, 카리스마 리더십, 진정성 리더십, 변혁적 리더십, 수퍼 리더십, 셀프 리더십, 비전의 리더십, 전략적 리더십, 윤리적 리더십 등의 현대적 리더십 개념들이 도산의 독립운동에 대부분 투영되어 있는 것이다.

그는 도산의 리더십을 독립운동의 행보 속에서 다양한 리더십 유형들이 융합과 통합을 통해 총체적으로 발휘되었다고 논한다. 그가 도산의 리더십을 통합과 융합의 리더십으로 본 것은 탁월하다. 도산의 실천철학은 동서양의 융합이기 때문이다.

그러나 그는 도산을 경영학적으로 해석함으로 도산의 동서양의 풍성한 사상을 온전히 드러내지 못하고 있다.

여덟째, 박인주[19]는 도산의 신민주의[20] 사회교육사상의 형성과 그 전개가 전통문화와 실학사상, 서구와 기독교 사상의 수용, 사회진화론의 주체적 수용과 발전 그리고 개화사상과 독립협회 등의 영향을 받아 이루어졌다

---

18   최청평, 「도산 안창호의 다차원적 리더십에 관한 실증 연구」, 서울벤처대학원대학교, 박사 학위 논문, 2017.
19   박인주, 「도산 안창호의 신민주의 사회교육 사상과 실천 연구」, 아주대학교 대학원 박사 학위 논문, 2017.
20   무실역행을 통해 자아가 새롭게 혁신된 신민(新民), 즉 새로운 백성을 의미한다.

고 파악하고 있다. 이런 영향으로 형성된 도산의 신민사회 교육사상은 발아단계(1884년-1897년)와 형성단계(1897년-1902년), 도약단계(1902년-1919년)와 성장단계(1919년-1926년) 그리고 완성단계(1926년-1938년)로 이루어졌다고 본다.

도산의 신민주의 사회교육사상은 민족론, 자강론, 통합론, 대공론, 개조론 등 다섯 축으로 구성되었다고 한다. 그의 논문은 도산의 신민주의를 알기 쉽게 잘 정리한 것으로 탁월한 논문이다.

그런데 도산의 철학을 도식화하는 것은 오히려 도산의 사유를 제한할 수 있다.

아홉째, 이동진[21]은 도산의 사상인 자유와 사랑이 구세 학당에서 배우게 된 기독교 정신을 바탕으로 형성된 것임을 파악하고 그의 사랑과 자유에 대한 의미를 해석한다. 도산이 건설하고자 한 새로운 나라를 개인-사회, 개인-국가, 사회-국가로 파악한다. 도산은 이것을 위해 필요한 것이 사랑과 자유라고 주장한다.

도산 사상의 출발점을 구세 학당으로 본 것은 탁월한 시각이다. 왜냐하면, 도산은 인생에서 가장 감수성이 예민한 청소년기를 구세학당에서 보냈기 때문이다. 또한, 그의 배움에 대한 열망과 미래에 비전 그리고 기독교 세계관은 구세학당에서 세워졌기 때문이다. 그런 면에서 도산의 사상적 출발점을 구세학당으로 본 것은 중요한 시각이라고 생각한다. 특히, 배움의 근거가 되는 구세학당의 커리큘럼을 분석한 것은 이 논문이 처음이 아닌가 생각한다.

그러나 아쉬운 것은 도산의 사랑과 자유를 직설법과 명령법의 토대에서 언급하지 못한 한계가 있다는 것이다.

---

21 이동진, 「"우리 민족은 서로 사랑함이 부족합니다", 도산 안창호의 사상에 나타난 사랑과 자유의 의미에 대한 해석」, 연세대학교 대학원, 박사 학위 논문, 2018.

이상에서 분석한 선행연구 박사 논문 9편은 나름대로 전공 분야에서 학문의 진보를 보였다. 하지만 선행연구가 가지는 도산의 철학과 사상을 드러내지 못하는 한계가 분명히 있는 것을 살펴보았다. 필자는 아홉 편의 박사 논문 이외의 연구성과에 대해서도 기독교 실천철학을 중심으로 분석하겠다.

황의동은 「흥사단의 이념」에서 도산 사상은 흥사단 이념이라고 주장했다. 그는 도산의 힘의 철학을 주제로 도산 사상을 전개하였다.[22] 또한, 「도산 사상의 본질」에서 도산 사상의 형성과 배경을 설명한다. 도산 사상의 본질인 민족, 사람, 참, 나, 힘을 제시했다.[23] 또한, 「도산 사상에 관한 고찰」[24] 에서는 도산 사상의 형성과 배경으로 유교적 배경과 기독교 배경을 언급한다. 그리고 도산 사상의 본질로서 힘의 철학(實力, 실력), 무실(務實, 진실)과 역행(力行, 실천)을 제시했다.

이석희는 「도산 사상 구조론」에서 도산 사상의 내용을 4대 정신(건전한 인격, 신성한 단결, 민족개조론, 대공주의)을 말하고, 도산 사상의 방법을 점진주의, 실천론, 3대 수련, 정의돈수로 나누어 전개하였다[25].

이상호는 「무실역행 사상의 사적 전개」[26]에서 도산 사상의 유교적 연원을 심도 있게 다루었다. 그는 이 논문에서 도산 사상의 핵심인 무실역행의 연원을 유학과 실학에서 찾았다.

안병욱은 「도산과 힘의 철학」[27]에서 도산 사상의 힘의 철학과 흥사단 이념을 체계적으로 전개하고 있다. 안병욱 교수의 정년 기념 논문집에 도산 연구와 흥사단의 전문가들이 참여하여 심도 있는 연구 결과를 보여주

---

22 황의동, 「흥사단의 이념」, 『기러기』, 제60호, 제61호, 흥사단 기러기 편집실, 1969. 7. 30-35쪽.
23 황의동, 「도산사상의 본질」, 『도산과 힘의 철학』, 흥사단출판부, 1985, 117-132쪽.
24 황의동, 『학생활연구』, 제11집, 청주대학생생활연구소, 1989.
25 이석희, 「도산사상 구조론」, 『도산과 힘의 철학』, 흥사단출판부, 1985
26 이상호, 「무실역행 사상의 사적 전개」, 상·하, 『기러기』, 181호, 182호, 흥사단기러기, 편집실, 1980, 9, 10.
27 이석희, 앞의 책, 같은 쪽.

었다.[28]

앞에서 논한 선행 논문들은 도산의 유학 사상과 서구 사상 그리고 실력 양성론과 개화론을 이해하는 데 많은 도움을 주었다.

그러나 도산이 가장 영향을 받았던 기독교 실천철학의 이해에는 많은 한계가 있다. 이에 필자는 본 연구를 통해서 도산의 기독교 실천철학을 통해 동서양의 융합을 논하려고 한다.

---

28 이 책의 대표적인 논문은 강용찬, 「흥사단 운동의 실천적 운용」, 류칠로, 「아카데미 운동의 본질과 비전」, 박만규, 「도산 안창호의 대독립당 운동과 대공주의시론」, 박의수, 「도산의 인격과 사상」, 서영훈, 「흥사단 운동의 이념과 방향」, 신정식, 「도산 사상의 현대적 조명」, 이석희, 「도산사상 구조론」, 이창기, 「흥사단 운동의 이념과 방향」, 황의동, 「도산 사상의 본질」이다.

제3장

논의의 진행 방향

　이상에서 살펴본 대로 도산을 독립운동가, 교육자, 지도자로 보는 연구는 매우 활발하게 이루어졌으나, 기독교 실천철학의 관점에서 그의 사상을 체계적이고 종합적으로 다룬 연구는 거의 없는 실정이다.
　도산은 기독교 실천철학자로서 체계적인 이론과 철학을 바탕으로 그의 사상을 전개했다. 그렇기 때문에 그의 기독교 실천철학에 대한 체계적인 연구가 필요하다. 도산의 기독교 실천철학을 체계적이고 종합적인 관점을 세우기 위해서는 먼저 도산 철학에 대한 정확한 정리와 이해가 필요하다.
　본 연구는 도산 안창호의 기독교 실천철학에 초점을 맞추어 다음과 같은 순서로 분석하고자 한다.
　제1장은 서론으로 예비적 고찰에 해당한다. 여기에서는 도산의 기독교 실천철학 연구가 왜 필요한지를 살펴보았고, 선행 연구성과에 대한 분석, 검토하였다.
　제2장은 도산의 학문적 배경에 대하여 살펴보겠다. 유년기와 구세학당 시절, 흥사단 운동, 독립운동과 순국에 이르기까지 도산에게 영향을 준 철학적 배경으로 유교 사상과 기독교 사상을 논하고자 한다. 또한, 이를 통해서 기독교 실천철학을 밝히겠다.
　제3장은 도산의 실천철학의 밑바탕이 되는 무실론(務實論)을 고찰해 보겠다. 먼저 무실(務實)의 개념적 연원을 중국의 무실과 우리나라의 무실을 밝히고 도산의 무실역행의 지향인 진실성(眞實性), 착실성(着實性), 실용성(實用性), 실천성(實踐性)으로 나누어 서술할 것이다. 그리고 도산의 기독교

실천철학의 산실인 구세학당을 고찰하고자 한다. 또한, 유가 철학의 무실론과 기독교 실천철학의 단초를 입증해 내겠다.

제4장은 무실역행을 성경의 직설법과 명령법의 측면에서 살펴보겠다. 먼저 성경의 직설법과 명령법의 정의를 살펴보고, 도산의 직설법과 명령법의 구조와 관점을 고찰할 것이다. 도산은 연설과 담화에서 원리를 설명할 때 무실역행이나 정의돈수의 유학적인 개념을 가지고 오고 명령법에서는 성경의 단어나 문장 그리고 성경의 의미를 차용한다. 직설법과 명령법의 관점으로 동서양의 융합을 설명한다. 그래서 도산의 무실역행과 정의돈수를 직설법과 명령법의 관점으로 연구하고자 한다.

제5장은 도산 실천철학의 전개를 논하고자 한다. 도산은 나 자신에서 출발해 가정, 단체, 그리고 국가에 무실역행과 정의돈수가 어떻게 나타나는지 살펴보겠다. 무실역행의 출발점으로서 애기애타(愛己愛他)에서는 자기를 사랑하는 사람이 이웃과 하나님을 사랑할 수 있다. 가정은 무실역행의 실천적 전개의 출발로서 혼인관과 부부 관계와 자녀 관계를 통해 가정이 서로 사랑하고 존중함으로 세워진다. 무실역행의 훈련장으로서 단체는 힘의 철학을 중심으로 살펴보고, 힘의 실천철학을 기르는 방법으로서 충의(忠義)와 용감(勇敢) 그리고 건전한 인격과 신성한 단결을 논한다.

그리고 단체에 있어서 중요한 지도자의 조건을 살펴본다. 무실역행의 실현장으로서 국가에서는 일제강점기 도산의 국가관을 살피고, 나라 잃은 백성으로서 국권 회복의 실현으로서 독립 국가와 주인의식의 실현으로서 통합 국가와 변화의 실현으로서 문명국가를 고찰하고자 한다.

제6장 결론으로 본서의 내용을 요약한다. 그리고 도산의 기독교 실천철학이 가지는 현대적인 의의에 대해 논하고자 한다.

제2부

도산의 무실역행의 원리

제1장 무실론의 개념적 연원

제2장 도산 무실역행의 지향

제3장 도산 기독교 실천철학의 토대로서 구세학당

제1장

무실론의 개념적 연원

1. 중국의 무실

무실(務實)은 '실(實)을 힘쓴다'(務)라는 의미이다. 많은 유학자는 무실(務實)을 진실(眞實), 실용(實用), 실질(實質), 실천(實踐) 등을 강조하는 뜻으로 사용해 왔다. 문헌(文憲)상 '무실'의 첫 언급은 춘추시대 좌구명(左丘明)이 쓴 『논어』(國語)로 "옛날 그대의 부친 장주(莊主)를 섬길 때 겉은 화려했지만, 실(實)이 없었으니 실(實)을 힘쓰라"[1]고 했다.

그 후 후한(後漢)의 왕부(王符)는 『잠부론』(潛夫論)에서 "대인은 화려하지(빛나지) 않으며 군자는 실(實)에 힘쓴다"[2]라고 했다. 당(唐)나라의 원진(元稹)은 그의 시(詩) 『우정월』(郵亭月)에서 "그대는 실(實)을 많이 힘쓰고 나는 정이 많으니"[3]라고 했다.

선진유가(先秦儒家)의 성사상(誠思想)은 무실(務實)의 연원(淵源)이 된다. 『중용』(中庸)에서 성(誠)은 천도(天道)와 인도(人道)의 양면(兩面)으로 설명한다. 『중용』(中庸)은 "성(誠)은 하늘의 길이며 성(誠)하고자 하는 것은 사

---

1 『國語』,「晉語」, 6, "昔吾逮事莊主 實之不知 請務實乎."
2 『潛夫論』,「敍錄第三十六」, "大人不華 君子務實."
3 『郵亭月』, "君多務實我多情."

람의 길이다"⁴라고 하였다.

성(誠)은 천도(天道)로서 참된 것이다. 이 성(誠)을 본받고 실천하는 것이 인도(人道)가 되는 것이다. 성(誠)은 참 자체로 일체의 존재 존립(存立)의 근거가 된다. 성(誠)은 만물의 끝과 시작이다. 성(誠)하지 못한다면 어떤 존재도 존립할 수 없는 것이다.⁵

『대학』(大學)에서는 "뜻이 참되고 나면 마음이 바르게 된다"⁶고 말하고 "그 뜻을 참되게 하려고 한다면 스스로 속이지 않는 것"⁷이라 하여, 성(誠)이란 자신을 속이지 않는 성실함의 표현이 되고 인간 주체에 있어 자기 성실성을 확보한다. 그리고 인간 의지의 진실성 확립은 만사(萬事)의 근본이 된다.

『맹자』(孟子)는 "모든 만물의 이치는 다 자신에게 갖추어져 있다. 자신을 반성하고 성실하게 해나가면 즐거움이 이것보다 더 큰 것이 없다"⁸라고 하여 성(誠)은 진실하여 속임이 없음을 주장했으며⁹ "성(誠) 그 자체는 하늘의 도리이다. 성실하려는 생각은 사람의 도리이다"¹⁰라고 했다.

성(誠)은 천도(天道) 운행의 원리이다. 성(誠)의 실천은 인간의 당위의 원리가 된다. 그러므로 천도(天道)로서 성(誠)은 본체 개념과 형이상학적 성격을 가지기 때문에 성(性), 태극(太極), 미발(未發), 리(理), 중(中), 명덕(明德), 지선(至善)과 상통하는 개념이라 할 수 있다.¹¹

송대(宋代)에 와서 선진유가(先秦儒家)의 성(誠) 사상은 '실'(實)로 전환되었다. 송대 정자(程子)는 "학자는 오로지 실(實)을 힘쓸 것"을 말하며 무

---

4 『中庸』, 「第20章」, "誠者 天之道也 誠之者 人之道也."
5 『中庸』, "誠者 物之終始 不誠無物."
6 『大學』, "意誠而後心正."
7 『大學』, "所謂誠其意者 毋自欺也."
8 『孟子』, 「盡心 上」, "萬物皆備於我矣 反身而誠 樂莫大焉."
9 유교사편찬위원회 편, 『유교대사전』, 박영사, 1990. 702쪽.
10 『孟子』, 「離婁 上」, "誠者, 天之道也 思誠者 人之道也."
11 황의동, 앞의 책, 같은 쪽.

실(務實)을 강조했다.[12]

남송(南宋)의 성리학자 남헌(南軒) 장식(張栻, 1133년-1180년)은 "학문은 역행(力行)이 귀하니 학자가 만약 '능히 실(實)을 힘쓰면 무실(務實) 한다' 하고 어떤 사람이 무실(務實)의 실(實)을 물었는데, 대답하기를 '실천하는 가운데 이를 구하니, 인(仁)의 실(實)이 어버이를 섬기는 것이고, 의(義)의 실(實)은 형을 따르는 것이다. 일상의 행동에서 실용(實用)이 아닌 것이 없다'"[13]고 하였다.

주자(朱子) 이전의 송유(宋儒)들에게는 성(誠)을 실(實)로 표현하는 용례는 매우 드물지만, 주자(朱子)에 이르러서 곳곳에서 성(誠)을 실(實)로 대신하여 해석하는 특징을 볼 수 있다. 이는 종래의 성(誠) 사상의 분명한 변화이며, 송학(宋學)의 특징으로 볼 수 있다.

주자(朱子)는 『중용』(中庸)의 성(誠)은 진실하여 거짓이 없는 것으로 해석하였다. 그래서 천리(天理)의 본연으로 본다. 그리고 성지(誠之)는 아직 진실하지 못한데 진실하고자 하는 것은 인사(人事)의 당연함이라 하였다.[14] 즉, 천도(天道)로서 성(誠)은 참 자체로서 천리(天理)의 본연이다. 그 참된 천리(天理)의 본연을 본받아 참되려고 노력하는 것이 성지(誠之)요 인도(人道)라고 본 것이다. 따라서 『중용』(中庸)의 성(誠)은 주자(朱子)가 진실(眞實)로 구체화하고 해석하였다.

주희(朱熹)는 "무실 한 가지 일은, 오늘날 배우는 이들은 제대로 진척시키지 못하고 있음을 볼 때 문제가 전적으로 여기에 달려있다"[15]라고 했다.

---

12 『論語』,「顏淵」, 20章 "程子曰：學者須是務實, 不要近名, 有意近名, 大本以. 更學何事 爲名而學, 則是僞也. 今之學者, 大抵爲名. 爲名與爲利雖淸濁不同, 然其利心則一也."
13 『性理大全』, 卷49, 學7,「力行」, "南軒張氏曰 學貴力行 學者若能務實 便有所得 或問務實之說 曰於踐履中求之 仁之實事親是也 義之實從兄是也 日用常行之際 無非實用."
14 『中庸』, 朱子註, "誠者 眞實無妄之謂 天地之本然也 誠之者 未能眞實無妄 而慾其眞實無妄 之謂 人事之當然也."
15 『性理大全』, 卷49, 學7,「力行」, "務實一事 觀今日學者不能進步 病痛全在此處."

왕수인(王守仁, 1472년-1529년)은 『전습록』(傳習錄)에서 이름을 얻고자 하는 마음(務名之心)에 관해서 실을 힘쓰고자 하는 마음(務實之心)을 말한다.[16]

2. 우리나라의 무실

우리나라에서는 고려말(麗末), 조선초(鮮初) 유학자들에 의해 간헐적으로 사용된다.

양촌(陽村) 권근(權近, 1352년-1409년)은 한국 유학에서 무실(務實) 내지 실학(實學)이 그 사고의 중심에 나타난다. 권근(權近)은 「子虛說」에서 '무실'(務實)이라는 용어를 처음 사용한다. 그는 "군자(君子)의 학(學)은 덕(德)이 실(實)을 힘쓰고(務實), 심(心)은 겸허(謙虛)하고자 하느니라"[17]고 하였다.

여기에서의 '무실'(務實)은 실(實)을 힘쓰는 것, 즉 참을 힘쓰는 것으로 해석된다. 인간의 본심을 타고난 그대로 진실(眞實)하게, 참되게 가져야 한다는 의미였다. 그는 주자의 실유지리(實有之理), 실연지심(實然之心)에 대한 관점을 계승하여 실리(實理), 실심(實心)을 "천지만물(天地萬物)은 본래 하나의 리(理)이다. 나에게 있는 실심(實心)으로써 저기에 있는 실리(實理)를 접촉하면 묘합(妙合)해 사이가 없다"[18]고 했다.

인간 주체인 나에게는 실심(實心)이 있고, 천지 만물에는 실리(實理)가 있다. 나의 실심(實心)과 저 실리(實理)는 묘합(妙合)해 그 틈이 없다는 것이다. 그것은 천지 만물이 모두 하나의 리(理)이기 때문이다. 이는 그가 주자(朱子)의 실유지리(實有之理)와 실연지심(實然之心)을 천인합일(天人合一)의 관

---

16 『傳習錄』, "名與實對 務實之心重一分 則務名之心輕一分 全是務實之心即全無務名之心 若務實之心 如饑之求食 渴之求飲 安得更有工夫好名 又曰疾沒世而名不稱."
17 『陽村集』, 卷21, 「子虛說」, "君子之學 德欲其務實 而心欲其謙虛."
18 『陽村集』, 卷14, 「信齊記」, "失天地萬物 本一理也 以在我實心 觸在彼之實理 妙合無間."

점에서 실심(實心)과 실리(實理)의 묘합무간(妙合無間)으로 본 것이다. 그는 천(天)의 성(誠)이 곧 사덕(四德)의 실(實)인데, 그것은 사람에게 있으면 실심(實心)이 된다고 하였다.[19]

같은 시기 춘정(春亭) 변이랑(卞李浪, 1369년-1430년)의 문집에는 궁리지실학(窮理之實學)[20]이 15세기 조선초 매월당(梅月堂) 김시습(金時習, 1435년-1493년)의 문집에서는 실리(實理)[21]라는 말이 있다.

15세기 도학(道學)시대 정암(靜庵) 조광조(趙光祖, 1482년-1519년)는 그의 문집에서 성(誠)을 강조했다. 성실(誠實), 지성(至誠), 실공(實功), 실천(實踐)을 말했다. 그가 "도(道)는 심(心)이 아니면 의지해 설 바가 없고, 심(心)은 성(誠)이 아니면 또한 의뢰해 행할 바가 없으니, 인주(人主) 된 자는 진실(眞實)로 천리(天理)를 보아 그 도(道)에 처하고, 그 성(誠)으로 말미암아 그 일을 행한다면, 나라를 다스림이 무슨 어려움이 있겠는가?"[22] 한 것은 실리(實理)로써 나라를 다스려야 한다는 의미이다.

경재(敬齋) 하연(河演, 1376년-1453년)은 "학문의 도(道)는 둘이니 무실지학(務實之學) 곧 '실을 힘쓰는 학문'과 무명지학(務名之學) 즉 '이름을 위해 힘쓰는 학문'이라"[23]고 하였다. 여기서 하연(河演)이 무명지학(務名之學)에 대해 무실지학(務實之學)을 언급한 것은 왕양명(王陽明)이 무명지심(務名之心)에 대해 무실지심(務實之心)을 말한 것과 흡사하다.

사재(思齋) 김정국(金正國, 1485년-1541년)도 그의 문집에서 성(誠)과 무실(務實)을 정치의 도리로서 강조하고 있다. 그는 임금에게 성(誠)으로써 하늘을 공경하고 형식적으로 하지 말며, 성(誠)으로써 백성을 위해 힘쓰고 형식적으로 하지 말아야 한다고 하였다.[24] 여기에서 그는 명분이 아니라 실질을

---

19 『楊村集』, 卷14,「信齊記」, "盖天之誠 卽是四德之實 其在於人 亦爲實心."
20 『春亭集』, 卷8,「策問題」.
21 『梅月堂集』, 卷17,「性理」第3. "聖卽理也 天所命 人所受 而實理之具於吾者也."
22 『靜菴集』, 卷2,「誠聖試策」.
23 『敬齋集』, 卷2,「晉州鄕校四敎堂記」"爲學之道有二. 有務實之學 有務名之學."
24 『思齋集』, 卷3,「策題」.

힘써야 한다는 무실(務實)을 말하고, 이것이 다름 아닌 성(誠)이라고 강조하였다.

퇴계(退溪) 이황(李滉, 1501년-1570년)의 경우 성리(性理)의 설명에서 능히 발하는 까닭을 실리지위(實理之爲)라 하였고[25] 그 밖에도 체험천리지실(體驗踐履之實),[26] 무본실(務本實)로[27] 언표(言表)하기도 하였다. 그는 무실(務實)에 관한 논의는 많은 편은 아니지만 무명이불무실(務名而不務實)[28]을 말하여 명(名)에 대한 실(實)로 이해하고 있다. 같은 시기의 하서(河西) 김인후(金麟厚, 1510년-1560년)도 무실불래명(務實不求名)[29]이라 하여, 퇴계와 마찬가지로 명(名)에 대한 실(實)로 이해하였다.

우계(牛溪) 성혼(成渾, 1535년-1598년)은 친구 송익필(宋翼弼)에게 답한 글과 아들 성문중(成文浚)과 손자에게 준 글에서 위기무실(爲己務實)[30], 위기무실지학(爲己務實之學)[31]을 일컫고 있다. 또 내암(來庵) 정인홍(鄭仁弘, 1535년-1623년)은 "상언이부상행(尙言而不尙行)이요 무화이부무실(務華而不務實)이라"[32]했다. 이는 말에 대한 행동, 화(華)에 대해 실(實)을 강조한 것이다.

율곡(栗谷) 이이(李珥, 1536년-1584년)의 말과 글에는 무실(務實) 사상뿐 아니라 실학적인 색채가 농후하다. 그는 「만원봉사」(萬言封事) 서두에 "정귀지시(政貴知時) 사요무실"(事要務實)[33]이라고 했다. 정치에서 상황 인식과 사업에서 실(實)의 추구를 분명히 하였다. 여기서 실(實)을 힘쓰고 추구하는 것은 바로 무실(務實)이며, 실(實)은 참의 도덕적인 의미와 실천(實踐)의 경

---

25 『退溪集』, 卷36,「答李宏仲問目」.
26 『退溪集』, 卷37,「答柳希范」.
27 『退溪集』, 卷40,「答完姪」.
28 『退溪集』, 卷43,「書周景遊題金季珍詩帖後」.
29 『河西全集』, 卷2,「閔長卿求題書屛」.
30 『牛溪集』, 卷4,「答宋雲長書」, "夫然後知其人之爲己務實 眞立心而實功行也." 『牛溪集』, 卷6,「示子文浚及三孫兒」.
31 『牛溪集』, 卷1,「和石潭精舍諸賢」.
32 來庵集, 卷12,「問答」.
33 『栗谷全書』, 卷5, 書箚3,「萬言封事」.

세적(經世的) 의미를 가진다.³⁴

율곡(栗谷)이 무실(務實)을 주장한 이유는 당시 현실을 경장기(更張期)로 파악했기 때문이다. 그래서 개혁할 시기로 보았다. 율곡은 당시 현실을 실(實)의 부재(不在), 즉 무실(無實) 현상으로 진단했다. 당시 사회의 전반적인 무실(無實) 현상을 무실(務實)의 사회로 바꾸어 보려는 것이 그의 무실(務實)이다.

율곡(栗谷)은 투철한 역사의식을 지녔다. 그에게는 현실을 진단하는 혜안(慧眼)이 있었다. 율곡은 문제의 원인이 무실(無實)이라는 사실을 알게 되었다. 그는 실(實)의 추구로 정치를 복원하고 사회 전반을 개혁하고자 했다.

율곡(栗谷)은 그의 저술에서 다양한 용례로 무실(務實)을 말하고 있다. 율곡(栗谷)의 무실론(務實論)은 '실(實)을 추구한다'로 정의할 수 있다. 실(實)에 대한 강조는 리(理)와 심(心)을 실리(實理)와 실심(實心)으로 표현하고 있는 데서 명확하게 확인할 수 있다.

그는 종래 성리학에서는 형이상학적이고 관념적인 리(理)를 구체적인 현실 세계로 끌어들여 실리(實理)로 표현하였고, 심(心)의 경우도 공허하고 관념적인 심(心)이 아니라, 실리(實理)에 근거한 실심(實心)을 말하여 실천적 주체로서의 실심(實心)임을 확실히 하였다.

더욱이 주목해야 할 것은 율곡(栗谷)은 실리(實理)와 실심(實心)의 의미를 다름 아닌 성(誠)이라 설명하고 있다는 점이다. 그는 「誠策」에서 실리(實理), 실심(實心)이 곧 성(誠)에 불과할 뿐이라고 하였다.³⁵

또한, 율곡(栗谷)은 「동호문답」(東湖問答))의 론무실위수기지요(論務實爲修己之要)에서 본격적으로 무실론(務實論)을 펼친다. 그는 입지(立志) 후에 무실(務實)을 해야 한다고 주장하면서 격치지실(格致之實), 거간지실(去姦之實), 용현지실(用賢之實), 정심지실(正心之實), 성의지실(誠意之實), 효친지실(孝親之實), 수신지실(修身之實), 치가지실(治家之實), 보민지실(保民之實), 교화지

---

34 『栗庵集』, 卷12, 「問答」.
35 『栗谷全書』, 卷5, 書箚3, 「萬言封事」.

실(教化之實)을 제시했다.[36]

율곡은 무실사상(務實思想)이 그의 학문에 근간을 이루기 때문에 무실사상을 전개했을 뿐 아니라 매우 구체적으로 체계화했다고 볼 수 있다.

지봉(芝峰) 이수광(李睟光, 1563년-1628년)은 「조진무실차자」(條進懋實箚子)에서 성(誠)을 실(實)로 보았다.[37] 12개조의 무실(務實)을 제시했으니 근학지실(勤學之實), 정심지실(正心之實), 임대신지실(任大臣之實), 경천지실(敬天之實), 납간쟁지실(納諫諍之實), 소붕당지실(消朋黨之實), 휼민지실(恤民之實), 진기강지실(振紀綱之實), 양현재지실(養賢才之實), 식융지실(飾戎之實), 후풍속지실(厚風俗之實), 명법제지실(明法制之實)이 그것이다.

이수광은 율곡의 「만언봉사」(萬言封事), 「동호문답」(東湖問答) 등의 글에서 많은 영향을 받아 무실(務實)을 주제로 전문적으로 연구한 학자라고 할 수 있다.

노서(魯西) 윤선거(尹宣擧, 1610년-1669년)는 외조부였던 우계(牛溪) 성혼(成渾)의 학문을 계승하여 무실사상(務實思想)을 매우 중시했다. 윤선거는 "오늘날 근심스러운 점은 명(名)에 힘쓰고 실(實)을 힘쓰지 않고 있다"[38] 하고 실심(實心), 실덕(實德), 실공(實功)의 무실사상(務實思想)을 전개했다.[39]

명재(明齋) 윤증(尹拯, 1629년-1714년)은 성혼(成渾)과 부친 윤선거(尹宣擧)를 계승하여 입지(立志)와 무실(務實)을 강조하였다.[40] 남계(南溪) 박세채(朴世采, 1631년-1695년)도 곳곳에서 무실(務實)을 강조했다.[41]

서파(西坡) 오도일(吳道一, 1645년-1703년)은 "학문의 근본 곧 도(道)는 오직 일마다 실(實)하기만 하면 되는 것"[42]이라 하였다.

---

36 황의동, 『위기의 시대 유학의 역할』, 서광사, 2004, 365쪽.
37 『栗谷全書』, 卷6, 「誠策」.
38 『栗谷全書』, 卷15, 雜著2, 「東湖問答」.
39 『芝峰集』, 卷22, 「條陳懋實箚子(乙丑)」.
40 『魯西遺稿』, 卷5, 「與宋英甫」, "今日所患 已在務名不務實…."
41 황의동, 「우계학파의 학문과 사상」, 『기호유학연구』, 서광사, 2009, 384-409쪽.
42 『明齋集』, 卷26, 「與仆和叔」, "立志務實用力…."

양명학자 하곡(霞谷) 정제두(鄭齊斗, 1649년-1736년)는 무실지지(務實之志),[43] 무실지정(務實之政),[44] 무실덕(務實德),[45] 무실효(務實效)[46]를 말하고 있고, 영남의 밀암(密庵) 이재(李栽, 1657년-1730년)도 위기무실(爲己務實),[47] 돈본무실(敦本務實),[48] 수덕무실(修德務實)[49]을 말하고 있다.

덕촌(德村) 양덕중(梁德中, 1665년-1742년)은 "매사에 오직 무사(實事)를 힘쓰고 옳음을 구한다며 허위(虛僞)라는 풍습이 서서히 사라질 것"이라고 했다.[50]

경암(敬庵) 윤동수(尹東洙)는 무실사상(務實思想)을 매우 강조했는데 입지무실(立志務實),[51] 무실위기지도(務實爲己之道),[52] 독지무실(篤志務實)[53] 등 무실사상(務實思想)을 말하고 있다.

도암(陶庵) 이재(李縡, 1680년-1746년)는 그의 문집에서 무실사상(務實思想)을 강조했다. 위기무실(爲己務實),[54] 거화무실(去華務實),[55] 반본무실(反本務實)[56]등 말한다.

실학자 성호(星湖) 이익(李瀷, 1681년-1763년)도 문집에서 무실(務實)을 강조한다.[57]

입재(立齋) 강재항(姜再恒, 1689년-1756년)은 『입재유고』(立齋遺稿)에서 "조선의 유학자들은 명종(明宗)과 선조(宣祖) 이전에는 무실(務實)을 많이

---

43 『南溪集』, 卷15, 「答尹子仁」, "務實之教…"
44 『西坡集』, 卷28, 「困得編」, "爲學之道 只要事事務實."
45 『霞谷集』, 卷1, 「答朴南溪疏草問目」.
46 『霞谷集』, 卷6, 「祭妹兄閔判書文」.
47 『霞谷集』, 卷5, 「辭贊成輔養官疏(再疏)」.
48 『霞谷集』, 卷6, 「綾南君具公墓志銘」.
49 『密庵集』, 卷7, 「答金振伯」, "竊以爲有志於學者 莫若爲己務實 如欲爲己務實."
50 『密庵集』, 卷8, 「擬與三溪書院士友」.
51 『密庵集』, 卷17, 「蒼雪齋權公墓志銘」.
52 『德村集』, 卷2, 「辭召旨書」, "每事而惟務實事求是 則虛僞之風漸息."
53 『敬庵遺稿』, 卷4, 「與成一程(戊午)」.
54 『敬庵遺稿』, 卷7, 「梁金四七理氣辯後說」.
55 『敬庵遺稿』, 卷8, 「趙治谷三官記序」.
56 『陶庵集』, 卷9, 「上丹巖」.
57 『陶庵集』, 卷10, 「答金尊甫」.

논했으나 명종(明宗), 선조(宣祖) 이후는 무명(務名)을 많이 말했다. 때가 그렇게 시킨 것"[58]이라고 했다.

무실 논의는 명종과 선조 이전에는 많은 논의가 있었다. 그러나 병자호란 이후 대의명분론이 대세가 되면서 학문적으로 무실에 대해 논의가 약화됐다고 볼 수 있다.

퇴계학파의 대산(大山) 이상정(李象靖, 1711년-1781년)은 문집에서 무실(務實)을 활발하게 논한다. 그는 "오직 실공(實功)에 힘쓰며 부문(浮文)을 끊어야 한다"[59]고 했다. "궁리거경(窮理居敬)을 용공(用工)의 절도(節度)로 삼고, 위기무실(爲己務實)을 입심(立心)의 지두(地頭)로 삼아야 한다"[60]고 하였다.

실학자 담헌(湛軒) 홍대용(洪大容, 1731년-1783년)은 무실(務實)을 많이 인용하고 있고,[61] 정조(正祖, 1752년-1783년)도 여러 곳에서 무실(務實)을 강조했다.[62] 또한, 노주(老洲) 오희상(吳熙常, 1763년-1833년)은 정자(程子)의 말을 인용하여 "학자는 모름지기 무실(務實)해야 한다"[63]하였고, 또 주자가 "만년에 돈본무실(敦本務實)의 뜻으로 후학들에게 경계한 것이 아주 간절했다"[64]고 하였다. 이처럼 무실(務實)은 정자(程子), 주자(朱子)의 학문적 본지라고 이해한 것이다.

18세기에 다산(茶山) 정약용(丁若鏞, 1762년-1836년)은 거문이무실(去文而務實)을 말하고,[65] "나라를 다스리는 계책(計策)이 귀한 이유는 무실(務實)에 있지 허문(虛文)에 있지 않다"[66]고 하였다.

---

58 『陶庵集』, 卷17, 「答安達卿」.
59 『星湖全集』, 卷20, 「答尹幼章」, 卷44, 「選擧私議」, 卷45, 「輪科擧」, 卷49, 四七新 編序
60 『立齋遺稿』, 卷11, 「雜識」, "東儒 明宣以上多務實 明宣以下多務名 時使之也."
61 『大山集』, 卷4, 「三辭刑曹參議仍陳勉君德疏」, "專務實功 絶去浮文."
62 『大山集』, 卷6, 「答全江左」, "窮理居敬 爲用工節度 爲己務實 爲立心地頭."
63 『湛軒書』, 內集, 卷1, 「四書問辯」, 「論語問疑」, 卷4, 「林下經綸」, 外集, 卷3 「乾淨錄後語」.
64 『弘齋全書』, 卷29, 「勸農政求農綸音」, 卷47, 「判戶曹年分事目」, 卷162, 「日得錄(2), 文學(2)」 等.
65 『老洲集』, 卷21, 「論示德峰院儒」, "程子曰 學者須是務實 不要近名 有意近名是僞也."
66 『老洲集』, 卷23, 「雜識(1)」, "朱子晚年 以敦本務實之意 誠告後學 勤勤懇懇."

매산(梅山) 홍직필(洪直弼, 1776년-1852년)은 무실(務實)을 많이 논의했는데 주로 숭본무실(崇本務實)에서 다루고 있다.[67], 돈본무실(敦本務實)[68]을 말하고 있다.

숙재(肅齋) 조병덕(趙秉悳, 1800년-1870년)도 무실(務實) 논의를 많이 한 사람 중 하나인데, 그는 주로 돈본무실(敦本務實),[69] 위기무실(爲己務實)[70]을 강조하였다.

19세기에 이르러 고산(鼓山) 임헌회(任憲晦, 1811년-1876년)도 돈본무실(敦本務實)[71]을 주로 말하였고, 한주(寒洲) 이진상(李震相, 1818년-1886년)도 돈박무실지풍(敦樸務實之風),[72] 돈본무실(敦本務實)[73]을 말하고 있다.

또 구한말(舊韓末)의 연재(淵齋) 송병선(宋秉璿, 1836년-1905년)도 많은 양의 무실(務實) 논의를 하고 있는데, 주로 '위기무실'(爲己務實)[74]을 말하고 있다.

자정의리(自靖義理)를 강조했던 간재(艮齋) 전우(田愚, 1841년-1922년)도 무실(務實)을 많이 언급했다. 그는 위기무실(爲己務實),[75] 독지무실(篤志務實),[76] 반궁무실(反躬務實),[77] 실거화(實去華),[78] 돈본무실(敦本務實),[79] 무명부무실(務名不務實)[80] 등 다양한 내용의 무실(務實)을 말하고 있다.

---

67 『與猶堂全書』, 第1集, 「詩文集」, 第9卷, 「公服議」.
68 『與猶堂全書』, 第5集, 「經世遺表」, 第14卷, "大凡爲國之計 貴在務實 不在虛文。"
69 『梅山集』, 卷23, 「答朴亨求」.
70 『梅山集』, 卷23, 「答閔冑顯」.
71 『肅齋集』, 卷11, 「答徐景襄」.
72 『肅齋集』, 卷14, 「答吳衡弼」.
73 『鼓山集』, 卷8, 「看書雜錄」, 卷9, 「廷平答問要語跋」等
74 『寒洲集』, 卷7, 「與柳東林」.
75 『寒洲集』, 卷27, 「答金秀才」.
76 『淵齋集』, 卷11, 「答鄭大卿」等.
77 『艮齋集』, 前編, 續卷3, 「與吳純根」.
78 『艮齋集』, 前編, 卷3, 「與柳奇玉」.
79 『艮齋集』, 前編, 卷3, 「答李宗學」.
80 『艮齋集』, 前編, 卷6, 「答韓道性」.

무실사상은 한 말에까지 계승되어 양원(楊園) 신기선(申箕善, 1851년-1909년)은 군무총장(軍務總長)을 사임하게 되는데, 그가 올린 상소에서 "천하의 일은 진실하고 정직한 마음(實心)으로써 사실로 있는 일(實事)을 행한 연후에야 실효(實效)가 있다"[81]고 했다. 또 다른 곳에서는 거사이무실(去私而務實)[82], 사귀무실(事貴務實)[83] 등을 말하고 있다.

양명학자인 명미당(明美堂) 이건창(李建昌, 1852년-1898년)도 "유봉(酉峰)의 도(道)는 무실(務實)로써 우선했다"[84] 하고, "천하의 변화는 무궁(無窮)하고 사람의 마음(人心)의 미묘함은 보기 어려운데 무실(務實) 같은 것이 없다"[85]고 했다. 유봉(酉峰)은 명재(明齋) 윤증(尹拯)을 지칭한다. 그들의 학문적 맥은 성혼(成渾), 윤선학(尹宣學), 윤증(尹拯)으로 이어지는 우계학파(牛溪學派)에 닿아 있음을 간접적으로 시사하는 말이다. 그 본지(本旨)는 무실(務實)에 있음을 분명히 한 것이다.

지금까지 살펴본 것처럼 중국에서 무실(務實)은 춘추시대까지 거슬러 올라가 송대(宋代)의 정자(程子), 주자(朱子), 명대(明代)의 왕양명(王陽明)에 이르기까지 광범하게 사용된 것으로 보인다.

그러나 중국보다 우리나라에서 무실사상(務實思想)은 강조되고 체계화되었다고 볼 수 있다. 고려말부터 구한말(舊韓末)까지 우리나라의 유학자들 대부분이 무실(務實)을 언급했다. 무실은 지역과 학파를 떠나 보편적으로 강조되어왔다.

이처럼 무실(務實)은 공자 이후로 주자(朱子) 그리고 성리학에서도 계속 강조되어왔다. 특히, 율곡(栗谷)과 이수광(李睟光)은 무실을 가장 깊고 체계적으로 다루고 있다고 볼 수 있다.

---

81 『艮齋集』, 後編, 卷1, 「答宋晦卿」
82 『艮齋集』, 續卷3, 「與愼朱范」
83 『楊園遺集』, 卷3, 「辭軍務總長筵(再疏)」, "天下之事 惟以實心 行實事 然後乃有實效."
84 『楊園遺集』, 卷4, 「辭咸南觀察使疏」
85 『楊園遺集』, 卷10, 「靑陽齋記」

그러므로 무실사상(務實思想)은 가장 한국적인 사상 가운데 하나로 꼽을 수 있다. 즉, 무실 사상을 사단칠정론(四端七情論)이나 인물성동이론(人物性同異論)과 같이 조선 유학의 특색을 보여주는 사상으로 볼 수 있다.

3. 도산 안창호의 무실

조선 유학의 무실론(務實論)은 구한말(舊韓末)의 대표적인 독립운동가요 근대 기독교 실천철학자인 도산 안창호(1878년-1938년)에 의해서 계승되었다. 그는 국권이 강탈된 일제 치하에 살면서 희망을 버리지 않았다. 그는 무실론을 기독교와 동양을 융합해서 삶의 체계로서의 독특한 실천철학을 세웠다. 도산은 대한민국 독립의 필요성과 실제적인 방안을 제시하는 기독교 실천철학자였다.

도산은 독립운동가, 계몽운동가, 교육자, 흥사단(興士團)의 창설자, 임시정부 정치가, 성경 말씀을 전하는 전도사로서 다양한 삶을 살았다. 그의 성실한 실천적인 삶은 당시 많은 사람에게 모범이 되었다. 특히, 그의 정직한 삶은 그를 따르는 사람들에게 감동을 주었다.

도산이 학문적으로 관심을 받는 이유는 구한말(舊韓末)의 인물 가운데 가장 대표적인 기독교 실천철학자였다는 점이다. 그는 그 당시 드물게 대한민국 독립의 철학적 방안을 제시하였고, 유교의 사유 전통 속에서 무실역행을 강조했다. 그는 무실역행(務實力行)과 정의돈수(情誼敦修)와 같은 유학의 장점은 취하고 유학의 약점인 말만 무성한 공리공담은 버렸으며, 기독교적인 독창적인 언어와 관점을 통해 자신의 기독교적인 실천철학(직설법과 명령법)을 주장하였다.

도산의 기독교 실천철학의 체계에도 불구하고 그의 실천철학 형성에 유학(儒學)은 의심 없이 중요한 배경이라 할 수 있다. 14세부터 17세까지 당

시 성리학자 김현진(金鉉鎭) 문하에서 한학과 성리학을 배웠다.[86]

도산은 유교(儒敎)에 대해서 늘 강한 비판과 거친 논조로 일관했지만, 그럼에도 그의 생각에는 유교적(儒敎的) 사유와 한학의 논리를 배경으로 하고 있다. 그의 철저한 실천철학은 기독교적인 영향도 배제할 수 없지만, 유교적 영향도 매우 컸다고 할 수 있다. 그것은 그의 철학적 핵심적 요점인 '무실역행'(務實力行)과 '정의돈수'(情誼敦修) 자체가 이미 한국 유교적인 배경 속에 내려온 용어라는 점이다.

도산이 무실(務實) 개념을 사용하는 이유는 무엇인가?

도산은 조선 후기를 무실이 없는 공리공담의 시대로 진단했다. 조선 후기는 유학과 주자의 본질적인 가르침에서 벗어나 철학적 사변과 명분론, 예론 등을 가르쳤다. 이 가르침은 조선 후기에 이념이 되었다. 복잡하고 번쇄(煩瑣)한 이론은 피폐(疲弊)해 가는 조선 후기 사회에 있어서 그 실용적인 가치를 제시할 수 없게 되었다.

그래서 도산은 아무 소용이 없는 헛된 말, 공리공담을 버리고 실제의 생활에서 반성하며 참되고 실속 있도록 힘써 실행하는 무실을 주장하였다. 유명무실(有名無實)은 이름만 있고 알맹이가 없는 것, 명목(名目)만 있고 실질(實質)이 없는 것이 유명무실이다. 이름이 있으면 그 이름값을 하는 속이 꽉 찬 알맹이가 있어야만 한다. 그것이 유명유실(有名有實)이다.

도산은 우리 사회에는 유명(有名)한 사람과 단체는 많아도 유실(有實)한 단체는 적은 것 같다고 진단한다. 도산은 명성(名聲)이 높은 데 비해 실력(實力)과 자격이 떨어지는 사람이 허다하다. 명(名)과 실(實)이 조화(調和)하고 이름과 내용이 부합하는 인물이 유명유실(有名有實)한 사람이요, 그렇지 못한 사람이 유명무실한 사람이라고 하면서 유명유실(有名有實)하기를 힘쓰자고 말한다. 도산은 유명무실(有名無實)과 유명유실(有名有實)을 비교하면서 무실의 개념을 사용하고 있다.

---

86 『明美堂集』, 卷10, 「文化集序」, "酉峰之道 以務實爲先."

또한, 도산은 구한말에 우리가 일제에 나라를 잃은 것은 거짓말 때문이라고 진단한다. 즉, 정직과 진실을 추구하는 무실(務實)의 철학이 없었기 때문이다.

특히, 도산은 민족의 마음의 병, 성격(性格)의 병, 생활(生活) 태도와 사고방식(思考方式)을 진단했다. 밥 안 먹고 배불러 보겠다는 식의 원인과 결과를 무시하는 사고방식, 힘이 없고 연약하면서도 큰일을 할 수 있다는 허황한 사고, 아무 계획과 준비 없이 일을 시작하는 무원칙(無原則)과 무계획(無計劃)의 태도, 약속하고도 지키지 않고 맹세하고도 실행하지 않는 불성(不誠) 불충(不忠)의 악한 습관, 실력(實力)과 실질(實質)을 대비하고 준비하지 않는 무대책, 빈말과 빈소리만 요란한 공리공론(空理空論)과 허장성세(虛張聲勢)의 폐해로 가득 찬 풍습, 조그만 어려움 앞에 주저하고 마는 무기력(無氣力)한 생각과 정신, 자기가 한 말에 책임질 줄 모르는 비겁한 자세, 협동(協同)과 단결(團結)을 이루지 못하고 대립(對立)과 파쟁에 휩쓸리는 소아(小我)와 고집의 습관, 어름어름과 되는대로, 아무렇게, 얼렁뚱땅의 허망(虛妄)한 태도, 과학적(科學的)으로 합리적(合理的)으로 조리(條里) 있게 생각하지 않고 요행과 우연을 바라보는 불합리한 생각, 사회적(社會的) 동정심(同情心)의 결여, 진취(進取)와 적극적인 정신의 부족(不足)을 우리 민족의 병으로 진단했다.

무엇보다 도산은 우리 민족이 제일 먼저 고쳐야 할 것은 거짓이요 무실(無實)이라고 생각했다. 무실(無實)이란 실(實)이 없는 것이다. 실(實)이 없으면 실(實)이 있도록 힘써야 한다. 실(實)에 힘쓰는 것이 무실(務實)이다. 무실(無實)의 병(病)은 무실(務實)의 덕(德)으로 고쳐야 한다.

그래서 도산은 민족의 마음의 병, 성격(性格)의 병, 생활(生活) 태도와 사고방식(思考方式)의 병을 회복하고 고치기 위해서 무실의 개념을 개인과 가족과 단체 그리고 국가에 사용했다.

도산의 기독교 실천철학의 본질은 무엇인가?

다양한 생각과 의견이 가능하다.

그 가운데 무실은 도산의 기독교 실천철학의 가장 중심이 되는 부분이 된다. 도산의 생애에서 진실 정신은 일관된다. 그가 대성학교를 개교하고 학생들을 가르칠 때, 기본 정신은 무실역행과 정의돈수 그리고 진실의 실천이다. 도산은 흥사단을 창단하고 단우들에게 무실역행과 정의돈수와 진실을 강조했다. 그가 왕성하게 활동했던 신민회와 독립운동의 기본도 무실역행이다.

도산의 무실사상은 위로는 율곡의 무실론을 계승한 것이지만, 그는 한편으로는 유학의 무실의 개념을 기독교 실천철학으로 발전시켜 독립운동과 민족중흥의 핵심 실천철학으로 제시되었다.

도산의 무실사상은 이런 시대적인 사유의 흐름 가운데 있었다고 봐야 할 것이다. 그러나 도산의 무실사상에서 실(實)은 이미 있었던 유가 철학의 실(實)의 의미를 한 단계 더 풍성하게 진전시켰다고 볼 수 있다. 왜냐하면, 그의 무실사상은 동양의 유학과 서양 기독교의 융합이기 때문이다. 도산의 실(實)은 일제강점기 나라를 잃은 열악한 상황 가운데 진실성, 착실성, 실용성, 실천성으로 확장되고 발전했다.

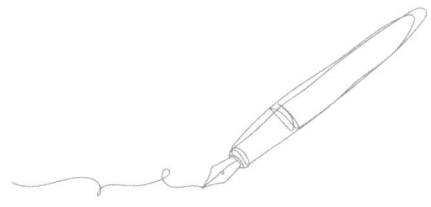

제2장

도산의 무실역행의 지향

  무실(務實)은 거짓을 버리는 것이다. 무실은 참을 사랑하는 정신이고 실상의 본바탕을 존중하는 정신이다. 역행(力行)은 실속 없는 헛된 말보다 실천을 강조한다. 따라서 역행은 목적을 향하여 한결같이 노력하는 실천철학이다. 무실역행의 내용은 진실성, 착실성, 실용성, 실천성이 있다. 도산의 무실역행은 유학과 실학 그리고 기독교 사상의 영향을 받았다. 도산은 실천철학을 전개할 때 원리적인 것은 무실역행으로 설명한다.

  그리고 무실역행의 원리를 지키라고 명령할 때는 성경의 내용을 적극적으로 차용한다. 즉, 직설법에서는 유학과 실학의 원리인 무실역행(務實力行)과 정의돈수(情誼敦修)로 말하고 때로는 한문 구절을 가져온다. 무실역행을 적용하는 명령법일 때는 성경(聖經)의 단어나 문장 그리고 문장의 의미를 가져와 구체적인 기독교 실천철학으로 명령한다.

1. 진실성(眞實性)

  도산 실천철학의 핵심은 무실(務實)에 있고, 그 무실 철학의 가장 본질적이고 근본적인 것은 진실(眞實)이다.

  도산은 일생 진실하고, 참되고, 거짓말을 하지 않았다. 그는 연설로 정직한 것을 외쳤고, 글로써 정직을 주장하고, 그 자신 스스로 진실을 실천하고자 노력하였다.

그가 평생 사업으로 창단한 흥사단의 근본적인 이념은 무실(務實)이다.[1] 이것은 도산이 창단한 흥사단의 목적이고, 그 전신인 청년동우회[2]의 목적이기도 하다. 도산은 무실(務實)과 함께 역행(力行)을 병칭하였다. 그리고 충의(忠義), 용감(勇敢)을 보완하여 4대 정신으로 삼았다.

무실역행은 도산의 창안이며 청년동우회와 흥사단을 조직할 때 같은 표어를 내걸었다.[3] 도산은 '참되기를 힘쓰고 행하기를 힘쓰자'는 것이 무실역행(務實力行)의 뜻이라고 했다. 무실의 반대는 허위이다. 역행의 반대는 공리와 공론이다. 도산의 무실역행 사상은 왕양명(王陽明)학파의 지행일치(知行一致)와 일치하는 면도 있다. 도산의 국민 훈련 운동의 기본 정신도 무실역행으로 표현된 '진실된 정신'이다.[4]

도산이 진실을 자기 실천철학의 기초적인 핵심으로 삼고 진실을 빈틈없이 실천했다. 도산은 대한 사람은 분리되지 말고 합동해야 한다고 강력히 말했다.[5] 그러나 우리 민족은 합동하지 못하고 분열했다. 그는 우리 민족의 고치기 어려운 고질병이 거짓이라고 진단하였다. 거짓 습관이 고질화하여 민족성처럼 단단하게 굳어졌다는 것이다. 모두가 협잡과 거짓말을 하기 때문에 서로 신뢰하지 못하고, 신뢰하지 못하기 때문에 합동과 단결을 이루지 못한다. 협잡과 거짓말 때문에 민족의 힘을 잃어 망국에 이르게 되었다고 진단하였다.[6]

도산은 우리 대한민국을 망친 원수가 일본 군국주의가 아니라 거짓이라고 주저하지 않고 단언한다. 그는 우리 민족이 하나되지 못하고 분열하는 것은 거짓에 있다고 진단하였다. 그는 우리 민족이 가지고 있는 거짓의 고

---

1 주요한, 앞의 책, 169쪽. 「제7장 민족 전대 대업」에서 흥사단(興士團)의 목적을 밝히고 있다.
2 도산안창호선생전집편찬위원회, 『島山安昌浩全書 9권, 동우회』, 社團法人島山安昌浩先生記念事業會, 2000, 326쪽.
3 주요한, 앞의 책, 129쪽.
4 주요한, 앞의 책, 같은 쪽.
5 주요한, 앞의 책, 「동포에게 고하는 글, 합동과 분리」, 520쪽.
6 주요한, 앞의 책, 「합동의 요건-지도자」, 525쪽.

질병은 고치기 어려운 병이라고 언급하였다. 거짓은 거짓된 습관을 낳고 거짓된 습관은 고치기 어려운 고질병이 되어, 변화가 어려운 민족성처럼 단단하게 굳어졌다는 것이다. 모두가 그릇된 짓으로 남을 속일 목적으로 거짓말을 하고 서로가 믿지 못하기 때문에 단결과 합동을 이루지 못했다. 도산은 대성학교 학생과 후배 청년들에게 죽더라도 거짓이나 농담을 하지 말라고 했다.

꿈에라도 진실을 잃어버린다면 통회하며 나라와 민족이 천대받는데 혼자 영광을 누릴 수 없다고 말하면서 건전한 인격자가 되라고 훈유했다.[7]

도산은 거짓말이 한 나라, 한 민족을 흥하고 망하게 하는 문제라고 생각했다. 단순히 윤리와 도덕적 차원에서 잘못이 없도록 주의 주는 말이 아니라 오랜 망명 생활과 조국 독립운동에서 눈으로 보고, 귀로 듣고, 몸소 체험한 것을 토대로 스스로 깨달음의 외침이었다.

도산은 무엇보다 진실한 실천철학의 논리에 매우 탁월했다. 도산은 진실만이 믿음과 의리와 신뢰의 토대이며, 합동과 단결의 근본 원리라고 보았다. 그는 「갑자논설」에서 대한의 정치가를 자처하는 자들에게 종교적 설교로 듣지 말고 민족을 건질 뜻이 없다면 모르지만, 진실로 있다면 우리에게 있는 거짓을 버리고 참으로 채우자고 역설했다.[8]

도산의 진실의 실천철학은 대성학교 특유의 기풍에도 잘 나타나 있다. 도산의 교육이념은 건전한 인격을 가지고 우리나라를 사랑하는 국민을 기르는 데 있었다. 도산이 주장하는 건전한 인격이란 무엇인가? 건전한 인격이란 진실한 것이다. 협잡과 거짓말이 없고 남을 속이는 행실이 없는 것이다.

학생의 가장 큰 죄는 자신과 남을 속이는 일이다. 이에 대하여서는 추호의 의심도 없었고 타협도 없었다. 도산이 학생들에게 하는 최고의 요구는

---

7 주요한, 앞의 책, 「대성학교 학생과 후배 청년에게」, 29쪽.
8 안병욱, 「민족의 스승 도산 안창호」, 『도산안창호선생기념사업회』, 범양사출판부, 1999, 13쪽.

죽더라도 거짓이 없으라는 것이었다. 학생들에게 삶에서 약속을 지키는 것과 모이는 시간을 잘 지키는 것이 성실 공부라고 가르쳤다. 약속을 어기는 것과 시간을 지키지 않는 것은 거짓의 실천이라고 했다. 그래서 수업시간 5분 전에 교실에 출석하는 것은 엄격하게 실행되었다. 동창회, 강연회를 시작하는 시간이 되면 개회를 선언하지 않고 자동으로 개회하였다. 도산은 시간을 엄격하게 지키는 훈련은 중요한 항목으로 중점을 두고 실행하였다.

대성학교 학생이었던 전영택은 당시 대성학교 시절 도산이 '거짓을 경계했던' 일화를 소개했다. 도산은 거짓을 경계하고 진실하기를 가르쳤는데 어떤 학생이 무기정학 처분을 받은 내용이었다. 그 학생이 결석계를 냈는데 도장이 없어 남의 도장을 찍은 것이다. 그래서 도산은 이것은 작은 일 같지만, 대성학교의 정신이 아니라며 반나절 중벌을 주었다. 그리고 이런 정신으로 공부하지 않으면 공부를 해도 소용없으며 진실하지 않은 학생이 학교에 있다는 것이 부끄러운 일이라고 했다.[9]

아침 조회 시간에는 한국 사람들은 영웅이 되려고는 하지만 영웅이 되기 위한 공부는 하지 않으며 미국 초대 대통령이나 미국 독립군의 총사령관이 되려고 하지 말고 정직한 동지가 되기 위해 공부하라고 교훈했다.[10]

청년동우회 총무로서 도산을 마음으로 존경하면서 그의 일을 도왔던 육당(六堂) 최남선(崔南善)은 「진실 정신」이라는 글에서 도산의 진실 정신을 말했다.

도산은 청년동우회의 취지서를 작성해보라고 말했다. 그 내용은 우리 국가와 민족이 쇠망한 근본적 이유에 대해서였다. 우리 민족이 망한 이유는 진실을 국민적, 민족적, 역사적, 사회적으로 자각을 가지지 못한 데 있다. 일본에 대해 반대하고 분개는 하지만 진실이 없기 때문에 진실을 숭배해야 한다고 했다. 언변이나 형용보다 내용이 존중되어야 하는데 그것이 무실역행이라는 것이다.

---

9 도산기념사업회編, 『안도산전서 중』, 범양사출판부, 1990, 81쪽.
10 주요한, 앞의 책, 같은 쪽.

이상과 목적을 이루기 위한 책임을 가지고 실행할 능력과 정신을 기르자는 것이 청년동우회의 취지서 초안 명령서였다.[11]

도산이 주장하는 '무실역행'은 사람의 눈이나 귀를 즐겁게 하는 말을 모두 피하고 일을 실제로 하자는 것이다. 이것은 도산의 뼛속 깊이 뿌리 내린 정신이며 머릿속 깊이 새겨진 정신이고 표어였다. 도산은 무실역행의 진실을 알기 쉽게 설명했는데 어려운 문구를 쓰지 않고 '거짓을 말자'라고 아주 복잡하지 않고 단순명쾌하게 말하였다. 결국, 거짓말을 안 하는 인간과 민족이 되라는 것이었다.

도산은 미국에 있는 아들 필립에게 편지하여 너의 근본 성품은 거짓말하지 않고 속이지 않기 때문에 진실하다. 좋은 사람이 되기 위해서는 진실하고 깨끗한 것이 첫 번째라고 한다[12]고 말했다. 도산은 속이는 것과 거짓이 없는 진실된 사람이 좋고 훌륭한 사람이라고 생각했다. 진실이 건전한 인격이 되는 데 가장 필수적인 것이다.

도산은 진실의 관점에서 구한말에 민족의 힘을 기르기 위해 사람을 속이거나 거짓말하지 말라고 제안한다. 오히려 그는 진실하여 믿음의 자본, 신용의 자본을 동맹 저축하자고 촉구하였다. 도산이 진실(眞實), 신용(信用), 정직(正直)을 자본의 개념으로 사용하자고 한 것은 획기적인 발상의 전환이었다.

그리고 도산이 진실과 신용을 동맹해 저축하려고 했던 것은 근대적인 발상이고 선각자적인 모습을 보여준다. 그는 진실의 실천철학이 갖는 의미를 자본개념으로 이해하였다. 그의 자본개념은 오늘날 현대 경제가 진실의 토대 위에 신용을 중요한 밑거름으로 삼고 있는 것과 같은 것이다. 지금 이 시대는 개인, 은행, 기업, 국가가 모두 신용등급에 따라 평가되는 시대이다. 따라서 기업의 경쟁력은 신용과 직결되기 때문에 도산의 발상 전환은 매우 획기적이었다.

---

11   최남선, 「진실정신」, 『새벽』, 1957년 6월 창간호.
12   주요한, 『안도산전서』, 흥사단출판부, 1999, 1043쪽.

도산의 전기와 지인들의 일화 등을 통해 그가 평생 진실하게 살고자 노력했다는 사실을 알 수 있다. 1932년 4월 29일에 있었던 윤봉길 의사의 의거였던 상해 홍구공원 폭탄 투척이 일어나자 상해에 있었던 독립운동 지도자들에게 윤봉길 의거 소식이 전해졌다. 그들은 모두 소식을 듣고 피신했다.

그러나 도산은 이유필의 아들 이만영 군에게 소년단 기부금을 건네주기로 한 약속을 지키기 위해 상해에 있다가 체포되었다. 그는 조국을 떠난 지 23년 만에 국내로 압송되었다. 도산은 일제에 의해 4년 형을 받고 서대문 감옥과 대전 감옥에서 복역하던 중 병을 얻어 순국하게 되었다. 이필유의 아들 이만영, 그 어린 소년과 약속을 지키고자 피신하지 않은 도산은 진실과 정직을 실천한 인격자로 볼 수 있다.

도산은 정직(正直)과 신의(信義), 참과 진실(眞實) 그리고 신용(信用)을 생명처럼 여겼다. 그리고 그의 삶에 가장 중요한 가치로 삼고 실천하고자 했다. 그는 '반드시 무실역행의 진리와 정의가 이루어지는 날이 있다'[13]는 믿음을 가졌다.

도산의 무실사상(務實思想)의 진실이 갖는 실천철학적 의미는 흥사단에 잘 나타나 있다.

흥사단 입단 문답에서 『중용』(中庸)의 성(誠)을 설명한다. "성(誠)은 하늘의 도(道)요, 성(誠)하는 것은 사람의 도(道)다."[14] 그리고 "성(誠)은 사물의 끝이며 시작이다. 성(誠)이 아니라면 사물은 없다"[15]고 했다.

따라서 도산의 무실사상의 실(實)은 곧 『중용』(中庸)의 성(誠)에서 연원한다. 주자는 성(誠)을 '진실(眞實)하여서 거짓이 없는 것이다'[16]라고 정의했다. 따라서 성(誠)은 곧 거짓이 없는 참이다. 참은 하늘의 도라 하였다.

---

13 주요한, 앞의 책, 「입단문답(入團問答)」, 354쪽.
14 『中庸』, 20章. "誠者 天之道也 誠之者 人之道也."
15 『中庸』, 25章. "誠者 物之終始 不誠無物."
16 『中庸』, 25章. 朱子 註 "誠者 眞實無妄之謂 天理之本然也."

우주 자연의 원리가 참이라는 말이다. 참은 자연의 질서요 우주의 변하지 않는 법이다. 참은 인간이 본받아 실천하고 참으로 살아가고자 하는 것이 인간의 책임이요 바른 이치이다.

사람의 도는 하늘의 도로부터 말미암는다. 하늘의 도에 순응하고 좇는 것이 인간의 도(道)이다. 그러므로 우주 자연의 참을 그대로 따르고 실천하는 것이 사람이 마땅히 행하여야 할 바른길이다.

참은 모든 만사의 시작이고 끝이다. 참되지 아니하면 어떤 만사도 결코 존재할 수 없다는 말이다.

그런데 모든 만물과 만사가 참으로만 존재할 수 없다. 그러니까 참이 아닌 거짓이 있다는 말이다. 그럼에도 참은 만물과 만사에 참이 기본이 되어야 한다. 왜냐하면, 참은 모든 만물과 만사가 참으로 존재할 수 있는 근본이 되는 터전이고 본바탕이 되기 때문이다.

도산이 무실을 힘의 근원으로, 개조(改造)의 중심으로, 대공(大公)의 원칙으로 삼는 이유가 여기에 있다. 도산의 무실 개념은 흥사단 입단 문답에서 알 수 있듯이 관념론이 아니다.

'거짓말하지 말라'는 윤리적이고 도덕적인 차원만이 아니라 마땅히 실천해야 하는 실천철학이다. 참이 없고 거짓과 술수만 있는 정치는 부패한다. 참이 없는 경제는 튼튼하지 못하다는 것이 도산의 판단이다. 참이 없는 교육은 죽은 형식적인 교육이다. 참이 없는 과학기술은 인간에게 해로운 무기일 뿐이기 때문이다. 거짓이 난무하고 전반적으로 참이 없는 민족과 참이 없는 국가는 진실의 힘이 없고 약하여 스스로 생존할 수 없게 된다.

따라서 참이 없는 나라는 다른 나라에 침략받아 정치, 경제, 문화의 노예로 살 수밖에 없다고 본다. 도산은 당시 한국이 바로 이런 상황에서 일제의 식민지가 됐다고 보았다. 그래서 도산의 무실역행 실천철학은 도덕적 의미와 경제적 의미를 함께 내포하며 정신적 의미와 물질적 의미를 아우르는 말이다.

2. 착실성(着實性)

　도산 무실론의 실천철학 개념은 착실(着實)의 뜻을 포함하고 있다. 착실이란 '사람이 허튼 데가 없이 찬찬하며 실하다', '사람이 일정한 기준이나 정도에 모자람이 없이 넉넉하여 견실하다'는 사전적인 의미를 가진다.

　도산은 1926년 9월호 잡지 『동광』(東光)에 실린 「부허(浮虛)에서 떠나 착실(着實)로 가자」라는 글에서 착실에 관해 설명한다. 그는 "부허(浮虛)는 패망의 근본이고 착실(着實)은 성공의 기초"[17]라 전제하고, 한국 사회가 부허, 즉 마음이 들뜨고 허황(虛荒)된 것에서 견실로, 즉 착실로 가야 한다고 주장하였다.[18] 외국인의 눈에 보인 대한민국 사회의 모습이 부허라 표현한 것이다.

　그러면 착실은 무엇이고 부허는 무엇인가?

　도산은 인과율(因果律)로 설명한다.[19] 도산은 착실의 실천철학을 허상이 아닌 실질적 인과율에 근거를 둔다. 즉 세상의 이치에 근거를 두는 것이다. 반면 부허(浮虛)는 원인과 결과(因果律)의 법칙에 근거하지 않는다고 한다. 착실은 명확하고 분명한 계획과 부지런한 노력으로 목적과 목표를 달성하려는데 비해, 부허는 비합리적이고 치밀한 계획도 없다.

　부허는 운수에 의지해 목적과 목표를 이루어 보려고 하는 것이다. 부허는 거짓 명성으로 들떠 정해 놓은 순서에서 벗어나 있는 것을 말한다. 그리고 부허는 기본이 되는 규칙이나 법칙에서 벗어나 노력이 없이 성공을 바라는 것이라 할 수 있다. 부허는 노력 없이 바라는 요행이다. 그러나 착실은 정직과 진실에 기반해 정해 놓은 차례대로 서서히 일을 실현에 나간다.

　착실의 실천철학은 정직과 진실을 원리로 하는 합리적인 생활 방식이라 한다면 부허는 협잡과 거짓을 원리로 하는 비합리적인 생활 방식이라 할

17　주요한, 앞의 책, 「부허에서 떠나 착실로 가자」, 530쪽.
18　주요한, 앞의 책, 531쪽.
19　주요한, 앞의 책, 같은 쪽.

수 있는 것이다. 그러므로 도산은 무슨 일을 하든지 일의 원칙은 부허가 아니라 진정(眞正)이라야 한다고 주장한다.

도산은 우리가 하고자 하는 위대하고 신성한 사업이 허(虛)와 위(僞)에 기초를 두지 말고 진(眞)과 정(正)에 기초를 두어야 한다고 두 번이나 말하며 강조한다. 허(虛)와 위(僞)는 구름이고 진(眞)과 정(正)은 반석이기 때문이다.[20]

도산이 힘주어 말하는 '위대하고 신성한 사업'이란 대한민국의 독립운동을 말한다. 민족의 독립운동은 황당무계한 거짓으로 하면 실패하기 때문에 진실과 정직으로 해야만 한다고 하였다.

도산이 강조하는 착실의 실천철학은 한국의 비정상적인 상황에서 주장한 것이다. 그 시대 사람 중에는 나라의 운명을 외세의 운수에 맡기는 자들이 있었다. 또 다른 사람 중에는 합리적으로 생각하지 않고 흥분해서 감정적인 시위나 암살, 폭탄 테러로 독립을 도모했다.

도산은 대한민국의 장래를 예측할 수 없는 상황에서 힘 있는 다른 나라에 기대는 것을 안타까워했다. 또한, 도산은 나라의 독립과 미래가 보이지 않는 절망의 시대에 무장 투쟁으로 나아가는 것을 마음 아파했다.

이 시기에 도산은 진실과 정직에 기초한 착실의 실천철학으로 독립운동을 해야 한다고 주장하였다. 이런 도산의 착실한 자세는 민족의 현실을 외면하는 이상주의자(理想主義者)로 볼 수도 있지만 어떤 상황 속에서도 원칙과 정도를 지키고 포기하지 않는 그의 착실의 실천철학은 시대를 초월해 귀감이 된다.

도산은 1926년 12월 발행된 『동광』(東光)에 실린 「오늘의 대한학생」에서 실용적 태도와 실질적 가치에 관해서 설명한다. 도산은 학생들에게 직업을 표준으로 삼지 않고 허영적 영웅을 표준으로 삼는 이가 많다고 했다. 그러면서 학문을 배워 정당한 사업에 나가지 않고 수작과 난봉 그리고 요령만 부린다면 차라리 학교에 가지 않고 부모를 위해 소에게 꼴을 먹이는

---

20 주요한, 앞의 책, 같은 쪽.

것만 못하다고 말했다.[21]

도산 당시 학생들이 분수에 넘치는 허영심의 가득 차서 영웅을 기준으로 삼아 꼭 필요한 공부는 하지 않았다. 그래서 도산은 허황된 출세와 성공을 꿈꾸는 학생들을 비판하였다. 그는 착실하게 준비하고, 착실하게 실력을 갖추어 사회에 나갈 것을 권장했다. 도산은 헛된 망상으로 요행만을 바라고 출세하려는 자들에게 차라리 부모를 위해 소에게 꼴 먹이며 산에 가서 나무나 해 오는 것이 낫다고 경계하였다.

도산이 이처럼 착실의 실천철학을 강조하는 것은 착실의 본질이 무실이고, 착실은 무실의 연장이기 때문이다. 그러므로 착실은 진실에 기반하고 착실은 합리적인 사고와 구체적이고 실질적인 일의 토대이다.

3. 실용성(實用性)

도산 무실론의 실천철학 개념은 실용성(實用性)의 뜻을 포함하고 있다. 실용성은 실제성(實際性)을 의미한다. 그는 실제성을 위해서 추구해야 할 것을 식물에 비유해서 설명한다. 실제성의 기초는 식물의 잎과 꽃이 아니라 뿌리라는 것이다. 그리고 건물의 화려한 외형인 난간과 멋있는 지붕이 아니라 건물의 반석과 기초이다.

여기서 도산이 왜 실제성을 강조하고 주장하는지 잘 알 수 있다. 도산은 겉모습이 웅장하고 아름다운 것이 아니라 기초가 실제적으로 견고해야 실용성이 있다는 것이다. 즉, 그는 보이는 것이 아니라 속 알맹이, 보이지 않는 뿌리와 기초를 중요하게 생각했다.

도산은 공립협회(公立協會) 1주년을 기념하는 연설에서 실용적으로 중요한 기초에 대해서 언급하였다.

21　도산기념사업회 編, 「오늘의 대한학생」, 『안도산전집 중』, 범양사출판부, 1990, 36쪽.

우리가 만일 무슨 화초를 구하자면, 아름다운 잎과 향기로운 꽃나무에서 다만 꽃이나 잎사귀만 취하면 잠시는 좋으나 얼마 못되어 마르고 다시 번성치 못하리라. 먼저 그 나무의 뿌리와 씨를 취하여 심으면 꽃과 열매가 그로 말미암아 나고 또한 번성할 터이니 불가불 먼저 뿌리와 씨를 취하여 심을 것이라.[22]

도산은 식물의 꽃과 잎사귀보다 실제로 뿌리가 중요하며 꽃과 잎사귀보다 뿌리가 공립협회가 집중해야 할 숙제라고 보았다. 그래서 그는 "부강한 나라의 문명과 부강을 구하기 위해서는 실용적으로 화려한 잎과 꽃을 구하는 것이 아니라 문명과 부강의 뿌리와 씨를 구해야 한다"[23]고 했다.

그리고 도산은 「오늘의 대한학생」에서 무실 철학의 실용성과 실제적인 의미를 구체적으로 언급한다. 그는 활동에는 허명적인 활동과 실제적인, 실용적인 활동이 있다고 주장한다.

활동에는 허명적(虛名的) 활동과 실제적(實際的) 활동이 있습니다. 무슨 취지서나 발기문이나 신문지상에서나 어디나 버젓하게 성명이나 쓰는 것은 활동이라 할 수 없고 다만 실제상 자기가 마땅히 할 직분을 이행하는 … 경우에 의지하여, 또 미국이나 중국의 학생은 미국이나 중국의 경우에 의지하여 준비하여 가지고 활동하는 것이외다. 대한 학생은 대한의 오늘날 경우에 의지하여 준비하여 자기와 대한 사회에, 또 세계 사회에 나아가 활동하여야 되겠습니다. 직분을 이행한다 함은 자기의 의무를 이행함인데, 의무로 말하면 자신의 친족에, 동족에, 국가에, 세계에 대한 의무가 있습니다. 또 각각 그 의무를 잘 이행하려면 먼저 자기 가족은, 동포는, 사회는, 국가는, 아울러 자신이 어떠한 경우에 있는지 잘 알아야 하겠습니다.[24]

---

22 주요한, 앞의 책, 「1906년 공립협회 1주년 기념 연설」, 581쪽.
23 주요한, 앞의 책, 같은 쪽.
24 주요한, 앞의 책, 548-549쪽. 『동광』, 1926년 12월, 「오늘의 대한학생」.

도산은 사람의 활동에는 실속 없이 헛된 이름만 있는 허명적(虛名的) 활동과 사실과 실용에 초점을 두는 실제적인 활동이 있다고 말한다. 그는 남에게 나타내기 위해서 활동하거나 사회적인 명예와 명성을 얻기 위해 활동해서는 안 되며, 실제로 자신이 감당해야 할 직분을 준행하는 것이 실제적이고 실용적인 활동이라고 하였다.

이름만 있는 허명적인 활동은 무실역행이 없는 거짓에 기반한 활동이라면 실제적인 활동은 거짓이 없는 진실에 기반한 무실역행의 활동이다. 도산은 실용적이며 실제적인 관점에서 학생들이 실용적인 직업을 선택하지 않고 이름만 화려한 허영적인 영웅호걸을 표준으로 삼는 학생이 많다고 한탄했다. 만일 실제적인 학문을 배워서 올바른 사업에 나아가지 않고 되지 못한 수작과 허랑방탕한 생활만 한다면 그는 차라리 학교에 다니지 않고 집에서 부모님을 위해서 소먹이고 꼴을 베는 것만 못하다고 하였다.[25]

도산은 1918년 「전쟁 종결과 우리의 할 일」 담화문에서 실제적인 기초의 중요성을 다시 한번 언급한다.

> 독립의 운동과 대동단결의 주선이 아직은 그 시기가 아니라 하면 이것 외에 전쟁 후에 우리의 받음직한 소망이 무엇이며 할 것이 무엇인가. 우리가 받은 것은 잎과 꽃이 아니요 뿌리며, 난간과 지붕이 아니고 기초로다. 우리의 할 것은 이것을 정성스럽게 받고 이것을 견고케 함이로다. 이 전쟁 이후 우리 가운데 몇만 원 자본이 뭉칠 터이니 이는 실업 발전의 기초요, 많은 수학자(修學者)가 일어날 터이니 이는 수학 발전의 기초요, 많은 영업자가 생길 터이니 이는 생활 독립의 기초요, 우리 기관 안에 적립이 증가할 터이니 이는 우리 단의 실무가 점차 진흥할 기초다.[26]

---

25 주요한, 앞의 책, 같은 쪽.
26 주요한, 앞의 책, 「전쟁 종결과 우리의 할 일」, 613쪽.

도산은 전쟁 후에 요행이나 바라고, 빈 생각과 빈말을 하며, 곧 실제와는 거리가 멀다고 생각하는 사람은 기초를 하찮게 여긴다. 그러나 그는 기초 위에 좋은 건설이 있고 튼튼한 뿌리 위에 좋은 꽃과 열매가 있음을 강조한다. 도산은 견고한 실제적인 기초가 있을 때 실용성의 열매를 맺을 수 있음을 말한다. 이것은 요행만 바란다면 실제적인 결과를 얻을 수 없음을 강조한 것이다.

도산은 무실역행의 실제성의 기초위에 실업과 수학 발전의 기초를 강조한다. 그는 실업 발전의 기초를 위해서 실제적인 자본 저축을 제시한다.

> 우리 백여 동지가 이때는 자본 저축의 특별한 시기임을 알아서 모든 일을 잠시 정지하고 각각 천 원 이상을 만들어 우리 저금 기관에 집합하면 동맹 저금부 안에 또한 10만 원 이상의 자본이 쌓일 터이나 실업 회사와 동맹 저금부에 모이는 총계가 20만 원 이상에 달할지니 1,200원의 금전도 완전히 없던 우리에게 20만 원 자본이 서는 것을 어찌 크지 않다 하리오.[27]

도산은 자본의 실용성을 깨닫고 자본 저축의 실제적인 것을 제안한 것이다. 전쟁 후 실업 회사의 자본은 실업 발전상에 실제적으로 활용될 것이고, 저금부에 모인 돈은 각 개인의 학비와 실업 기금이 될 것이기 때문에 개인과 실업에 실제적인 도움이 될 것을 본 것이다. 또 자본 저축의 기초는 멕시코와 하와이 그리고 원동까지 실업이 확대해 나갈 수 있는 실제적인 기초를 본 것이다.

도산은 무실역행의 실제성의 기초위에 수학(修學) 발전과 독립을 언급한다. 특히, 도산은 청년들이 실제적인 기술을 한 가지 이상을 배우는 것을 주장한다.

> 지금으로부터 1년 혹은 1년 반 후에는 각각 그 정도와 처지에 따라 혹은 대학으로 혹은 중학으로 혹은 소학으로 혹은 단기 학교로 혹은 전습소(傳習所)로,

---

27 주요한, 앞의 책, 614쪽.

그렇지 아니하면 말 기르고 양치는 마당으로, 살림과 과목을 재배하는 동산으로, 생선 잡는 바다로, 쌀 찧고 밀가루와 죽가루 만드는 용정간(舂精間)으로, 장막 짓는 데로, 양철통 만드는 데로, 철공장으로, 비누와 양촉을 만드는 데로, 캔디와 쿠키를 만드는 데로 어디든지 매울 구멍을 뚫고 들어가 배워야 하겠고, 이것을 하려고 하면 할 수 있도다.[28]

    도산은 현실을 기반한 실제적인 배움을 통해서 한 사람이 한 가지 이상 기술을 배우는 수학동맹(修學同盟)을 주장했다. 도산은 이렇게 수학동맹으로 발전해 나갈 때 물질의 노예가 아니라 생활을 독립할 수 있는 실용성을 본 것이다. 무실 철학의 기초위에 한 사람이 한 가지 기술을 배우기 위한 수학동맹은 독립생활을 이루는 것이다.
    도산은 허명과 부허가 아닌 실용과 실제를 강조하였다. 그는 실속 없는 헛된 명성, 헛된 공명(空名), 사실이 아닌 부명(浮名), 허문, 터무니없는 허성(虛聲)이 아닌 실제적으로 사용할 수 있는 실용성을 주장한 것이다. 또 기초실업과 수학동맹에 기반한 생활 태도를 주장했는데, 이것은 무실 철학의 무실을 강조한 것이다.

4. 실천성(實踐性)

    도산의 무실의 실천철학은 몸소 이행하는 실천궁행(實踐躬行)의 의미를 담고 있다.
    도산은 우리 민족의 가장 큰 결점 가운데 하나가 아무 소용이 없는 헛된 공리공담(空理空談)이라고 보았다. 이론과 의견은 많은데 실천이 없고, 말은 무성한데 행함이 부족해서 기대에 미치지 못하다는 것이다.

---

28 주요한, 앞의 책, 같은 쪽.

춘원 이광수는 행함이 없고[29] 말만 많은 구한말 도산의 현실 인식을 말한다. 도산은 조선 500년의 역사는 공론의 역사라고 강조하면서 경제적, 문화적 위대한 유산이 적고, 오직 갑론을박(甲論乙駁)으로 참무(讒誣), 탄핵(彈劾), 비방(誹謗), 살육(殺戮)하는 빈축만 살뿐이라는 것이다. 그렇다고 후세에 남겨질 만한 건축물, 토목 공사 하나 없고 자랑할 것 하나 없다. 오로지 쟁론과 모해밖에 없으며 공론가들은 남에게 책임을 떠넘기는 것뿐이다. 자기 자신의 잘못은 숨긴 채 남에게 잘하라고 하는 것뿐이며 자기는 책임을 지지 않는다고 했다.[30]

도산은 우리 민족의 결함과 결핍을 잘 인식하고 있었다. 하나는 앞에서 말한 대로 거짓과 협잡이고, 다른 하나는 말만 무성하고 실천이 없는 것이었다. 도산은 조선 500년의 역사를 매우 부정적이고 비관적으로 평가한다. 그 중요한 판단 기준이 강한 실천이 따르지 않는 공리공담에 있었다.

도산은 유교를 신랄하게 비판했다. 그 중요한 비난의 이유를 전혀 실천이 없는 공리공담에서 밝혀냈다. 생각으로 사물의 옳고 그름을 가려내려는 성리학적인 사고에 치우쳐 무실의 실천성을 잊어버렸다는 것이다. 실천이 없으면 실질적인 결과도 없었다는 것이다. 도산은 현실에서 실질적으로 적용할 수 있는 기독교 실천철학이나, 실학이나, 실천을 담보하는 학문과 태도에 관심을 가졌다고 할 수 있다.

도산은 실천적인 면에서 무실과 역행을 흥사단 4대 정신으로 강조했다. 오래전부터 유교에서 사용된 무실과 역행은 『중용』(中庸)에 기록되었다.[31] 성리학의 교과서인 『성리대전』(性理大全)에는 역행조(力行條)에 별도로 설정되어 있다.[32] 송대 윤화정(尹和靖, 1071년-1142년)은 "역행(力行)이 귀하고, 공언(空言)은 귀하지 않다"[33]고 하였다.

---

29 야고보서 2장 17절 "행함이 없는 믿음은 그 자체가 죽은 것이라."
30 주요한, 앞의 책, 「민주적 지도자의 전형」, 502쪽.
31 『中庸』, 第20章, "子曰 好學 近乎知 力行 近乎仁 知恥 近乎勇."
32 『性理大全』, 卷49, 學7, 學8, 力行.
33 『性理大全』, 卷49, 學7. 力行, "和靖尹氏曰 學貴力行 不貴空言."

그리고 율곡은 그의 저서에서 무실역행을 둘 이상을 한데 묶어서 병칭해 사용하고 있다. 왜냐하면, 무실(務實)과 역행(力行)이 내용상으로 상호 관계를 가지고 있기 때문이다.

도산은 무실역행의 뜻은 '참되기를 힘쓰고 행하기를 힘쓰는 것'이라고 본다. 무실(務實)의 반대는 허위(虛僞)이며, 역행(力行)의 반대는 공리공담(空理空談)이다. 도산이 말하는 역행(力行)의 참뜻에는 주자학파와 대립하는 왕양명학파(王陽明學派)의 지행일치(知行一致)의 사상과 통하는 점이 있다. 그래서 조선의 유교에 대한 통렬한 비판이 들어있다.[34]

도산이 역행을 주장한 것은 실천을 강조하는 역행이 무실의 실천철학의 다른 표현이라고 볼 수도 있다. 그 이유는 무실(務實)에서 실(實)은 진실(眞實)하기 위해 힘쓰는 것과 행하기 위해 힘쓰는 것, 두 가지 의미를 포함하기 때문이다. 따라서 역행은 무실 속에 내포되는 개념이다.[35]

더 나아가 충의(忠義)는 무실의 확장 개념으로서 사물에 대한 성실과 인간에 대한 신의(信義)를 지키는 것이다. 용감(勇敢)은 역행(力行)의 방법적 표현으로 볼 수 있다. 그래서 용감(勇敢)과 역행(力行), 충의(忠義)는 무실(務實)로 귀결되기 때문에 무실로 설명될 수 있다.

주요한은 도산의 무실역행을 조선 주자학의 산물로 본다. 조선의 성리학에서는 지나치게 관념화와 사변화, 이념화로 인해서 마땅히 있어야 할 실천성이 빠져 있다고 주장한다. 성리학은 대의명분론(大義名分論), 즉 사람이 마땅히 지키고 행하여야 할 도리나 본분을 지키지 못하여 실용성이 약화되었다. 더욱이 유교적 허례허식 때문에 진실성과 내실(內實)이 부족하게 되어 조선의 국력을 약화시켰다고 진단한다.

그러나 무실에 관한 주요한의 해석에는 많은 무리가 있다. 만약 주요한의 해석대로 도산의 무실 철학을 본다면 도산이 계승한 유교나 성리학이나

---

34 도산기념사업회編, 『안도산전서 중』, 범양사출판부, 103쪽.
35 황의동, 「도산사상에 관한 고찰」, 『학생생활연구』, 제11집, 청주대학생활연구소, 1989, 46쪽.

주자학이나 율곡의 무실론을 거부하는 것이다.

오히려 도산은 조선 500년의 역사와 학문을 비판적으로 계승하고 있다. 도산은 공리공담을 비판하고 배격했지만, 유교와 성리학의 근본정신은 계승하고 있다. 도산의 사유는 유교나 성리학을 떠날 수 없다. 도산이 실천철학으로 논하고 있는 모든 내용은 한문으로 표현한다.

도산은 유교와 성리학을 버린 것이 아니라 자신의 기독교 실천철학으로 더 발전시켰다. 도산은 공리공담에서 벗어나려면 실행이 있어야 한다고 주장하였다. 그에 의하면 계획하고 실행하는 사람은 일하는 사람이다. 그가 주인이다. 이 사람은 중국 사람도 미국 사람도 아닌 대한 사람이라는 것이다.[36]

도산은 일제강점기, 식민지 시대를 극복하는 가장 중요한 것이 실행이요, 실천철학이라고 본다. 이와 관계하여 도산은 모든 국민이 놀지 말고 부지런히 일해야 한다고 계속해서 강조했다.

도산은 세 번이나 놀지 말고 일하자고 외치면서 우리의 일은 매우 큰 것이기 때문에 노력이 필요하다. 이천만이 다 같이 일해야 하며 가만히 앉아 있으면 독립이 될 수 없다. 그러니 가만히 앉아서 흘리는 피는 가치가 없고 여러분이 무슨 일이든 하나씩 붙잡고 일하고 다른 일이 생길 때까지 그 일을 놓지 말라고 강조했다.[37] 도산은 계속해서 다 일을 하자고 도전한다. 만일 할 일이 없다면 서북간도로 가서 농사를 짓자고 하면서 독립운동을 한다고 하면서 노는 자는 독립의 적이라고 했다.[38]

도산은 그 당시 대한 독립운동을 하노라 하면서 빈둥빈둥 놀며 허송세월 보내는 것에 대해 날카롭게 비판하였다. 모든 국민 한 사람이 하나의 직업을 가지고 일을 해야 나라가 힘의 에너지가 생기고, 그 에너지로 독립할 수 있는 힘이 생긴다고 보았다. 그는 독립운동을 한다고 하면서 노는 사람은

---

36 주요한, 앞의 책, 「책임적 애국자」, 746-747쪽. 『기러기』, 1970, 5월호.
37 주요한, 앞의 책, 「제2차 북경로 예배당(北京路禮拜堂) 연설」, 621쪽.
38 주요한, 앞의 책, 「이 기상과 이 맘으로, 독립운동 방략」, 237쪽.

독립운동의 공공의 적이라 규정했다.

도산은 이론보다 실용적이고 실천적인 사고를 바탕으로 역행의 실천철학을 강조했다. 그는 모든 힘은 실천에서 나오고 진리적 가치가 담지(膽智)된다고 생각했다. 도산은 역행의 실천철학을 강조한 점에서 매우 근대적 사고를 하였다. 도산의 선각자적인 면모를 보여주는 것이라 하겠다.

도산은 용감 정신의 실천을 위한 방법으로 용단과 인내를 제시하면서 이를 적극 장려하였다. 그는 1927년 1월 잡지 『동광』(東光)에 실린 글 「대한 청년의 용단력(勇斷力)과 인내력(忍耐力)」이라는 글에서 젊은 청년들이 방황과 주저를 이겨내고 용기 있게 결단하는 용단력을 가져야 한다고 했다.

도산은 청년들 앞에 큰 원수가 있는데 공(公)과 사(私)로 막혀 있는 큰 원수는 바로 방황과 주저라 했다. 할까 말까 주저하고 방황하는 것이 공적(公敵)에도 사적(私敵)에도 있다는 것이다.[39]

도산은 계속해서 일에 대해 옳은가 그른가, 할까 말까, 방황하고 주저하면 고통이 생긴다고 말한다. 결국은 낙망하게 되며 낙망은 청년의 죽음인데 청년이 죽으면 민족도 죽게 된다고 강조한다. 낙망의 끝은 남을 원망하게 되고 더 심하면 남을 죽이게 되는 것이다. 우리의 가장 큰 원수는 방황과 주저인 것이다. 낙망은 청년을 죽이기 때문에 민족이 죽는다고 경계한다.[40] 즉, 꾸준한 인내력을 가지고 끝까지 밀고 나아가는 것이 실천철학을 위한 합당한 길이라고 하였다.

무엇보다 중요한 것은 도산은 연설이나 글로만 실천철학을 말하고, 행하는 것을 노력하라고 한 것이 아니라 그 스스로 한평생 실천철학의 모델이 되었다는 점이다. 도산은 그의 생애와 인격에서 사랑을 말하되 박은식, 안태국, 윤현진, 여운형, 이 갑, 이광수, 최남선, 이시영 등에게 친히 사랑을 실천하여 그들에게 감동을 주었다.

---

39 주요한, 앞의 책, 「대한 청년의 용단력」, 546쪽. 『동광』, 1927, 1.
40 도산기념사업회編, 「물방황」, 『안도산전서 중』, 범양사출판부, 1990, 125쪽.

도산의 겸손한 태도와 양보는 대성학교를 세운 설립자였지만 자신은 대리 교장을 한 것에서 알 수 있다. 도산이 사람을 세우는 것은 그가 흥사단을 창립했지만, 조병옥 등 8도의 지도자를 세운 것에서 알 수 있다. 또 신민회(新民會)를 조직했지만, 양기탁(梁起鐸)을 대표로 세우고 도산은 상해 임정의 말단인 노동 총판을 맡아 성실함으로 봉사했다. 도산의 진실한 품성 때문에 그의 주변에 많은 사람이 모여들었고 사랑과 존경을 받았다.

도산의 탐욕이 없는 인품은 그가 생명 다할 때까지 돈 문제로 남들에게 시비를 당해 본 적이 없었다는 데에서 알 수 있다. 그는 독립을 위해서 합동과 단결을 말하고 스스로 단결에 앞장서서 모범을 보였으며 하나되게 하는 것을 힘써 행했다. 그뿐만 아니라 교포들의 계몽운동에 헌신 봉사하며 솔선수범하는 지도자의 본을 보였다.

도산의 실천철학의 모범은 책상 앞에서 이루어지는 이론이나 논리나 사상보다 더욱 값진 것이다.

어떤 사람은 도산의 무실역행 실천철학에 나타나는 엄격한 도덕주의가 현실에서 실천을 어렵게 한다고 비판한다.[41] 그러나 도산의 기독교 실천철학이 진실과 정직에 기본이 되는 토대가 되었을 때 이것이 가장 확실하고 성공의 길이며 가장 쉬운 실천철학의 길이라 할 수 있다.

이상에서 도산의 실천철학인 무실(務實) 개념을 진실성(眞實性), 착실성(着實性), 실용성(實用性), 실천성(實踐性) 네 가지 측면에서 살펴보았다. 그런데 이 네 개념은 따로 떨어져 있는 것이 아니라 서로 유기적으로 연결되고 소통된다. 이 네 개념은 무실역행을 중심으로 서로 긴밀하게 연결되어 있어서 서로 도와주고 보완해 준다.

도산은 무실을 삶의 현장에서 진실과 착실, 실용과 실천을 함께 적용했기에 열매를 맺을 수 있었다. 도산의 실천철학이 더욱 빛을 발한 것은 삶의 현장에서 강한 실천이 그의 삶을 통해 드러났기 때문이다.

---

41 정경환,「도산 안창호의 정치사상에 관한 연구」,『통일전략』, 제10권, 제2호, 한국통일전략학회, 2010, 49쪽.

제3장

도산 기독교 실천철학의 토대로서 구세학당

1. 도산의 기독교 실천철학

아리스토텔레스(Aristoteles)는 『형이상학』에서 철학에 대해 정의하기를 "철학이 진리에 대한 학문이라고 불리는 것은 옳은 일이다. 왜냐하면, 이론적인 학문의 목적은 진리이고 철학적인 학문의 목적은 행동이기 때문이다"[1]라고 했다.

철학은 이론 철학과 실천철학으로 구분한다. 존재론과 인식론을 탐구하지만, 실천철학은 엄밀한 증명보다 실천적 행위를 목적으로 한다. 카(Carr)는 이론과 실천을 이분법적으로 오류라고 보았다. 이론적 사고(theoretical reasoning)는 필연적이고 불변한 진리로 선험적 지식을 관조하게 되는 추론적 능력이라고 한다면 실천적 사고(practical reasoning)는 상황과 맥락에 기초해서 도덕적으로 바르고 적절하게 행동하는 방식에 대해서 숙고하고 판단하는 사고에 관여하게 된다.

그래서 신이나 인간의 존재나 인식론이 실존을 찾는 이론 철학이 되고, 신과 인간의 실존과 인식론에 근거해서 '어떻게 하나님을 바로 믿을 것인가?'와 '하나님의 말씀에 어떻게 순종할 것인가?'라는 물음에 대한 실천, 그에 관한 실천적 탐구가 기독교 실천철학(practical philosophy of christianity)이라고 할 수 있다.

---

1 아리스토텔레스, 『형이상학』 1권, 조대호, 나남, 2012, 82쪽.

기독교 실천철학은 단순한 철학의 이론이나 실천을 다루는 것이 아니라 성경을 다루며 성경의 하나님을 믿는 그리스도인 철학자, 신학자들 그리고 그리스도인들이 그 대상이 될 수 있다.

기독교 실천철학은 우주 만물을 창조하신 하나님을 인정하는 철학이다. 특별계시인 성경을 인정하지 않는 철학자는 기독교 철학 자체를 수용하지 못한다. 특히, 논리 철학자 루트비히 요제프 요한 비트겐슈타인(Wittgenstein, 1889년-1951년)은 "쓸모없는 문제에 관여하지 말라", "언어는 만물의 척도다", "말할 수 없는 것에 관해서는 침묵해야 한다", 계시와 신앙과 같은 초자연적인 것은 철학에서 배격해야 한다고 주장한다.[2]

그런데 네덜란드의 기독교 철학자 헤르만 도예베르트(Herman Dooyeweerd, 1894년-1977년)에 따르면, 모든 철학자가 어떤 전제를 출발점으로 삼는 것은 이론적 행위가 아니라 종교적 행위다. 하나님이 계시다고 여기는 것을 철학의 시작점으로 삼는 태도만 종교적인 것은 아니다. 하나님이 계시지 않다고 여기는 것 또한 종교적인 태도이다. 그렇게 여기는 것이 이론적으로 정당화되지 않는다는 점에서 그러하다.

따라서 성경의 특별계시에서 철학을 시작하는 것을 비학문적인 태도라 비난할 수 없다. 모든 학문과 철학의 시작점은 이론보다 앞서 있기 때문이다.[3]

그러므로 기독교 실천철학이 모순되는 것이라고 주장하는 것은 잘못된 것이다. 일반적으로 철학은 '지혜를 사랑하는 것이다.' 그런데 지혜가 하나님의 말씀인 특별계시에 있다고 인정하는 경우, 하나님의 말씀을 기독교 실천철학의 출발점으로 하는 것은 모순되는 개념이 아닌 것으로 생각된다.

오히려 기독교 실천철학에서 지혜의 근본인 하나님의 말씀을 시작점으로 하지 않는 철학이 모순에 빠지는 것으로 볼 수 있다. 왜냐하면, 비기독교 철학자들은 지혜를 사랑하면서도 그 지혜의 근원인 성경을 시작점으로

---

2   전광식, 『학문의 숲길을 걷는 기쁨』, CUP, 1998, 217쪽.
3   이경직, 『기독교 철학의 모색』, 기독교연합신문사, 2006, 19-22쪽.

하지 않기 때문이다.

　기독교 실천철학은 만물을 창조하신 하나님을 인정하는 마음에서 출발한다. 그러나 비기독교 철학자는 창조주 하나님을 인정하지 않는 마음에서 시작한다. 따라서 하나님을 인정하지 않는 비기독교 철학자는 창조 세계의 국면을 절대적인 자리, 하나님 자리에 올려놓는 잘못을 저지른다.

　도예베르트는 이러한 행위를 하나님과 피조 세계 사이에 놓여 있는 절대적인 간격을 무시하는 불경한 행위로 여겼다. 즉, 창조 세계의 한 부분만 절대적인 것으로 놓는다. 결국, 하나님을 인정하지 않는 철학자는 하나님과 피조물 사이에 있는 절대적인 간격을 무시한다.

　기독교 철학은 신, 자연, 인간을 탐구하는 이론 철학에서 '어떻게 살아야 하는가?'에 당위성에 관한 실천으로 이어지는 탐구를 한다. 성경의 목적론은 인간의 모든 일은 하나님의 영광을 목표로 삼는다(고전 10:31). 하나님을 영화롭게 할 때 인간은 행복과 기쁨까지 발견한다. 그래서 성경에 의하면 인간은 하나님 나라와 하나님의 의를 추구하는 것(마 6:33)이 인간의 최고의 목표이다. 그렇게 될 때 다른 모든 복이 우리에게 더해진다고 가르친다.

　또 성경의 의무론에 의하면 우리는 하나님을 사랑하고 이웃을 사랑해야 하는 두 가지 큰 계명(마 22:37-40)과 이 명령을 다양한 상황과 조건 속에서 적용하며 명령을 실천하는 것에 있다.[4]

　도산은 구세학당에서 기독교를 배움으로써 삶의 실천으로서의 무실역행을 추구했다. 하나님의 사랑으로 동포를 사랑하고자 했다. 그는 청년들에게 조국 독립의 비전을 주는 것, 혼인관, 가족관, 민족관 등에서 성경을 기초로 삶의 전 영역에서 실천을 발전해 나갔다.

　도산의 실천철학은 철저한 기독교에서 발생하고 삶에서 실천하는 기독교 실천철학으로 발전되었다.

4　존 프레임, 『우리는 모두 철학자입니다』 송동민, 복있는 사람, 2020, 93쪽.

2. 도산의 구세학당 입학

도산은 1894년 청일전쟁이 끝나갈 무렵, 서울에 가서 공부하기로 결단하고 상경했다. 이강은 그때 상황을 생생하게 전한다.

도산은 삼촌에게서 여비 10원을 얻어 서울로 향했다.[5] 서울에 입성한 도산은 며칠이 지나, 가지고 있던 용돈이 바닥이 났다. 하루는 서울 거리를 다니다가 정동교회 예배당 거리에서 한국말이 서툰 미국 선교사가 외치는 목소리를 들었다. 언더우드와 함께 구세학당에서 교육 사역을 하는 미국인 선교사 밀러(F. S. Miller) 목사였다. 그는 사람들에게 배우고 싶은 사람은 먹고 자고 마음대로 할 수 있는 우리 학교로 오라고 했다. 학비의 일체는 교회가 부담한다는 것이다. 밀러의 말을 들은 도산은 겉으로 믿는 척했지만, 속으로는 공맹(孔孟)의 도는 그냥 지키면 되지 않겠는가 생각했다.[6]

사람은 만남이 중요하다. 도산은 정동 예배당 거리에서 밀러 선교사를 만났다. 그는 밀러 선교사를 통해 자신의 꿈을 이룰 수 있다고 생각했고, 밀러와 구세학당의 만남을 하늘이 주신 기회라고 생각했을 것이다.

그러나 도산은 여전히 유교적인 세계관에 머물러 있어서 내적으로 심하게 갈등하게 된다. 기독교를 따르기 위해 자신이 어릴 적부터 배운 유교 문화를 버린다는 것이 용납되지 않았기 때문이다.

그런데 유교 문화를 버리지 못하고 갈등 가운데 있던 도산은, 1932년 상해에서 일본에 체포되어 국내로 호송된 뒤 수사 판사의 심문을 받을 때, 자신이 기독교 장로교 교인임을 진술한다.[7] 도산은 자신이 기독교를 믿고 있는 신도임을 확실하게 대답했다. 그리고 그는 당시 원두우학교, 구세학당에 입학하여 동교를 졸업했음을 분명하게 진술하였다. 그는 구세학당 보

---

5 주요한, 앞의 책, 「구세학당(救世學堂)」, 48쪽.
6 임중빈, 『도산 안창호』, 명지사, 1996, 24쪽.
7 이만열, 「도산 안창호와 그리스도의 신앙: 역사에 살아있는 그리스도인」, 도산 안창호 전집 11권, 전기, 2016, 137쪽.

통반에 입학하여 졸업하고 다시 특별반에 들어가 선교사들의 가르침을 받았다.

구세학당(언더우드 학당, 경신학교 전신)은[8] 1886년 미국 북 장로회 소속 선교사 언더우드(H. G. Underwood, 한국식 이름 원두우, 元杜尤)가 구세학당 전에 고아학당으로 시작한 것을 이어받은 것이다. 언더우드 학당은 구세학당 또는 밀러학당이라 불렸다. 1890년에 언더우드가 잠시 귀국하면서 모펫(S. A. Moffet, 한국 이름 마포삼열, 馬布三悅)이 교장이 되었을 때 예수교회당이라 부르다가, 1893년 4월부터 1897년까지 구세학당의 3대 교장인 선교사 밀러(F. S. Miller, 한국 이름 민로아, 閔老雅)가 맡으면서 밀러학당(Miller School) 또는 언더우드 학당(Underwood School)이라고 이름하였다. 이 학당은 경신학교의 전신이 되었다.[9]

언더우드는 나중에 연희전문학교를 설립하고 초대 교장을 역임했다. 언더우드는 1885년에 한국으로 파송되었다. 이후 전도를 시작하면서 1895년에 정동에 구세학당(救世學堂)을 세웠다.

초대 학장 언더우드와 마포삼열에 이어, 3대 학장 밀러는 미국 북 장로교회 선교사로 하나님 중심, 말씀 중심, 교회 중심의 신앙관을 가지고 있었다. 밀러 선교사는 도산의 혼인 주례를 서고 도산 부부의 미국행을 도왔던 선교사였다.

언더우드가 1886년에 세운 영국의 고아 학교 형태의 언더우드 학당[10]은 도산이 입학할 무렵에는 학교 체제로 바뀌었다. 고종 황제의 승인을 받아서 언더우드 학당(구세학당)의[11] 개설 예배를 드리고 언더우드가 초대 학장

---

8   이수광, 『도산 안창호』, 우신사, 1997, 11쪽. 정동 미국 선교사의 사숙(배재학당의 모체)에서 얼마 동안 공부하였다.
9   최기영, 『도산 안창호의 기독교신앙: 한국근대계몽사상연구』, 일조각, 2003, 327쪽.
10 주요한, 『안도산전』, 삼중당, 1984, 12-13쪽. 구세학당은 언더우드 학당, 민로아학당, 등의 이름으로도 불리웠으며, 1897년 임시 폐당 이후에 1901년에 연동으로 장소를 옮겨 다시 문을 열었으며 1905년에 경신학교로 개명하였다.
11 서울교육역사기록 관리체계 구축 정책연구, 「경신고등학교 학교역사기록물」, 서울시: 2021.

으로 취임했다.

　언더우드 학당의 교육목표는 한국인들에게 기독교 진리를 전하고 가르치는 전도사와 교사의 양성이었다. 장차 학생들이 사회에 진출하여 지금까지 교육받은 교육이념을 적절히 활용해 자급자족할 수 있게 직업교육[12]을 하는 것이었다.

　구세학당의 학생들은 공동생활을 하면서 국어, 영어, 역사, 지리, 한문, 자연과학, 음악, 그림, 번역을 배웠다. 그리고 체육, 궁술, 성경, 교회사를 배웠다. 실제로 이 학교에서 가르쳤던 교육 수준은 상당히 좋은 평가를 받았다.[13]

　도산이 입학한 해 4월, 미국 시카고에서 열린 23차 북 장로교 여선교사회에서 한국과 관련한 선교 보고를 했다. 선교 보고 기사에는 학생들이 학비를 위해 아르바이트한 것을 전한다.[14]

　도산은 예심신문에서 "17세 때에 보통반에 입학하여 동반을 졸업하고 특별반에 들어가 19세 때에 했는데"[15] 밀러 목사의 말처럼 거저 공부할 수 있는 것은 아니었고 도산도 '선교부에 지불할 학비'를 벌어야 했으니 제약실 조수나 하우스보이 같은 일을 했을 것으로 짐작할 수 있다. 그는 '어린 학생을 가르치는' 조교로도 근무하였다.[16]

　도산이 미국의 샌프란시스코에 처음 도착하여 가졌던 직업이 하우스보이였으며 L.A. 근교의 리버사이드로 옮겼을 때 한동안 선교사의 집에서 하우스보이로 일했던 것은 처음이 아니었다. 그리고 미국 공사관의 군인 제식 훈련을 가르쳤다고 하는 것은 이후 대성학교의 체력훈련과[17] 무관하지 않다.

12　이광린, 『초대 언더우드 선교사의 생애』, 연세대학교 출판부, 1991, 45쪽.
13　이광린, 앞의 책, 같은 쪽.
14　이광린, 앞의 책, 43-44쪽.
15　이광린, 앞의 책, 같은 쪽.
16　도산이 구세학당에 입학한 후에 미국의 접장이 되어 한 달에 일 원이란 보수를 받았다. 이 돈을 저축하여 고향 갈 여비를 삼았다. 주요한, 『안도산전』, 삼중당, 13쪽.
17　대성학교에서도 체조 교사는 전직 군인이었던 정인모였다. 김형식, 「평양 대성학교와 안창호」, 『삼천리』, 1932.

당시 기독교계 학교에서 체조 등은 보편적으로 있는 과목이었지만 군인 제식 훈련을 가르쳤다고 하는 것은 체력훈련의 강도가 보통 이상이었음을 알 수 있다.

3. 구세학당의 기독교 교육

구세학당은 "자기 동족들에게 진리를 간증할 전도사와 교사를 양성한다"[18]라고 목적을 분명히 했다. 구세학당의 설립 목적은 기독교 사역자를 배출하는 것이었다. 따라서 수업은 주로 성경 과목에 치중한 것이었다.[19] 도산은 이 학당에서 기독교에 입교하였고 기독교와 서구 사상을 통해 새로운 지평을 볼 수 있게 되었다.[20]

당시 밀러가 주관하고 있었던 구세학당은 언더우드가 주관했던 언더우드 학당보다는 좀 더 발전한 것을 볼 수 있다. 언더우드는 국어, 영어, 역사, 지리, 한문, 음악, 그림, 체육, 자연과학, 번역, 궁술, 성경, 교회사를 가르쳤다. 언더우드 학당은 기초적인 과목을 가르친데 반해 구세학당은 밀러의 의해 체계화되고 세분화된 교과과정(敎科課程)을 가르친 것에 주목해야 한다. 특히, 미국 선교사들은 성경과 교리문답을 체계적으로 교육했다.

1894년 당시 구세학당에는 학생 46명이 재학하고 있었다. 도산은 14명의 학생과 함께 기숙 생활을 했다.[21]

그리스도인이라면 교리문답을 통해 반드시 기독교의 기본 가르침을 받아야 했다. 교리문답은 기독교의 기본 교리를 효과적으로 교육할 수 있기 때문이다. 요리문답(要理問答)의 내용은 성경과 교회의 전승에 일치하는 것

---

18   경신중고등학교, 『경신사』, 2021, 152쪽.
19   백남준, 『한국개신교사』, 연세대학교출판부, 1995, 243-244쪽.
20   주요한, 『안도산전』, 삼중당, 1963, 13-14쪽.
21   최기영, 앞의 책, 328쪽.

으로 그리스도인이라면 누구나 숙지해야 하는 기독교 신앙에 대한 기본적인 가르침이었다. 여기에는 십계명과 사도신경, 세례와 성찬, 주기도문 등이 포함되어 있었다.

초기 선교사들은 교리교육에 특별히 신경을 썼다. 웨스트민스터 소요리문답(Westminster Catechism)은 주요 교과목 중 하나였다. 교리교육과 성경 공부는 양자택일이 아니라 상호보완이다. 교리교육은 숲으로 비유하면 성경 공부는 나무이다. 교리 공부는 기독교 진리를 전하는 효과적인 교육 수단이다.[22] 교리문답은 그리스도인이라면 누구나 반드시 받아야 하는 양육이다.

도산은 교리문답 교육으로 삼위일체 하나님과 성경 그리고 신앙의 기초를 굳게 세웠을 것이다. 그가 세례받은 사실이 불확실하다고 주장하는 자들이 있다. 그러나 당시에 입교하면서 세례를 받을 수 있었기 때문에 도산은 성경과 교리문답을 배우고 세례를 받았을 가능성이 있다.[23]

그뿐만 아니라, 도산은 예심판사 앞에서 자신이 예수를 믿고 장로교 교인이라고 자신이 고백했다. 그 당시 도산을 도왔던 사람들도 그가 세례를 받은 것을 증언하고 있다.

도산은 구세학당에서 기독교에 입교했다. 이때 구세학당에서 도우미 역할을 한 사람은 접장 송순면이다. 송순면의 증언에 의하면 도산은 1894년 17세에 언더우드 선교사가 세운 구세학당에서 3년간 수학했으며, 이곳에서 성경을 체계적으로 배웠다고 한다. 도산은 보통과와 특별반을 마치고 재학 중에 조교(assistance)로 선임되었다. 그는 월 5원의 봉급을 받았다. 이런 면에서 도산은 매우 모범적인 학습과 진실한 신앙생활을 했다는 것을 알 수 있다.[24]

22　한인수, 『기독교교리해설』, 도서출판 경건, 2008, 11-14쪽.
23　주요한, 앞의 책, 「구세학당」, 50쪽.
24　주요한, 앞의 책, 같은 쪽.

도산의 기독교 신앙과 사상에서 세례는 매우 중요하다. 기독교 세례는 자신이 인격적으로 예수를 구주로 믿고, 예수의 십자가의 죽음과 부활로 죄를 용서받고 구원받았음을 믿는 자가 물로 세례를 받는 의식이다. 그리고 세례식을 통해 교회와 성도들 앞에서 공식적으로 고백한다. 세례는 자신이 하나님의 백성이 되었으며, 공회 앞에 성도가 되었음을 고백하는 성례식이다. 그리고 세례는 자신의 세계관과 가치관이 완전히 변화되었다는 공식적인 선언이다.

그동안 도산은 유교적인 세계관과 동양적인 가치관에 사로잡혀 있었다. 그러나 그는 교리문답 교육과 세례를 통해서 기독교 세계관으로 바뀌었다. 도산의 사상은 구세학당 전과 구세학당 이후가 완전히 달라졌다.

그의 연설이나 글에서 표현은 한문과 유교적인 표현을 쓰고 있지만, 실천에서는 기독교 실천철학으로 담아냈다. 도산은 어릴 때부터 배웠던 유학의 풍성한 근본정신은 받아들이고 공리공담은 배격했다. 그는 유학을 비판적으로 계승하면서 유학과 기독교를 융합한 기독교 실천철학으로 열매를 맺었다.

밀러(F. S. Miller)가 선교보고서에서 말하기를 조교에 임명된 도산의 열정과 정열 때문에 구세학당은 마치 새로운 단체(institution)가 된 것처럼 보였다. 그와 같은 방을 쓰는 소년들은 그를 지지했고 안창호가 스스로 일을 훌륭하게 해내는 모습을 보았다. 그리고 하급 학생들을 더 잘 가르치는 교사의 독립성에 대해 생각했다. 그로 인해 학교는 많은 변화가 일어났다. 학교가 끝날 때까지 그와 같은 일들은 듣지 못했을 것이라고 했다.[25]

밀러는 계속해서 다른 보고서에서 도산은 새해를 맞아 옷을 수선하기 위해 3원을 빌렸는데 새 옷이 보이지 않아서 자신을 속인 것은 아닌가 의심했다. 그래서 빌려간 3원이 어떻게 되었는가를 물었는데, 돈을 달라고 할 것을 생각해 언제든지 돌려줄 수 있게 상자 속에 넣어 두었다고 했다. 그러나 도산의 잘못된 판단에 대해 지적하자 깨닫고 눈물을 흘렸다고 증언

---

25 최기영, 앞의 책, 329쪽.

했다.[26]

도산은 조교로 임명받아 조교로서 역할을 잘 수행했기 때문에 학교 분위기도 좋아졌다. 그는 동료들의 불신을 받기도 했지만, 기독교 신앙 활동을 열정적으로 준행하고 있었다. 이러한 점을 미루어 보아 도산은 구세학당에서 유학과 기독교 사상의 갈등 속에서도, 그의 무실역행이 체질화된 인격과 기독교 신앙이 잘 형성되고 융합되고 있음을 알 수 있다.

도산은 기독교 교육과 근대학문을 가르치는 구세학당에서 개화사상을 받아들였다. 이 시기는 도산이 사상적으로 성장하는데 큰 밑거름이 되었다. 그는 구한말 양계초(梁啓超, 1873년-1929년)의 『음빙실문집』(飮氷室文集)과 개화와 관련된 책을 읽었다. 그리고 짧은 기간이었지만 신학학습소에서 영어와 성경도 배웠다. 그의 학구열은 구세학당에서 가장 열심이었다. 구세학당에의 배움은 도산의 인격과 기독교 실천철학 형성에 영향을 미쳤을 것을 짐작할 수 있다.

4. 구세학당과 무실역행

도산은 구세학당에서 많은 변화가 있었는데, 특히 그의 세계관의 변화를 주목할 필요가 있다.

세계관(worldview)은 세상을 바라보는 관점이다. 세계관은 세상에서 일어나는 현상과 사태를 자신이 가지고 있는 관점에서 보고 해석한다. 따라서 사람이 세계관을 가지게 되면 세상에서 일어나는 현상과 사태를 자신이 가지고 있는 관점에서 생각하게 되고 해석한다.

도산은 동양적인 세계관을 가지고 있었다. 그는 16세까지 서당에서 한학을 배워 동양적인 세계관의 관점에서 세계를 보았다. 그런데 구세학당 이후에는

---

26 이만열, 앞의 책, 138쪽.

기독교적인 세계관[27]으로 사물과 세계를 보게 되었다. 무엇보다 도산은 신관(神觀)에 변화가 왔다. 그곳에서 예수를 믿고 세례를 받음으로 도산의 세계관은 유교의 신관[28]에서 기독교의 하나님으로 신관이 변화되었다.

도산은 교리문답을 통해서 기독교의 기본 교리를 공부했다. 교리문답은 창조론, 신론, 인간론, 구원론, 성령론, 교회론, 종말론 등을 묻고 답하는 형식으로 가르친다.

도산은 교리문답 교육을 통해서 교리와 믿음 생활의 기본적인 것을 공부하였다. 그리고 구세학당에서 성경을 통해 자연스럽게 성경의 관점과 프레임을 배우고 익혔다. 이곳에서 배운 성경의 프레임, 즉 직설법과 명령법은 그의 기독교 실천철학이 되었다. 그는 기독교 실천철학을 자신의 삶에서 무실역행의 강력한 실천으로 녹여냈으며 많은 사람에게 모범이 되었다.

도산의 성경적 직설법(the indicative)과 명령법(the imperative)의 프레임은 민족을 깨우는 실천의 도구가 되었고 기독교 실천철학이 되었다.

도산이 구세학당에 입학하기 전의 무실역행과 입학 후의 무실역행은 완전히 다르다. 입학 전의 무실역행은 이 땅의 무실역행이고 입학 후의 무실역행은 하늘의 무실역행으로 생각된다. 구세학당에 입학 전의 무실역행은 유학적인 무실역행이었다. 즉, 이 땅의 무실역행이다. 그는 유학의 무실역행으로 민족의 난제를 발견하고 문제를 제기했다. 도산은 구한말에 유학의 인의예지(仁義禮智) 근본정신을 계승하지 않고 아무 소용이 없는 헛된 말을 하는 공리공담을 비판하고 문제를 제기했다. 그리고 우리나라에서 청일전쟁이 일어나 큰 피해를 보고도 힘없이 무력하게 바라볼 수밖에 없는 것을

---

27 기독교의 세계관은 크게 창조, 타락, 구원, 완성이다. 하나님께서 천지(天地, 곧 우주 만물을 창조하셨으나 아담이 하나님과 언약한 '선악과'를 먹음으로 불순종 곧 죄인 타락이 되었다. 그러나 하나님의 아들 예수 그리스도를 통해 구원하시는 하나님의 구속 세계가 성경의 세계관 곧 기독교의 세계관이다.

28 유교에서 천(天)은 인간과 세계를 존재하게 하는 궁극적인 근원이다. 그것은 또한 다른 말로 인간의 내재적 덕성의 근원이다. 그러나 유교의 천은 신(神)처럼 경배의 대상이 아니다. 유교는 신적 존재인 인격적인 초월자나 절대자를 인정하지 않는다. 천(天)은 실재적 또는 실존적인 신이 아니다.

한탄했다.

도산은 나라를 잃은 것을 외부의 환경에서 찾는 것이 아니라 정직과 진실이 없는 거짓에서 찾았다. 그는 일제에 나라를 잃은 원인을 무실역행이 없는 것에서 발견했다. 그는 나라를 잃은 것을 정직과 진실이 없는 무실역행을 실천하지 않는 거짓에서 찾았다. 그러니까 도산이 구세학당에 입학하기 전까지 도산의 세계관은 유학의 세계관이고 모든 판단의 기준이 유학의 영향을 받은 무실역행이었다.

도산은 민족의 문제에 해답을 찾기 위해 고향을 떠났다. 그는 구한말 민족이 공리공담에 빠져 있고, 이 나라에 정직과 진실을 발견할 수 없고, 나라를 잃은 슬픔과 거짓에 함몰된 민족의 문제를 해결하기 위해서 서울로 상경하게 되었다.

도산은 정동에서 선교사를 만나서 구세학당에 입학하게 되었다. 구세학당 입학 당시 그는 여전히 유학을 따르는 자였다. 구세학당에 입학한 뒤 기독교적인 무실역행을 배우게 되었다. 구세학당에서 배운 무실역행은 유학에서 말하는 무실역행이 아니라 하늘의 무실역행이었다. 그는 성경을 통해서 하늘의 무실역행을 배웠다.

도산은 구세학당에서 정직하신 하나님,[29] 진실하신 하나님,[30] 성실하신 하나님[31]을 배웠다. 그리고 도산은 구세학당에서 전적으로 타락한 인간, 한

---

[29] 신명기 6장 18절 "여호와의 보시기에 정직하고 선량한 일을 행하라", 신명기 32장 4절 "그는 반석이시니 공덕이 완전하고 그 모든 길이 공평하며 진실무망하신 하나님이시니 공의로우시고 정직하시도다", 역대하 34장 2절 "여호와 보시기에 정직히 행하여", 시편 7편 10절 "나의 방패는 마음이 정직한 자를 구원하시는 하나님께 있도다", 시편 11편 7절 "여호와는 의로우사 의로운 일을 좋아하시나니 정직한 자는 그 얼굴을 뵈오리다", 시편 33편 4절 "여호와의 말씀은 정직하며 그 행사는 다 진실하시도다."

[30] 사무엘상 12장 24절 "너희는 여호와께서 너희를 위하여 행하신 그 큰 일을 생각하여 오직 그를 경외하며 너희의 마음을 다하여 진실히 섬기라", 시편 33편 4절 "여호와의 말씀은 정직하며 그 행사는 진실하시도다", 시편 89편 14절 "의와 공의가 주의 보좌의 기초라 인자함과 진실함이 주를 앞서 행하나니." 시편 117편 2절 "우리에게 향하신 여호와의 인자하심이 크고 진실하심이 영원함이로다." 잠언 12장 19절 "진실한 입술은 영원히 보존되거니와 거짓의 혀는 눈 깜짝일 동안만 있을 뿐이라."

[31] 시편 25편 21절 "내가 주를 바라오니 성실과 정직으로 나를 보호하소서", 시편 37편 3

계가 있는 인간, 정직과 진실 그리고 성실을 실천하기에는 너무나 무기력한 인간을 알게 되었다. 변하기 쉬운 인간의 정직과 진실과 그리고 성실을 알게 된 것이다. 그는 인간의 한계가 있는 정직과 진실 그리고 성실을 배운 것이 아니라 변하지 않는 하나님의 정직과 진실과 성실을 배운 것이다.

하나님은 속성적으로 정직하고 진실하며 옳은 것을 행하시는 하나님이시기 때문이다. 물론 인간에게도 정직과 진실 그리고 성실이 있다. 그러나 인간의 정직과 진실과 성실은 변할 수 있다. 인간의 정직과 진실과 성실은 한계가 있다. 그러니까 그가 구세학당에 입학하기 전에는 인간의 상황에 따라 변하기 쉬운 이 땅의 무실역행을 배워, 이 땅의 무실역행으로 생각하고, 판단하고, 문제를 해결하려고 했다.

그런데 그가 구세학당에서 배운 하늘의 무실역행은 인간의 연약한 본질을 발견하게 했다. 그래서 도산은 구세학당에서 기독교 실천철학을 배운 이후로 이 땅의 무실역행을 극복하고 하늘의 무실역행으로 민족을 일깨웠다.

도산의 관점은 직설법과 명령법에 따라 무실역행을 언급하지만, 그의 직설법과 명령법에는 이 땅의 무실역행과 하늘의 무실역행이 만나고 있다. 그래서 구세학당 이후, 도산의 무실역행은 더 풍성하고 다양하다. 이 땅의 무실역행과 하늘의 무실역행을 포함하고 있기 때문이다.

그러므로 도산은 구세학당에서 성경과 교리문답을 통해서 진실하신 하나님을 배웠다. 하나님의 풍성한 신적인 속성과 품성을 배웠다. 도산이 그곳에서 배운 하나님은 거짓이 없고 신실하신 무실역행의 하나님이었다.

절 "여호와를 의뢰하여 선을 행하라 땅에 거하여 그의 성실로 식물을 삼을지니라", 시편 100편 5절 "대저 여호와는 선하시니 그 인자하심이 영원하고 그 성실하심이 대대에 미치리로다", 잠언 11장 3절 "정직한 자의 성실은 자기를 인도하거니와 사특한 자의 패역은 자기를 망하게 하느니라." 잠언 19장 1절 "성실히 행하는 가난한 자는 사곡히 행하는 부자보다 나으니라." 예레미야 5장 3절 "여호와여 주의 눈이 성실을 돌아보지 아니하시나이까."

제3부
무실역행의 직설법과 명령법의 정의

제1장 도산의 직설법과 명령법

제2장 도산과 복음서의 직설법과 명령법

제3장 도산과 바울서신의 직설법과 명령법

제4장 성경의 직설법과 명령법의 관점으로 본 도산의 실천철학

제1장

도산의 직설법과 명령법

도산은 구세학당에서 입교와 세례를 받음으로 예수를 인격적으로 영접했다. 구세학당은 보통반과 특별반을 편성해 학생들을 교육했다. 주로 교육 내용은 성경 과목이었다.

도산이 배운 신구약 성경은 직설법과 명령법의 구조와 관점으로 되어 있다. 그는 구세학당에서 성경의 직설법과 명령법을 배웠는지 배우지 않았는지 침묵하고 있다.

그런데 도산의 연설이나 설교, 발표한 글의 구조와 관점은 직설법과 명령법이다. 그는 자신의 메시지를 성경의 직설법과 명령법의 관점으로 전했다.

복음서의 나사렛 예수는 하나님 나라를 선포했다. 그리고 하나님 나라 백성들이 살아야 할 규범도 함께 전했다. 하나님 나라의 시민으로 살아야 하는 규범과 실천윤리이다. 복음은 하나님의 구원 소식과 함께 구원받은 신자들이 실천해야 하는 삶의 실천과 윤리가 포함된다.

예수가 전한 복음은 율법의 폐기(廢棄)가 아니라 율법의 성취(成就)이며 완성이다. 예수가 전한 하나님 나라의 실천윤리는 그리스도인들이 복음 안에서 구원받고, 변화된 새 사람으로 하나님 나라의 시민으로 살아야 할 윤리이다.

성경의 가르침은 하나님은 먼저 죄인들에게 은혜를 주시고 다음 순종할 것을 명령하신다. 예수도 죄인들을 십자가에 죽으심과 부활로 용서하시고 구원하신다. 그리고 그리스도인들을 하나님 나라의 백성으로 삼아 성경에 순종하며 살아가도록 하신다.

이것을 직설법(the indicative)과 명령법(the imperative)이라고 한다.

성경은 직설법이 먼저 나오고 다음으로 명령법이 주어진다. 모세에게 주신 구약의 십계명을 보면 먼저 직설법이 있다.

> 나는 너를 애굽 땅, 종 되었던 집에서 인도하여 낸 네 하나님 여호와니라(출 20:2).

그리고 다음으로 명령법이 주어진다.

> 너는 나 외에는 다른 신들을 네게 두지 말라(출 20:3).

하나님은 먼저 이스라엘을 하나님 백성으로 선택하셔서 하나님의 백성으로 살 수 있는 은혜를 주셨다. 그다음 '하나님 백성답게 살라'고 명령하셨다. 이것이 하나님 나라의 실천과 윤리이다.[1]

직설법은 구원을 이루시는 하나님을 말한다. 명령법은 구원을 이루신 하나님의 원리를 따라 실천할 것을 말한다. 명령법은 하나님 나라의 윤리, 기독교 실천과 윤리이다. 직설법이 교의학(敎義學, dogmatics)이라면 명령법은 기독교 실천윤리이다.[2]

그러므로 성경의 직설법은 우리의 믿음의 내용이다. 성경은 하나님이 신자를 위해 무엇을 하셨는가, 그리고 그 뒤 신자는 어떤 상태가 되었는가를 직설법으로 표현하고 있다.

그리고 성경의 명령법은 삶의 내용이다. 은혜로 구원받고 새로운 정체성을 갖게 된 신자가 어떻게 살아야 하는지 명령법으로 표현하고 있기 때문이다.

중요한 것은 이 명령법은 직설법에 기초해서 필연적으로 나온다는 사실이다. 겉으로 보기에 이미 이루어진 직설법적 사실, 그리고 계속 시행해야 할 명령법의 관계가 모순인 것처럼 보일 수도 있다.

---

1 김영한, 「나사렛 예수께서 가르치신 하나님 나라의 윤리」, <크리스챤투데이>, 2022, 5월 11일.
2 헤르만 바빙크, 『개혁파 윤리학』, 박문재, 부흥과개혁사, 2021, 103쪽.

그러나 이것은 종말론적인 긴장, 즉 이미와 아직[3]의 관점에서 볼 때 이해할 수 있다.

도산은 성경의 직설법과 명령법을 독특하게 사용하고 있다. 직설법을 사용할 때는 무실역행과 정의돈수 그리고 한문의 내용을 가져온다. 그리고 명령법을 사용할 때는 성경의 단어나 문장이나 문맥의 의미를 차용한다.

도산은 직설법에서 무실역행이나 정의돈수 등 유교적인 개념으로 설명한다. 당시 사람들이 이해하기 쉽고 익숙한 한문이나 유교적인 관점을 가져온다. 그리고 명령법에서는 성경의 단어나 문장 그리고 성경의 의미들을 다양하게 차용해서 설명한다.

그렇게 도산은 독특한 직설법과 명령법의 관점으로 윤리를 포함한 자신의 실천철학을 전개한다.

도산의 직설법과 명령법은 성경의 원리와 성경 의미를 해석하고 실천하는 관점이며 프레임이다. 직설법과 명령법의 프레임은 동양의 유교와 서양의 성경의 만남이다. 그동안 도산을 평가할 때 동양과 서양의 적극적인 수용과 조화를 말한다.

그러나 도산의 사상에 나타난 동서양의 조화를 학문적으로 연구한 것은 미비하다. 그런데 도산의 연설과 담화 그리고 글에 나타난 직설법과 명령법의 관계는 동서양의 조화를 분명히 보여준다.

도산은 직설법에서 동양 유교의 풍성한 원리와 의미를 강조한다. 명령법에서는 서양의 기독교 실천철학이 삶을 통해서 적용되게 한다. 따라서 도산의 직설법과 명령법은 동서양의 융합일 뿐만 아니라 원리와 실천을 강조하는 강력한 행동철학이며 영향력 있는 실천철학이다.

3　그리스도께서 십자가에서 이루신 일에서 아무것도 더하거나 뺄 수 없다. 우리는 예수님을 영접하면 완전히 구속함을 받았다고 할 수 있으나, 아직 완전히 구속된 것은 아니다. 우리가 구속되기는 했으나 아직 우리가 죄인인 것을 알 수 있다. 우리는 의롭게 된 동시에 여전히 죄인이다. 따라서 우리가 천국 가는 순간까지 이미와 아직의 종말론적인 긴장관계 안에 살고 있다.

제2장

도산과 복음서의 직설법과 명령법

도산은 성경에서 신약의 복음서를 주로 사용한다. 특히, 마태복음 산상설교의 직설법과 명령법의 관점을 살핀 후, 도산이 복음서를 어떻게 인용하고, 복음서의 직설법과 명령법을 어떻게 설명하는지 살펴보고자 한다.

마태복음 5-7장의 산상설교는 초대 교부 시대로부터 중세를 거쳐, 현대에 이르기까지 많은 사람이 읽고, 암송하고, 입에 가장 많이 오르내린 성경의 한 부분일 것이다. 팔복, 빛과 소금의 비유, 주기도문, 황금률 등의 구절들은 신자가 아닌 불신자(톨스토이, 마하트마 간디 등)들에게까지 친근한 구절이 되었다.

그러나 로버트 궐리히(Robert A. Guelich)가 주장하듯, 산상설교가 많은 사람에게 친밀하고 친숙한 것이 이해와 해석을 보장해 주지는 않는다.[1] 사실 산상설교처럼 친숙하면서도 잘못 이해되어 온 구절도 드물 것이다.

산상설교에 대한 대표적인 두 가지의 극단적인 해석을 들자면 하나는 산상설교를 바울의 이신칭의(以信稱義) 교리[2]의 틀을 갖고 이해하려는 것이고, 다른 하나는 산상설교에는 복음적인 내용은 없고 단지 예수님의 요구들만

---

1 Robert A. 궐리히, 『산상설교 1. 2』, 배용덕 역, 솔로몬, 1994, 117쪽.
2 바울의 이신칭의 (以信稱義) 교리는 개신교와 가톨릭이 서로 다른 입장을 취한다. 특히, 루터교회는 이신칭의가 하나의 교리보다는 기독교 전체 이해를 결정하는 교리로 본다. 이신칭의는 오직 은혜로 의롭게 된다는 것이다. 죄인이 의롭게 되는 것은 오직 예수 그리스도 십자가의 죽음과 부활로 주시는 구원이다. 죄인들의 죄에 대해 속죄하시는 그리스도의 은혜이다. 예수님이 그리스도이심을 믿음으로서 비로소 올바르고 의로운 관계가 형성된다. 가톨릭은 인간의 노력과 하나님의 은혜의 협력을 주장한다. 가톨릭은 이신칭의를 바울의 핵심 교리로 보지 않는다.

있다고 보는 것이다. 전자는 복음적 측면을 지나치게 강조하여, 즉 복음의 원리적인 측면만 강조하여 복음적 내용을 약화 내지는 없애 버리는 오류를 범하게 되었다.

따라서, 산상설교의 해석에 관하여는 복음적 내용과 지시적 교훈, 구원의 원리(직설법)와 구원의 명령(명령법)은 실천을 동시에 고려되어야 한다.

불트만(Bultmann) 이후 대부분의 신약 신학자는 바울의 실천을 직설법과 명령법의 구조와 관점으로 파악하는 데 동의하고 있지만, 그러한 기본구조를 가지고 복음서, 특히 산상설교를 파악하려는 시도는 거의 없었다.

산상설교를 파악하기 위해서는 이 둘의 관계를 바로 이해하는 것이 무엇보다도 중요하다. 왜냐하면, 산상설교에는 구원이 원리라는 직설법과 행할 것을 요구하는 명령법이 밀접한 관계 속에서 나타나기 때문이다.

일반적으로 직설법은 구원의 원리를 말한다. 구원의 원리는 하나님 나라(The Kingdom of God, 天國)의 도래와 예수님의 사역과 생애로 실현된 하나님의 선물, 은혜, 축복 등 새 시대에 이미 주어진 것을 말한다. 명령법은 구원의 원리가 선언에 의해 실천이 요구되는 하나님의 계명을 말한다. 또는 은혜를 받아들인 자에게 주어지는 인간의 사명과 명령, 윤리적 책임, 기독교인의 의무 등을 말한다.[3] 따라서 구원의 명령은 하나님이 이루신 구원의 원리에 기초하여 주어진다.

마태복음의 산상설교에는 명령법만 있는 것처럼 보인다. 그러나 자세히 살펴보면 직설법이 명령법과 함께 사용됨을 알 수 있다. 산상설교의 큰 줄거리를 보면, 원리인 직설법은 산상설교의 서론(마 5:3-16)과 결론(마 7:13-27)에 주로 나타나고, 명령법은 본론(마 5:17-17:12)에 주로 나타난다.

그렇다고 해서 본론에는 전혀 직설법이 설명되지 않는다는 의미는 아니다. 율법의 성취(마 5:17-20)와 이혼(마 5:21-32) 그리고 두 주인(마 6:24)의 부분에서도 직설법은 찾아낼 수 있다.

---

3 정훈택, 『신약성서의 기독교 윤리의 근거와 그 의의』, 에베소서원, 1990, 58-59쪽.

또 명령법으로 발견되는 부분은 모두 실천적인 교훈이며, 직설법으로 나타나는 부분은 모두 복음적 내용이라는 단순한 도식은 허용되지 않는다. 마태복음의 구조와 관점은 바울서신과 다르다. 예를 들면 마태복음 5장 13-16절은 직설법의 형태로 표현되어 있으나, 실제 내용은 명령법의 의미를 더 강하게 풍긴다. 이런 의미에서 이 구절은 "구원의 윤리적 서술"(the ethical indicative of salvation)이라고 불린다.[4] 즉 구원의 원리적인 서술이다.

도산은 성경, 특히 『신약전서』를 가까이하였던 것으로 보인다. 그것은 안창호의 유품 가운데 『신약전서』 또는 『신약전서』와 『찬송가』가 합본된 것이 여럿 남아 있는 것으로 짐작되는 일이지만[5] 그의 설교 대부분은 복음서를 인용하고 있다는 것에서 알 수 있다. 다음은 도산의 설교나 강연 등에서 인용된 성구이다.

전영택의 「안도산 선생을 생각함」에서 도산이 1900년대 후반에 다양한 성구를 인용한 것을 볼 수 있다.[6] 특히, 마태복음 5장 5-6절과 마태복음 6장 33절 그리고 요한복음 3장 3절을 통해서 직설법과 명령법으로 설교했다.

> 온유한 자는 복이 있나니 그들이 땅을 기업으로 받을 것이요 의에 주리고 목마른 자는 복이 있나니 그들의 배부를 것임이요(마 5:5-6).

> 그런즉 너희는 먼저 그의 나라와 의를 구하라 그리하면 이 모든 것을 너희에게 더하시리라(마 6:33).

---

4 H. 리델보스, 『하나님 나라』, 오광만 역, 도서출판 엠마오, 1987, 324쪽.
5 독립기념관에 소장된 도산자료 133 『신약전서』, 1907, 597. 『新約全書』, 1909, 그리고 134 『신약전서』·『찬송가』 합본, 1914, 등이 있다.
6 전영택, 「안도산 선생을 생각함」, 『전영택전집』, 3, 목원대학교출판부, 1994, 448쪽.

> 예수께서 대답하여 이르시되 진실로 진실로 네게 이르노니 사람이 거듭나지 아니하면 하나님의 나라를 볼 수 없느니라(요 3:3).

도산은 구원받은 사람은 하나님의 의에 목말라야 한다고 말한다. 성도는 세상의 거짓에 목말라하는 것이 아니라 의(義)에 주리고 목말라야 하는 것을 설교하였다. 구원받은 사람은 거짓이 아니라 정직에 목말라야 한다. 의에 주리고 무실역행에 목말라야 한다. 원리적으로 구원받은 사람은, 즉 직설법적으로 예수를 믿는 자는 구원을 얻은 자이다. 따라서 구원을 얻은 자는 세상이 아니라 의에 목말라야 한다는 것이다.

명령법적으로 의를 위해서 정직한 삶을 살아야 한다. 무실역행을 실천하는 삶을 살아야 하는 것이다.

도산은 의에 주리고 목마른 삶을 사는 사람은 먼저 그 나라와 의를 구한다(마 6:33). 의에 주리고 목마른 자는 자신이나 세상을 먼저 구하는 것이 아니라 하나님의 나라와 의를 구하는 실천을 해야 한다. 그리고 거듭난 사람은 하나님의 나라와 의를 구해야 한다고 말한다.

도산은 성경을 지극히 사랑하고 애독하고 사랑했는데 특별히 산상수훈에서 '의에 주리고 목마른 자가 복이 있나니 저희가 배부를 것이라'(마 5:6)라는 말씀과 '너희는 먼저 하나님의 나라와 하나님의 의를 구하라'(마 6:33)라는 말씀을 사랑했다. 그는 이 말씀을 좌우명으로 삼았다.

직설법의 원리적인 측면으로 예수님을 믿어 구원받은 사람은 명령법적으로 하나님의 나라와 하나님의 의를 구하는 삶을 살아야 한다. 성경을 문자적으로 보면 '의'란 '무실역행'을 의미한다. 그래서 도산은 이 성경 구절을 가지고 설교와 연설을 하였다.

아마 도산이 의를 구하는 것을 강조한 것은 마태복음 6장 33절의 말씀이 무실역행을 잘 나타내 주었기 때문일 것이다. 그러나 마태복음 6장 33절의 '의'는 예수님을 의미한다. 그러니까 그 나라와 그의 의를 구하는 것은 예수님을 구하는 것이다. 즉, 예수님을 구하는 사람은 무실역행의 삶을 살

수 있다.

사람이 거듭나지 않는다면 하나님 나라를 볼 수 없다(요 3:3)는 말씀은 민족을 지도하는 이념의 근본 사상이 되었다. 도산은 정치가, 교육가, 종교가, 문학자가 되기 전에 하나님 앞에 옳은 사람이 되어야 한다고 생각했다. 그래서 도산은 청년들이 성경을 읽을 것을 강조했다. 그는 이천만 동포가 신약성경 한 권씩 가지는 날에는 희망이 있다고 했다.[7]

도산은 나성지방회 졸업생 축하회에서 누가복음 13장 19절[8]과 마가복음 9장 43절[9]의 말씀으로 연설했다.[10] 이 세상의 씨 중에서 가장 작은 씨가 겨자씨이다. 겨자씨가 자라면 3-5미터 이상 자란다. 다 자란 겨자씨는 공중의 새에게 유익을 준다. 도산은 졸업하는 학생들에게 겨자씨처럼 유익을 주는 사람이 될 것을 연설했다. 졸업함으로 배움이나 성장이 끝나는 것이 아니라 생명 있는 겨자씨처럼 성장해서 사회에 유익을 주는 실천을 할 것을 연설한 것이다.

1924년 12월 25일 「안도산 환영회」가 호놀룰루감리교회에서 열렸다. 여기서 도산은 요한복음 3장 1-16절 말씀으로 전도설교를 했다.[11] 요한복음 3장 16절에서 하나님이 세상을 이처럼 사랑하셔서 독생자를 주셨는데 예수를 믿는 자마다 멸망하지 않고 영생을 얻게 하기 위함이다. 도산은 하나님이 독생자를 주시기까지 우리를 사랑하심을 전했다. 도산은 환영하러 온 성도와 교민들에게 예수를 믿으면 멸망치 않고 구원을 받고 영생을 얻을 수 있다고 설교했다.

---

7 『도산안창호전집』, 제13권, 앞의 책, 431-432쪽.
8 "마치 사람이 자기 채소밭에 갖다 심은 겨자씨 한 알 같으니 자라 나무가 되어 공중의 새들이 그 가지에 깃들였느니라(눅 13:19).
9 마가복음 9장 43절에는 만일 네 손이 너를 범죄하게 한다면 찍어버리라 장애인으로 영생에 들어가는 것이 두 손을 가지고 지옥에 가는 것 곧 꺼지지 않는 불에 들어가는 것보다 낫다고 했다.
10 「안창호씨의 연설」, <신민일보>, 1917년 7월 12일자.
11 「안도산환영회」, <신민일보>, 1924년 12월 25일자.

도산은 평양감리교회 연합예배에서 「기독교인의 길」이라는 제목으로 설교하면서 마태복음 7장 14절,[12] 요한복음 13장 34절[13]을 인용했다.[14] 도산은 영원한 생명을 강조하면서 비록 영생의 길이 힘이 들고 험악하지만, 영생의 길을 가야 함을 강조하고 서로 사랑할 것을 설교했다.

도산 안창호의 사랑론과 사랑에 대한 연설이나 설교는 기독교계 일각에서 지지를 받았다. 새문안교회의 집사이자 신문기자로 있던 주운성은 안창호의 연설을 평하는 글에서 도산 안창호의 '애(愛)의 절규'가 복지와 사회 윤리를 바로잡는 데 필요하다고 하면서 긍정적으로 보았다.[15]

도산은 애(愛)의 원칙은 민생의 복지가 되는 것으로 보았다.[16] 그러나 좌익 쪽에서는 도산의 설교를 전혀 그렇게 생각하지 않았다. 좌익 입장에서 도산의 설교를 비판한 인정식은 도산 안창호의 사랑론을 비꼬았다.

> 이러한 위대한 성인들을 양성하는 것이 그들의 목적이 아닌가(수양, 동우회). 이렇게 눈물겨운 은덕 이외에 또다시 그들에게 무엇을 주문하면 우리는 너무나 탐욕무치한 자일 것이다. 우리 조선에는 지금 이렇게 탐욕한 자들이 왕성하여 가고 있기 때문에 우리 도산 선생은 그들의 육과 혼을 모아 구하기 위하야 방금 구 육십 노구를 이끌고 사랑과 의무를 설교하면서 땀을 흘려 애쓰는 것이 아닌가? … 도산 족하(足下)! 이만한 진리는 귀하의 친우인 야소교도들에게 물어보아도 능히 알 일이라고 믿는다. '아담', '이브'를 까닭해서 원죄를 걸머지지 않으면 안 되는 불가피적인 불행한 운명에 놓이어 있는 이 가련한 인자들은 그가 인자인 한에서는 그 원죄를 속할 아무런 방법이 없을 것이다.

---

12 "생명으로 인도하는 문은 좁고 길이 협착하여 찾는 자가 적음이라"(마 7:14).
13 예수는 새 계명을 너희에게 준다. 서로 사랑하라 내가 너희를 사랑한 것 같이 너희도 서로 사랑하라고 말씀했다(요 13:34).
14 안창호, 「기독교인의 길」, 『새사람』1, 1937, 35-38쪽, 1936년 10월 14일 평양감리교회 연합예배(남산현교회).
15 윤경로, 『새문안교회 100년사』, 2019, 601쪽. 주운성은 1938년 새문안교회 안수집사가 되었다.
16 주운성, 「安昌浩氏演說私評」, 『三千里』, 1936년 8월호, 70쪽.

> 그야 '아멘'을 하든 간에 아무렇든 한 번 천당에로 도약하지 않으면 죄를 벗을 수 없는 것이 인자들이 아닌 것인가?[17]

도산 안창호는 회개와 사랑을 강조하였다. 특히, 기독교인들에게 회개와 사랑을 통하여 새 사람으로의 자기혁신을 요구한 것이다. 그가 주장한 인격 혁명을 바꾸어 본다면 바로 회개와 사랑으로 연결될 수 있을 것이다. 다시 말하면 도산은 사랑을 개조로 이해하면서, 민족의 장래를 사랑에서 찾았다고 할 수 있다.

철학자 연세대 명예교수 김형석은 설교 한 편을 가슴에 품고 있다고 말한다. 도산 안창호의 마지막 설교이다. 당시 그는 열일곱 살이었다. 그는 한 인터뷰에서 신사참배 문제로 많은 고민을 하고 있었던 당시를 회고했다. 도산은 '서로 사랑하라'는 주제로 송산리 교회에서 설교하면서 서로 사랑하는 것은 하나님께서 민족을 사랑하시는 것과 같다고 하였다.

김형석 교수는 그전까지 그러한 설교를 들어본 적이 없었다고 한다. 당시 목사들은 주로 교회 이야기를 했기 때문이다. 그는 도산이 애국심에 있어 기독교가 크게 영향을 미쳤다는 것을 알게 되었으며 도산이 신학자, 장로, 목사가 중요한 것이 아니라 신앙의 그릇이라고 했다.[18]

또한, 도산은 많은 설교와 연설을 했다. 그의 설교는 모두 『신약전서』에서, 그것도 대부분 복음서의 성구를 인용하고 있었다. 마태복음과 요한복음이 주를 이루고 있다. 1918년 순방 중에 그의 부인에게 성경과 찬송가를 보내달라고 편지했는데,[19] 기회 있을 때마다 신약성경을 읽은 것으로 생각된다.

그의 연설이나 설교는 성경 구절을 읽고 그와 관련된 내용을 설명하면서, 현실 문제와 연결하는 방법을 취하고 있다. 도산은 원리적인 것은 직설법

17　印貞植, 「安昌浩論」, (七)·(完), 『朝鮮中央日報』, 1937년 5월 9일자.
18　백성호 「백성호의 현문우답」, <중앙일보>, 2022년 11월 22일자.
19　『島山安昌浩全集』1, 앞의 책, 516쪽.

으로 설명하고 실천적인 것은 명령법으로 말한다. 성경 그 자체에 그치는 것이 아니라 그의 현실적인 문제를 관점을 통해서 설득시키는 것이었다.

1919년 도산 안창호는 상해에서 개조론(改造論)을 연설했다.

그 당시 도산만 아니라 많은 지식인이 글을 통해서 개조론을 강조했다. 개조론은 세계대전 이후 새로운 세계를 모색하는 과정에서 출현한 것으로 일본과 중국은 물론 세계적인 추세로 진행되었다.[20]

개조론을 체계화시키고 발전시킨 것은 천도교(天道教)였다. 당시 1920년 대 한국의 대표적인 종합잡지였던 『개벽』(開闢)은 사회개조론 등의 세계 사조를 수용해 전통과 인습을 비판했다. 그리고 다양한 방식의 국가 건설을 모색하는 담론 공간이었다.[21] 『개벽』이 당시 개조론을 받아들인 근본적인 입장은 사람 그대로의 살기를 실현하는 수단[22]이고 사람이라는 내포(內包)를 완전히 발휘해서 완전한 사람으로 살겠다는 운동[23]이라는 관점이다. 『개벽』은 천도교의 한 사업으로 시작되었다. 그래서 개벽은 천도교의 교의적 이념인 인내천(人乃天)이 담겨 있다.

특히, 이돈화(李敦化, 1884년-1950년)와 김기전(金起田, 1894년-1948년)은 일본에서 유행하는 신칸트학파[24]에 의존해서 사회개조를 주장했다. 이돈화

---

20 이는 당시인들도 인식하고 있었다. 李敦化, 「庚申年을 보내면서」, 『개벽』 6호 1920년 12월, 같은 시기에 일본의 경우 「사회개조」를 명시적 목표를 가지고 본격적인 노동조합 운동이 전개되었다. 중국은 신문화 운동의 한 방식으로써 다양한 방식으로 사회운동이 모색되었다. 이 시기 중국과 일본에서 『해방여개조』(解放與改造)가 1920년 1월부터는 『개조』로 개명되어 창간되기도 했다.
21 개벽지는 1920년 창간되었지만 1922년까지 신민지 검열체제 때문에 충분히 사회개조론을 표현하지 못했다. 이후의 지식계에서는 사상적 분화가 있으면서 함께 무정부주의, 민족주의, 사회주의, 길드사회주의 등의 다양한 경향성을 보이게 된다.
22 「오인의 신기원을 선언하노라」, 『개벽』, 1920, 8.
23 김기전, 「계명이기(鷄鳴而起)하야」, 『개벽』, 1921, 1.
24 「인내천연구의 기칠(其七)-의식상으로 관(觀)한 자아의 관념」, 『개벽』 1921, 1. 이돈화에서는 신칸트학파의 자기설(自己說)과 함께 사람의 목적은 자기의 완전을 추구하는 것이며 인(人)은 소아(小我)로부터 신, 다시말해 절대아를 체현(體現)하게 하여 대우주의 대의식계(大意識界)와 합일치(合一致)는 인격의 최상의 발달이다. 이것은 인내천 종교(人乃天 宗教)가 추구하는 궁극적인 교화이다. 김기현, 「사람성의 해방과 사람성의 자연주의」, 『개벽』, 1921, 7. 에서는 루소의 자연(自然)에 대한 논의를 끌어들여 사

는 종교성과 사회성을 이론적으로 결합하는 작업을 통해 종교적 사회개조의 논리를 만들고자 했다. 그것은 천도교의 종지(宗旨)인 인내천주의(人乃天主義) 관점으로 개조 사상을 가져와 사회 전반에 두루 미칠 수 있는 목표와 이상을 제시하는 작업이었다.[25]

람성의 자연주의란 사람 본연의 능력을 있는 대로 양성하는 방법이다. 적나라하고 평등하고 본연의 위치에 모든 인간을 놓는 것이다. 이런 논의는 『개벽』, 1921, 7.의 「시대정신에 합일된 사람성주의」에서 레셸의 창조충동 이론(理論)과 종합되어 종국에 사람성의 자연주의는 사람이 가지고 있는 미덕(정의인도, 평등자유, 박애자비)이 그대로 사람 자기들이 체득(體得)하고 응용하는 것으로 모든 이상을 건설하는 사상(思想)으로 정리된다.

25 허수, 「1920년대 전반 이돈화의 개조사상(改造思想) 수용과 '사람性주의'」, 『東方學志』, 2002, 162-165쪽. 이돈화의 사회개조는 세 단계를 거치면서 이루어졌다.
첫째 단계에서는 종교 방면과 사회 방면 각각을 중심으로 이루어졌다. 종교 방면에서 이돈화는 '인내천논증'을 통해 인내천주의를 '종교상', '철학상'으로 논의한다. 두 논의가 공유했던 '실재론'의 기반은 이후 '사람性주의' 형성의 철학적 바탕이 되었다. 사회 방면에서는 '문화주의(文化主義)와 '대식주의(大食主義)를 거론했다. 여기서는 사회개조에 대한 관심을 바탕으로 한 쿠와키의 문화주의 철학에 주목하여 적극 소개했다. 그가 우선으로 삼은 것은 문화주의 철학의 '도덕' 개념이다. 그리고 우키타의 '현재 도덕론'을 결합하여 '활동주의적 도덕'을 '대식주의'(大食主義)라고 이름했다. 왜냐하면, '구래(舊來)의 도덕'에 위축되어 '원기'(元氣)를 진작시키는 함의를 가지기 때문이다.
둘째 단계에서 본격적으로 종교성과 사회성을 결합하고자 했다. 첫 시도는 '논증'과 문화주의 철학 사이 원리적인 차이를 조정하는 것이다. 특히, 문화주의 철학의 주요 개념을 가진 '형식성'과 '논증'의 실재론적 기반 사이의 이론적 충돌을 해결하는 것이 중요했다. 『개벽』, 제10호에 실린 『사람性의 解放』에서 이돈화는 '논증'의 범신관적 실재론의 토대 위에서 쿠와키의 '자연 이상(理想) 일치주의'를 참고하여, 문화주의 철학의 '문화=이상'(理想) 대신 '사람적 자연=이상'(理想)을 내세웠다. 또한, 그는 '사람性의 무궁 해방'과 사람性의 자연주의'라는 두 개의 핵심 개념이다. 그는 종교적 테두리를 탈피해 '인세의 최종 이상'(人世의 最終 理想)을 제시했다. 그것은 인간 활동에 있어 궁극적인 지향점이 인간 자신의 본성 회복에 있다는 것이다.
셋째 단계에서 둘째 단계인 『사람성의 해방』(사람性의 解放)에 '활동주의적 도덕'을 결합한다. 그는 우키타의 입장인 개인과 사회 사이에 있는 '중용적 도덕'을 강조하고 사람을 중심으로 한 이상과 사실을 결합했던 독일 철학자 포이에르바하의 사람 철학을 받아들여서 새로운 사상적 포괄성과 체계성을 갖춘다. 그 결과가 『개벽』 제17호에 실리게 된 사람성주의(性主義)는 사람주의의 본령 항목에서 사람성 자연 항목과 사람성 무궁 항목을 결합하는 구조가 되었다. 그리고 사람性 자연 항목에는 도덕과 문화주의 철학의 자유와 평등 개념이 배치되었다. 그래서 사람性주의(性主義)는 사람주의 사회적 정치적 차원이라는 실천 원리를 점차 강화해 나가게 된다.
또한, '사람性주의'의 형성 과정과 그 구조는 '이원론적 일원론'의 경향을 띤다. 이 경향은 이노우에의 '현상즉,실재론'(現像卽實在論)에 빚지고 있다. 이노우에의 '실

당시 개조론은 사회개조를 전제로 개인의 개조를 강조하고 있었다. 사회의 개조는 세계의 개조를 지향하는 것이며 궁극적인 지향점과 출발은 개인에게 있다는 관점으로 일괄(一括)된다.26

민족개조론 하면 우선 이광수를 떠올리기 쉽다. 당시 다양하게 수용된 여러 조류의 개조론들이 조선의 현실에 적용되고 정립(定立)되었다.

그 밑그림이 1921년 9-10월의 『개벽』에 이돈화의 글인 "생활의 조건을 본위로 한 조선의 개조산업"에 분명하게 나타난다. 이 글은 조선(朝鮮)의 개조(改造)는 청년의 원기(元氣)에 의해서 건설된다. 청년의 원기는 종교와 도덕과 예술 등에서 정신적 각성 여하(如何)에 따라 건설되기 때문에 각 개인은 도덕적으로, 예술적으로 생활을 개조하라고 주장한다. 여기서 도덕적, 예술적 생활의 개조란 소극적이고 퇴굴적(退屈的)27인 유교주의 도덕 관념

재'(實在)개념은 다른 여러 사상들을 하나로 묶는 '체계화의 원리'로 작용한다. '인내천논증'의 실재론적 기반도 개조 사상을 수용, 체계화는 바탕이 된다. 포이에르바하 철학은 관념론에 기반한 문화주의 철학과 유물론에 속하기 때문에 '사람性주의'에 동거하는 것도 이돈화가 수용한 '실재론'의 기반하기 때문이다.

'사람性주의'는 인내천(人乃天)이라는 종교적 보편주의 위에 제1차 세계대전 이후 풍미했던 개조 사상의 정신주의와 도덕주의가 결합해 나타난 사회사상이었다. 이 사상이 가진 사람 본위의 입장은 하나는 강한 현상 비판적 함의를 가지게 되었지만(재귀적[再歸的] 초월). 다른 면으로는 사회 현실에 대한 관념적 처방에 그친 측면도 있었다(추상적 조화[調和]).

'사람性주의'는 당시 『개벽』(開闢) 주도층이 가진 '사람 본위'의 지향을 수렴하면서 천도교 문화 운동론의 이론적 기초를 제공했을 뿐만 아니라. 이후에 천도교 청년당의 정치사상인 '범(汎)인간적 민족주의'의 사회사상적 토대를 이루게 되었다. 또한, 1920년대 중반이 되면 이돈화는 '사람 본위'를 더욱 명확히 제시해서, 자본 본위에서 사람 본위로.', '자본주의의 인간화' 등을 주장하게 되었다. 따라서 이돈화가 종교적 사회개조의 이론을 위해 정립한 '사람性주의'는 천도교 문화 운동론의 기초가 되었을 뿐만 아니라 넓게는 개벽『開闢』 전체를 관통하는 사회사상이었다고 말할 수 있다.

26 최주한, 「개조론(改造論)과 근대적 개인」, 『語文硏究』, 2004년 겨울, 제32권 제4호, 309-310쪽.
27 『개벽』, 통권 5호, 1920, 11월 1일. "근대(近代) 우리 조선인은 선(善)을 너무도 소극적으로 해석하며, 퇴굴적(退屈的)·비열적(卑劣的)으로 해석한 점이 많이 있다. 도식무위(徒食無爲)을 가리켜 선(善)이라 하며 퇴굴자약(退屈自弱)을 가리켜 선이라 하며, 천치적(天痴的) 무능을 가리켜 선이라 하며, 무주의(無主義), 무주장(無主張)을 가리켜 선이라 하였다. 이는 실로 조선 말기 문약[李末文弱]의 교화가 선(善)을 오해[惡解]하야 이에 이르게 함에 급급하였다. 그러므로 조선 민족은 당초 선(善)으로써 흥(興)하

을 개조하는 것이다. 그래서 인격주의(人格主義)에 기반하여 자주적(自主的)이고 합시대적(合時代的)이고 공동(共同)의 도덕을 갖추는 것이다. 그리고 예술과 더불어 건전한 정신에 활기와 정력을 얻어 조선 개조의 서광(瑞光)이 되는 신생의 동경과 부활의 기재를 갖추게 되는 것이다.

이런 주장은 이후에 이광수의 「예술과 인생」(『개벽』, 1922. 1), 「민족개조론」(『개벽』, 1922. 5)에서 다시 한번 반복된다. 「예술과 인생」은 쾌활한 웃음과 자유로운 창조력, 그리고 발랄한 활기 주는 예술을 통해 개개인이 신흥의 기상을 가질 것이라고 역설한다. 「민족개조론」은 지덕체(智德體)의 삼육(三育)과 부의 축적, 사회봉사심의 함양을 통해서 개개인이 문명한 사회의 한 일원으로 독립된 생활을 경영한다. 그리고 사회적 집무를 부담할 수 있는 성의와 실력을 함유한 사람이 될 것이라고 주장한다.[28]

도산의 개조론은 이돈화의 종교적 사회개조론이나 이광수의 민족개조론과 궤를 달리한다. 도산은 이돈화가 주장하는 종교적인 사회개조론이나 이광수의 민족개조론으로는 인간 개조가 이루어질 수 없다고 생각했다. 종교와 사회의 혼합주의로는 인간 개조와 사회개조가 없다는 것이다.

도산은 인간의 근본적인 변화가 있어야 사회의 개조가 된다고 생각하고 당시 지식인들의 화두였던 개조론을 따르지 않고, 기독교적인 관점으로 독특하게 자신의 사상을 전개했다.

도산은 개조 이전에 자신의 죄와 잘못을 회개하는 것이 선행되어야 한다고 보았다. 회개는 반드시 개조에 선행되어야 한다는 것이다. 왜냐하면, 회개는 방향 전환을 의미하기 때문이다. 그런데 방향 전환은 자신의 연약함

고 다시 선으로써 쇠(衰)하였다 해도 과언이 아니다. 즉, 단군, 고구려의 전성시대는 선(善)으로써 흥하였나니 위에서 서술함과 같이 단군은 선(善)의 신가(神歌)로써 그 백성[民]을 발달하였고, 고구려는 선(善)의 군가로써 그 백성을 강성케 하였다. 그러나 이조 말엽[李末]에 이르러서는 선(善)을 소극적 퇴굴적으로 오용(誤用)한 결과, 마침내 인민(人民)으로 하여금 퇴굴무위(退屈無爲)에 빠지게 하였다. 그러면 선(善)의 진정한 의의는 어디에 있는가. 우리는 이를 일언(一言)하여서, 우리 조선 민족성의 미점(美點)을 열거하자 하노라."

28 최주한, 앞의 책, 321-322쪽.

과 잘못을 깨닫고 고백할 때 진정한 방향 전환이 이루어진다. 정직하고 진실한 방향 전환 없이 사람을 개조하고 사회를 개조하는 것은 사변으로 그칠 수밖에 없다.

따라서 이돈화의 종교적 사회개조론과 이광수의 민족개조론은 개인에게 출발점이 있지만, 개인을 어떻게 개조할 것인지 의문이 든다. 개인의 개조는 종교와 사회의 시스템적인 연합, 민족 전체의 개조라는 구호, 혹은 수양이나 훈련으로 되는 것이 아니다. 진정한 개조는 하나님과 사람 앞에서 올바른 방향 전환이 있어야 한다.

그래서 도산은 개조 이전에 회개를 강조한 것이다. 회개를 통해 하나님 앞에서 자신을 돌아보며 변화되고 새롭게 된 개인이 자신과 사회 그리고 세계를 개조할 수 있기 때문이다. 도산은 개조만 주장하는 것이 아니라 회개와 개조를 동일 선상에서 주장한다. 하지만 회개는 반드시 개조에 선행해야 한다.

그런데 도산의 연설과 담화를 보면, 회개(悔改)와 개조(改造)를 혼용해서 사용한다. 회개와 개조를 혼용해 사용함으로써 도산은 신앙적으로 많은 비판을 받았다.

하지만, 도산은 회개의 의미를 알고 있었고, 회개와 개조의 차이점도 분명히 알고 있었다. 그래서 도산의 개조 연설은 그 시대에 개조론을 주장하는 사람들과 다르게 회개를 강조한다. 개인이나 민족의 개조는 인위적인 구호나 이론 그리고 시스템에 의해서가 아니라 진정한 회개를 통해서 변화되고 개조되는 것이다.

분명 도산의 개조론은 외형적으로 개조와 회개가 혼용해서 사용하는 것처럼 보인다. 하지만 도산은 그 당시 사람들이 잘 알고 있는 개조의 의미를 차용해서 기독교적으로 녹여내고 있다.

더불어 도산이 개조의 연설에서 언급하는 '회개하라'라는 용어는 기독교적으로만 생각할 것이 아니라 도산이 주로 애용했던 마태복음(마 4:23-25) 산상설교의 전체 배경 속에서 해석해야 한다. 그렇게 할 때 도산이 사용한 회개의 개념을 정확하게 알 수 있다.

산상설교는 그리스도 제자의 특징, 의무, 자세, 위엄 등을 논한다. 하나님 나라 안에서 누리는 삶의 특징들을 드러내는 선언문이라고 할 수 있다. 산상설교의 핵심은 예수의 인격 그 자체이다.[29]

마태복음(마 4:23-25)의 '회개하라'는 구절을 산상설교에서 따로 떼어내서 생각할 수는 없다. 오히려 마태복음이라는 전체배경 속에서 고찰해야 한다.

마태복음 3장에는 "회개하라 천국이 가까웠느니라"(마 3:2). "회개에 합당한 열매를 맺으라"(마 3:8)라는 세례 요한의 선포가 기록되어 있다. 마태복음 4장에는 예수의 시험 받으심과 공생애의 시작이 기록되어 있다. "회개하라 천국이 가까웠느니라"(마 4:17)라고 외치심으로써 공생애를 시작하신 예수는 갈릴리 해변에서 네 제자를 부르셨으며(마 4:18-22), 온 갈릴리에 두루 다니며 가르치시고 천국 복음을 전파하시고 백성 중에 모든 병과 약한 것을 고치셨다(4:23). 이에 그의 소문이 온 수리아에 퍼졌고 허다한 무리가 예수를 쫓게 되었다(마 4:24-25). 예수는 이 무리를 보시고 산에 오르사 그들에게 천국 복음을 전파하셨다.

산상설교는 예수가 무리에게 전파하신 "천국 복음"을 내용으로 한다. 산상설교는 믿음이 없는 일반인이 아니라 회개하여 죄 용서함을 받는 자들을 그 궁극적 대상으로 삼고 있다. 예수의 "회개하라"라는 요청(마 4:17)에 응답한 자들이 산상설교를 지킬 수 있다.

예수는 산상설교에서 팔복의 윤리를 선포하신다. 팔복의 기독교 실천윤리는 청빈, 공감, 정의, 화평으로 특징된다. 하나님 나라는 마음이 가난한 자 속에 임한다. 하나님 나라는 국가가 아니라 하나님의 통치의 영역을 가리킨다.

---

29 R. T. 프랜스, 『마태복음』 권해성, 이강택 공역, CLC. 2018, 172쪽.

심령이 가난한 사람이 복이 있다. 천국이 그들의 것이기 때문이다(마 5:3). 여기서 심령이 가난하다는 것은 단순히 돈이 없어서 가난하다는 뜻이 아니라 하나님과 관계를 말한다.[30]

가난한 자는 구약의 배경에서 나오는데, 힘이 없고 의존적이어서 다른 사람들에게 착취를 쉽게 당하는 자들이다. 그래서 자신들의 필요를 채워주고 위로해 주실 하나님만을 의존하는 자들을 의미한다.[31] 물질적 가난 때문이 아니라, 하나님의 백성들은 하나님만을 바라보기 때문에 마음이 청빈하다.

마음이 청결한 자만이 하나님을 볼 수 있다. 마음이 청결하다는 것은 죄를 용서받은 깨끗한 영혼(靈魂)을 말한다. 하나님은 영(靈)이시기 때문에 죄로 가득한 인간의 마음으로는 하나님을 볼 수 없다. 그래서 마음이 청결한 사람은 복이 있다. 그들은 하나님을 볼 것이다(마 5:8). 마음이 청결한 자는 하나님 앞에서 자신의 죄를 발견한다. 자신의 허물을 뉘우친다.

죄에 대해 애통하는 사람은 복이 있다. 그들은 위로를 받을 것이다(마 5:4). 애통은 현재 세상에서 탈취당하는 자들(마 5:10), 압제당하고 고난을 받는 자들이다(마 5:10, 11-12). 예수는 이사야 61장의 종말론적 약속인 하나님의 약속인 위로와 해방을 주실 것을 고대하는 자들에게 메시아의 통치를 통해 위로와 구원을 받게 될 것이라고 말하고 있다.[32]

하나님의 위로를 받은 자, 곧 애통하는 사람은 이웃의 어려움에 대해 긍휼한 마음을 가진다. 긍휼히 여기는 사람은 복이 있다. 그들이 긍휼히 여김을 받을 것이다(마 5:7).

하나님 나라 백성은 의(義)를 추구한다. 그러므로 의에 주리고 목마른 사람은 복이 있다. 그들이 배부르게 될 것이다(마 5:6).

---

30 R. P. 프린스, 『마태복음』 권대영, 황의무 공역, 부흥과개혁사, 2019, 217쪽.
31 양용의, 『하나님 나라: 어떻게 이해할 것인가』, 성서유니온선교회, 2005, 351쪽.
32 양용의, 앞의 책, 353-354쪽.

또 하나님의 백성은 의(義)를 위하여 즐거이 박해를 받는다. 의를 위해 박해를 받은 사람은 복이 있다. 천국이 그들의 것이다(마 5:10).

하나님 나라 백성은 온유하여 모든 이웃에게 너그럽다. 그래서 온유한 자는 복이 있다. 그들이 땅을 기업으로 받을 것이다(마 5:5).

화평하게 하는 자는 분쟁에서 평화를 가져온다. 화평하게 하는 자는 복이 있다. 그들이 하나님의 아들이라고 일컬음을 받을 것이다(마 5:9).

청결, 애통, 긍휼, 의, 온유, 화평은 하나님 나라의 윤리이며, 사랑의 실천 윤리이다.[33] 사랑의 실천윤리로 집약된 팔복은 죄를 회개하고 예수를 영접한 그리스도인들에게 주신 말씀이다.

그런데 전적으로 타락해서 죄성을 가진 연약한 인간들이 탁월한 산상설교의 팔복을 지킬 수 있을까?

산상설교는 예수께서 우리에게 주신 말씀이지만 인간의 힘으로는 이룰 수 없다. 예수는 산상설교의 모든 말씀을 자신의 사역에서 율법 완성을 통해 다 이루셨다. 따라서 인간은 인간 스스로 자가 발전해서 산상설교를 실천하는 것이 아니라 예수가 완성하신 원리 위에서 실천하는 것이다. 마치 요한복음 15장의 포도나무 비유에서 열매를 맺기 위해서는 가지가 원줄기에 붙어 있어야 하는 것처럼, 인간은 원줄기인 예수님께 붙어 있을 때 팔복의 열매를 맺을 수 있다.

또 하나 중요한 점은 궁극적으로 회개하여 용서함을 받은 자들을 산상설교의 대상으로 삼고 있지만, 회개한 자로 한정하지는 않는다는 것이다. 산상설교는 모든 사람에게 주어졌다. 제자들만 아니라 무리에게도(마 5:1; 7:28), 당시의 사람들만이 아니라 21세기의 우리에게도 주어진 것이다. 팔복을 누리기 위해서는 회개와 죄 용서, 그리고 예수에 대한 바른 믿음과 실천이 선행되어야 한다. 사죄의 은혜는 예수의 성육신과 사역, 십자가와 부활 그리고 승천과 연결된다. 산상설교의 전체 배경은 복음의 요구에 선행

33　김영한, 앞의 책, 같은 쪽.

하고 있음을 보여준다.

도산의 개조 연설은 전형적인 직설법과 명령법의 이중구조를 정확하게 담고 있다. 도산은 개조연설문 서두에서 무실역행의 진실성을 직설법으로 평생에 깊이 깨닫고 생각한 것은 참 마음으로 하는 참된 말씀이라고 했다.[34]

> 여러분! 우리 사람이 일생에 힘써 할 일이 무엇일까요. 나는 우리 사람의 일생에 힘써 할 일은 개조하는 일이라 하오. 이렇게 말하니까 혹은 오늘 내가 '개조'라는 문제를 가지고 말하기 위하여 이에 대한 여러분의 주의를 깊게 하려는 것 같소마는 나는 결코 그런 수단으로 하는 말은 아니오. 내 평생에 깊이 생각하여 깨달은바 참 마음으로 하는 참된 말씀이오.[35]

도산은 여기서 무실역행이 아니라 역행무실(力行務實)로 말하고 있다. 우리가 힘써야 하는 것은 개조이다. 개조는 평생에 깊이 생각하여 깨달은 참 마음으로 해야 한다는 것이다. 즉, 도산은 연설 서두에서 무실역행을 말하는데, 무실역행은 개조에 선행할 뿐만 아니라 연설문 전체를 지배하고 있다.

도산의 무실역행은 모든 행위에 선행한다. 산상설교의 전체배경이 복음의 요구에 선행하고 있는 것처럼, 무실역행은 모든 실천철학에 선행한다. '회개하라'는 도산의 외침은 진실한 마음과 정직한 마음이 없다면 거짓된 회개임을 전제한다. 참다운 회개가 없다면 인간의 개조는 어려운 것으로 본다. 도산은 예수가 외친 회개가 개조(改造)라고 했다.[36]

---

34 주요한, 앞의 책, 「개조」, 641쪽. 1919년(월일 미상) 상해에서 행한 연설개요.
35 주요한, 앞의 책, 같은 쪽.
36 주요한, 『도산 안창호 논설집』, 을유문화사, 1985, 135쪽.

> 예수보다 좀 먼저 온 요한이 맨 처음으로 백성에게 부르짖은 말씀은 무엇이요? '회개하라' 하였소, 그 후에 예수가 맨 처음으로 크게 외친 말씀이 무엇이요? 또 '회개하라' 하였소, 나는 이 회개라는 것이 곧 개조라 하오.[37]

여기서 도산은 예수의 회개와 세례 요한의 회개를 같은 것으로, 즉, 마음을 돌이키는 것으로 이해했다. 마음의 변화와 돌이킴이 없으면 진실한 회개가 아니기 때문이다. 도산은 마음을 돌이키는 회개뿐만 아니라 한 걸음 더 나아가 회개의 열매인 개조를 요구하고 있다.

도산은 바람직한 개조를 위해 예를 들어 설명한다. 공자(孔子), 석가, 소크라테스, 톨스토이가 가르치고 한 말은 결국은 개조(改造)라는 두 글자라는 것이다.[38]

> 여러분, 공자(孔子)가 무엇을 가르쳤소, 석가가 무엇을 가르쳤소, 소크라테스와 톨스토이가 무엇을 말씀했습니까? 그들이 일생 많은 글을 썼고 많은 말을 하였소마는 그것을 한마디로 말하면 다만 개조(改造) 두 글자뿐이요.[39]

앞에서 언급한 것처럼 도산은 회개를 개조로 이해했다. 그는 기독교의 회개와 유교적인 개조를 혼용해서 사용한다.

정통한 기독교인이라면 회개를 개조와 동일 개념으로 생각하지 않는다. 그런데 도산이 회개와 개조를 함께 사용한 분명한 의도가 있다고 볼 수 있다.

기독교에서는 개조보다는 회개를 사용한다. 개조는 인간의 노력으로 개인이나 사회를 변화시키는 것이라면, 회개는 하나님의 은혜가 아니면 회개를 할 수 없기 때문이다. 자신이 죄인이라는 지적으로 동의하고, 감정적으

---

37 주요한, 앞의 책, 「개조」, 642쪽.
38 주요한, 앞의 책, 같은 쪽, 『도산 안창호 논설집』.
39 주요한, 앞의 책, 같은 쪽, 「개조」.

로 마음 아파하고, 의지적으로 방향을 전환하지 않으면 회개를 할 수 없다. 무실역행하지 않으면, 하나님 앞에 진실로 하지 않으면, 거짓 회개가 되는 것이다.

그래서 도산은 진정으로 하나님을 만나서 지, 정, 의로 회개한 사람은 사회를 개조할 수 있다고 생각했다. 회개는 개조에 선행하기 때문이다. 사회를 구성하고 있는 것이 개인이기 때문에 먼저 사람의 변화가 있어야 한다. 개인 변화가 먼저 일어나야 사회의 변화가 일어나는 것이다.

도산은 산상설교가 그 설교를 듣는 사람들에 국한된 것이 아니라 모든 사람을 포함하고 있다는 것을 알고 있었던 것 같다. 그래서 신자들뿐만 아니라 상해에서 개조 연설을 듣는 모든 사람에게 회개와 개조를 연설했을 것이다. 연설 도중 공자와 석가와 소크라테스 그리고 톨스토이를 언급하는 것은 청중을 이해시키기 위함이다. 그들은 종교를 떠나 죄성을 가지고 있는 사람들이었지만 진실한 삶을 살았기 때문이다. 그들은 적어도 자신의 영역에서 개조의 삶을 살았다.

그러나 회개와 개조를 혼용으로 오해해서는 안 된다. 도산은 회개와 개조를 혼용해서 사용하는 것 때문에 비판받는 부분이 있지만, 도산은 기독교의 회개는 개조를 통해서 실천으로 나아가야 하고, 진정한 회개는 반드시 그에 따르는 개조의 실천이 있어야 함을 강조한 것이다.

회개를 통해서 자신이 개조되지 않은 사람이 어떻게 사회와 세계를 개조할 수 있는가?

진정으로 회개한 자들의 삶을 통해 사회를 개조할 수 있다. 따라서 도산의 회개와 개조는 서로 분리되거나 혼용된 것이 아니라 오히려 서로를 강력하게 보완한다. 회개가 인간 자신의 개조라면 개조는 회개한 인간이 이웃과 사회 그리고 민족과 세계를 개조하는 것을 담보하고 있다.

제3장

도산과 바울서신의 직설법과 명령법

    도산은 사복음서(마태, 마가, 누가, 요한) 이외에도 바울서신의 성구를 인용해서 연설이나 설교를 했다. 그는 바울서신의 다양한 말씀을 활용해서 설교와 연설을 했는데 설교와 연설의 관점은 직설법과 명령법이었다. 다만 도산은 상대적으로 복음서에 비해 바울서신의 인용을 적게 했다.

    그러나 도산의 연설과 설교의 관점과 프레임은 바울서신을 따르고 있다. 왜냐하면 바울서신의 직설법과 명령법이 사복음서보다 구체적이고 선명하기 때문이다. 그는 기독교 실천철학을 바울서신의 관점으로 구한말의 성도와 백성들을 일깨웠다.

    사도 바울의 서신은 사복음서의 예수를 재해석한 것이다. 바울의 서신서는 사복음서의 복음을 따라, 예수의 사건[1]을 전하고 있다. 바울은 그의 서신에서 마태복음 산상설교의 이중구조와 관점, 즉, 직설법과 명령법으로 말씀하고 있다. 수신자들이 당면한 문제와 지역은 다르지만, 바울은 서신서를 통해 수신자들의 삶의 정황에서 드러난 문제를 다루고 있다. 수신자들이 직면한 문제를 해결하기 위해, 바울은 서신서의 앞부분에서 원리적인 측면을 설명하고 서신의 뒷부분에서는 원리를 적용할 것을 명령한다.

    바울서신의 실천의 두 가지 특징적 요소는 구원의 현실을 확증하는 직설법과 그에 대한 2차적 행위를 요구하게 되는 명령법이라 할 수 있다.

---

1 예수의 성육신, 사역, 십자가에서 죽으심, 부활, 승천.

바울은 믿음을 강조하는 칭의의 교리를 주장했다. 이를 신학적 용어로 이신칭의(以信稱義)라 부른다. 이신칭의(justification by faith)는 "오직 믿음으로 의롭게 된다"라는 뜻으로 인간의 행위가 아닌 하나님께서 선물로 주신 오직 예수 그리스도를 믿음으로 의롭게 되는 것이다.[2] 이신칭의는 종교개혁가 마틴 루터(Martin Luther)에 의해 복음의 핵심으로 간주되었다.[3] 이에 반해 야고보는 행함을 강조하는 행위의 교리를 주장했다.

바울서신은 칭의 교리뿐 아니라 행위의 교리, 곧 삶의 교리가 병행되어 있음을 간과해서는 안 된다. 바울서신에서 칭의 교리가 직설법을 의미한다면, 삶의 교리와 행위의 교리는 명령법을 의미한다.

바울서신의 직설법은 그리스도인이 믿음으로 의로워졌다면 더이상 죄의 지배를 받지 않는다는 칭의적 선언[4]을 의미한다. 그리고 명령법은 칭의적 선언을 받게 된 그리스도인들이 계속해서 죄와 싸워 이겨야 하는 행위선언과 명령 그리고 실천과 적용을 의미한다.

직설법에서 그리스도인에게 선언된 칭의적 선언은 완료형이다. 이제 죄의 지배에서 해방되었다. 명령법은 성화의 과정[5]으로 주어지기 때문에 미래 지향적이다. 그래서 계속해서 죄와 싸워 이겨야 한다. 따라서 직설법과 명령법은 역설적인 관계에 있다.

많은 학자가 이 직설법과 명령법의 역설 관계를 나름대로 해석하고자 연구해 오고 있다. 그들의 일치점은 직설법과 명령법의 역설적인 관계가 바

---

2 존 M. G. 바클레이, 『바울과 선물』 송일 역, 새물결플러스, 2019, 192-198쪽.
3 스탠리 E. 포터, 『바울 서신 연구: 사도 바울의 생애와 사상』, 임재승, 조명훈 공역, 새물결플러스, 2019, 196쪽.
4 인간은 죄의 책임과 처벌에서 의롭고 자유롭게 여기는(made or accounted just, or free) 하나님의 행위이다. '의롭게 됨' 다른 말로 '의롭다고 인정을 받음'을 뜻한다. 기독교 신학에서는 속죄를 통한 죄의 용서, 그리고 내면적 쇄신과 함께 죄인들이 의로워졌다고 선언한다. 개신교는 예수를 믿음으로 행위 없이 의롭다 칭함받는다. 마르틴 루터는 칭의 개념을 명확하게 했다.
5 성화(sanctification)는 성도가 일평생 살아가면서 자신의 신앙적 삶이 거룩하게 되는 과정이나 행위를 말한다. 성화는 하나님의 힘을 통해 구원받은 사람이 성결하게 되는 선물이다.

울의 종말론에서 나타나는 '이미'(already), '아직'(not yet)이라는 변증법적 긴장에서 발견된다고 언급하고 있다는 것이다. '이미'와 '아직'이라는 구속사(救贖史, Heilsgeschichte)적 표현은 신학자 오스카 쿨만(Oscar Cullmann)에 의해 처음 사용되었는데, 그는 구속사의 특징은 '이미'와 '아직' 사이의 긴장 상태에 있으며 예수의 근본적인 사상이라고 했다.[6] 예수를 통해 구원이 이미 이루어졌으나 예수께서 재림(再臨)으로 구원을 완성하기까지는 아직 아니라는 것이다.

바울의 직설법적인 선언은 그리스도인은 이미 죄에서 해방되었지만, 현실적 상황은 여전히 죄의 유혹 아래 있음을 알려준다. 그러므로 바울의 명령법은 그리스도인에게 그리스도 안에서 주어진 생명을 소유하고 구원받은 자로 살라는 명령이 필요하다는 것이다.

바울의 실천적인 권면과 관련하여 학자들은 바울의 서신들을 이중적인 구조로 본다. 학자들이 자주 언급하고 있는 바울서신은 로마서, 갈라디아서, 에베소서, 골로새서, 데살로니가전서이다.[7]

신약성경의 서신서에서 직설법과 명령법은 오직 바울서신에만 나타나는 독특한 구조이다. 바울서신의 구조에서 구원의 직설법과 실천적인 교훈의 명령법은 긴밀하게 연결되어 있는데 신학과 삶이 얼마나 밀접하게 연결된 불가분의 관계인가를 보여준다.

바울의 신학 사상은 바울서신에서 전체에 긴밀하게 연결되어 있다. 퍼니쉬는 바울의 실천을 설명하면서 결코 그의 신학적 뿌리를 떠나서는 이해할 수 없다고 역설한다. 그리고 대체로 학자들은 이런 근본적인 인식에 동조한다.[8]

6 　오스카 쿨만, 『그리스도와 시간』, 김근수 역, 나단, 1995, 21쪽.
7 　W. Sanday and A. C. Headlam, "A Critical and Exegetical Commentary on the Epistle to the Romans", ICC (Edinburgh; T. & T. Clark Ltd, 1980), 351쪽. Leon Morris, "The Epistle to the Romans" (Grand Rapids; Eerdmans, 1988). 431쪽.
8 　V.P. 퍼니쉬, 『바울의 神學과 倫理』, 金龍玉 譯. 大韓基督敎出版社, 1982. 45쪽.

쉐레이지는 하나님의 종말론적 구원 사건은 예수 그리스도 안에서 이루어지는데 그것은 바울 실천윤리의 기초와 뿌리[9]라고 잘 지적한 바 있다.

모트는 "바울에게 그리스도의 죽음과 부활 안에서 이루어진 하나님의 구원 행동이 실천적인(윤리적인) 호소의 기초다"[10]고 했는데 학자들은 직설법과 명령법의 관계로 이해한다. 바울 신학에서 이 관계는 신학과 윤리, 교리와 삶, 실천, 교리적 진술, 윤리적인 권면이라고 한다.

그리스도 안에 구원의 실제가 있으며 그에 상응하는 실천적인 삶이 있다. 구원의 실제와 관련된 것이 직설법(Indicative)이고 그리스도인의 실천적인 삶과 관련된 것이 명령법(Imperative)이다. 직설법은 그리스도인들에게 선물로 주어진 구원의 실제이다. 명령법은 구원의 실제를 구체화하고 확증하는 실천적인 삶을 가리키는 것으로 이해된다.

직설법과 명령법의 관계를 균형 있게 강조하지 못하면 잘못된 가르침에 빠지게 될 수 있다. 바울서신에서 직설법의 말씀만 강조하고 명령법의 말씀을 무시하면 반율법주의와 값싼 은혜, 경박한 믿음이 된다. 제자도의 희생이 없는 삶이 될 위험이 있다. 반대로 명령법의 말씀만 강조하고 직설법의 말씀을 무시하면 율법주의와 도덕주의, 기쁨이 없는 무미건조한 신앙생활이 되고 인본주의에 빠질 위험성이 있다.

직설법과 명령법의 관계는 단순히 하나님이 과거에 그리스도의 십자가의 죽음과 부활을 통해 이루신 구원만을 말하지 않는다. 십자가 사건과 구원은 지금도 하나님께서 행하시고 계속해서 앞으로도 예수 재림 때 완전한 구원을 이루실 역사에 뿌리내리고 있다. 더욱이 성령의 계속적인 역사가 있다. 그리고 현시대와 새로운 시대라는 중첩이 종말론적인 긴장이 직설법과 명령법이라는 관계에 영향을 끼치고 있다.

---

9   Wolfgang Schrage. "The Ethics of the New Testament"(Philadelphis; Fortress, 1988). 172쪽.
10 S.C. Mott, "Biblical Ethics and social change" In Dictionary of Paul and His Letters, ed, G.F. Hawthorn and R.P.Msrtin (New York; Oxford University, 1982). 269쪽.

바울은 로마서 5-8장에서 새로운 주제를 취급한다. 그것은 의롭다고 함을 받은 자들의 새로운 실존 그리고 미래의 소망이다. 로마서 6-8장과 로마서 13장은 같은 문장 구조로 직설법과 명령법이 긴밀하게 제시된다.

로마서 6장 1-23절은 새로운 시대의 삶, 즉 종말론적인 삶이 그리스도의 삶에서 어떻게 실현되는지 설명한다. 그것은 그리스도인은 믿음으로 예수 그리스도의 죽음에 동참해서 죄의 세력에 대해 죽고 하나님께 대해 새로운 삶을 영위하게 되는 것이다.[11] 아마도 로마서 6장은 바울이 얼마나 치밀하게 조직적으로 직설법과 명령법을 구성했는가를 보여주는 가장 좋은 예이다.

바울은 로마서 6장 2절에서 그리스도인들이 죄에 대해 죽은 사실을 언급한다. 이를 근거로 11절은 그리스도인들은 예수 그리스도를 통해 죄에서 죽은 자로 간주하라고 말한다. 6절에서 바울은 그리스도인의 옛사람이 십자가에서 죽었다고 밝힌다. 이것이 목적절에서 윤리적인 의의인 명령법으로 주어진다. 그리스도인들은 더이상 죄에게 종노릇 하지 않게 하도록 죄의 몸을 멸하기 위함이다. 바울은 18절에서 그리스도인이 죄에서 해방되어 의의 종이 되었다고 하면서, 그것을 근거로 19절에서 그리스도인이 자기의 지체를 거룩하도록 의에게 드리라고 말한다.

도산은 로마서의 거룩함을 이루는 것에 대해서 고린도전서에서 재해석하고 있다. 죄에 대해서 죽은 자는 더 이상 죄에 종노릇 하지 말고 거룩함을 이루어야 한다는 것이다. 고린도전서에서는 신령함을 사랑을 통해서 이뤄야 하는 것이다.

도산은 상해한인교회에서 고린도전서 7장 16-17절의 말씀으로 설교했다.[12] 먼저, 도산은 요한복음 1장 3절 이하를 낭독하고 "창기와 가까이하면 창기와 한 몸이 되고 하나님을 가까이하면 하나님이 된다고 하였소"(고전 7:16-17)라고 설교했다. 그는 성도의 신령한 삶에 대해서 말한다. 하나님이

11　홍인규, 『로마서』, 성서유니온, 2001, 79쪽.
12　주요한, 앞의 책, 647쪽. 1919년(날짜 미상) 재 한국인 교회에서 설교한 요지.

내 속에 있으면 신령한 사람인데 신령한 사람은 하나님을 가까이해야 함을 명령했다. 하나님을 가까이하는 실천적인 삶을 살아야 한다는 것이다.

> 내가 이 자리에 나와 강도코자 함에 미안한 뜻이 많습니다. 강도라 하는 것은 하나님의 참뜻을 말함이라. 내가 일찍이 도덕이나 철학의 경험이 없고 또 교인다운 생활의 경력이 없습니다. 내가 지금 말할 것은 우리는 사랑합시다. 이 말은 성경 여러 절에 있습니다. 여러분이 이 문제를 들을 때에 그 감정이 어떠하십니까 교인이 된 이는 사랑을 구하고 힘쓰고자 말합니다 … 내가 사랑이란 말을 정지하고, 다른 말을 잠깐하겠소. 신령한 교인, 신령한 장로, 신령한 목사 하지마는 신령을 눈으로 보지 못하고 귀로 듣지 못하고 손으로 만지지도 못하오 … 그러므로 오늘 신령치 못한 교인이 내일 신령하여지고 오늘 신령한 교인이 내일 신령치 못하여지오. 그러면 신령이 어떤 것을 이름이오? 하나님이 내 속에 있음을 이름이오 … 하나님이 내 속에 있다는 것은 나와 신과 하나님의 신이 영통하여지는 것이외다 … 고린도전서에 하였으되 창기와 가까이하면 창기와 한 몸이 되고 하나님께 가까이하면 하나님이 된다 하였소. 또 요한복음 예수 말씀에 나는 네 안에 있고 너는 내 안에 있다 함을 서로 들어왔다 나갔다 함을 이름이 아니외다 … 어떻게 하여야 나의 신이 하나님 속에 있고 나의 신이 하나님의 신이 내 속에 있게 하겠소 … 예로부터 하나님을 본 이가 없지만 우리가 서로 사랑한즉 하나님이 우리의 속에 들어오오. 고로 신성한 사랑이 있는 사람이 신성한 사람이오.[13]

도산은 사랑이라는 말을 잠시 정지하고 다른 말을 하는데 신령한 교인, 장로, 목사라고 하지만 신령은 눈으로 보지도 귀로 듣지도 손으로 만지지도 못한다고 한다. 그래서 오늘 신령한 교인이 아니라도 내일 신령한 교인이 될 수 있고, 오늘 신령한 교인이 내일 신령하지 못한 교인이 될 수 있다고 한다.

---

13 주요한, 앞의 책, 같은 쪽.

이어서 그는 신령은 어떤 이름인가를 물으면서 하나님이 내 속에 있는 것이 신령이라고 한다. 하나님이 내 속에 있는 것과 내 영과 하나님의 영이 영으로 통하는 것이라고 설교했다.[14]

도산은 신령한 사람은 창기를 가까이하는 사람이 아니라 하나님을 가까이하는 사람이 신령한 사람이라고 했다. 그런데 신령한 사람은 신비한 것에 머무는 것이 아니라 사랑을 구체적으로 실현하는 사람이다. 따라서 원리적으로 하나님이 내 안에 내가 하나님 안에 있으면 신령한 사람이지만 신령은 삶에서 사랑으로 나타나야 한다는 것이다. 무실역행과 정의돈수를 강조함을 알 수 있다.

도산은 흥사단 입단 문답에서 '거짓 없이 참으로' 할 것을 종용한다. 그는 문답에서 거짓 없이 참으로 하는 것은 무실역행을 강조한 것이다. 만약 참 마음으로 하지 않고 거짓으로 문답하는 것은 진정한 문답이 아니기 때문이다. 그리고 문답자들의 종교에 따라서 자유롭게 문답을 하도록 배려했다. 도산은 우리나라를 구하기 위해 여러 이론과 방법을 토론하지만 결국은 저마다 가진 신앙으로 기도하는 것이라고 했다.[15]

도산은 흥사단 입단 문답을 할 때 조그마한 탁자를 사이에 두고 문답 위원과 문답과 마주 앉아서 문답을 주고받았다.

> 이제 우리는 우리나라를 구하기 위하여 나라를 구할 이론과 방범을 토론하게 되었으니 묻는 자나 대답하는 자나 다 터럭 끝만 한 거짓도 없는 참으로 하여야 할 것이요. 이제 우리는 저마다 가진 신앙을 따라서 기도하시오.[16]

---

14 주요한, 앞의 책, 같은 쪽.
15 안창호, 『도산 안창호』, 흥사단출판부, 2004, 165쪽.
16 안창호, 앞의 책, 같은 쪽.

문: 지금 예수교인이 얼마나 됩니까?
답: 전 세계, 모든 교파를 합하면 수억(數億)이 된다고 합니다.
문: 수억은 최초에 어떤 사람에서 시작되었습니까?
답: 오직 한 분 예수께로부터 시작되었습니다.
문: 우리 민족은 몇 명이나 됩니까?
답: 대개 2천만이라 합니다.
문: 2천만 우리 민족이 모두 '무실역행'(務實力行)하는 민족으로 변화할 수 있다고 믿습니까?
답: 네, 있다고 믿습니다.
문: 그러면 어떠한 방법으로 변화될 수 있습니까?
답: 내가 건전한 인격자가 되면 변화될 수 있습니다.
문: 확실히 그렇다고 믿으십니까?
답: 조금도 의심이 없습니다.[17]

도산은 흥사단 문답에서도 직설법과 명령법으로 문답한다. 그는 원리적인 측면을 문답할 때, 무실역행으로 문답한다.

무실역행을 이루는 방법은 "내가 건전한 인격자가 되므로"에 나타난다. '건전한 인격'을 실천할 때 무실역행은 이루어진다. 계속해서 도산은 예수 한 사람이 세상을 변화시켰던 것처럼 한 사람의 중요성을 분명히 인식하고 문답한다. 한 사람이 무실역행을 행하면 민족이 변화할 수 있다는 것이다. 한 사람 예수가 죽으심으로 모든 사람이 죄에서 해방되어 죄에 대해서 종노릇 할 수 없듯이, 한 사람이 무실역행을 실천함으로 건전한 인격자가 되면 나라를 구할 수 있다는 것이다.

흥사단의 문답은 기독교 문답집[18]을 차용한 것으로 보인다. 이미 도산은 구세학당에서 기독교 문답을 통해서 문답의 중요성을 알고 있었다. 기독교

---

17 안창호, 앞의 책, 180-181쪽. 현대식으로 조금 바꾸었다.
18 웨스트민스터 소요리문답(Westminster Catechism)은 영국의 웨스트민스터 총회에서 작

는 교리문답을 통해 신앙의 기초를 교육한다. 구세학당에서 기독교의 영향을 받은 도산은 흥사단 문답을 만들었다. 흥사단 문답에는 흥사단의 목적, 무실역행, 정의돈수 등을 넣었다. 그리고 단원들에게 흥사단 문답을 통해 무실역행과 정의돈수, 충의, 용감 등의 기본원리를 교육했다.

앞에서 설명했던 것처럼, 도산은 복음서에 비해 바울서신의 성경을 많이 인용하지 않는다. 그러나 그의 연설문이나 설교의 관점은 오히려 복음서보다는 바울서신의 프레임과 관점에서 전개하고 있는 것을 볼 수 있다.

복음서보다 바울서신이 더 직설법과 명령법을 분명히 보여주고 있기 때문이다. 도산은 그의 연설이나 설교에서, 바울서신처럼 서두에서는 원리적인 것을 말하고 말미에서 적용의 관점으로 결론을 말함으로 실천을 강조하고 있다.

도산이 직설법과 명령법을 강조하는 이유는 원리를 통해 강력한 실천철학을 강조하기 위함이다. 그렇게 할 때 진실이 없는 거짓과 탁상공론, 공리공담에 빠지지 않고 개인과 민족이 세워지기 때문이다.

성된 표준 문답이다. 1643년부에 총회는 허버트 팔머(Helbert Palmer)에게 작성을 지시했다. 문답서는 1648년 영국 의회에서 승인을 완료했다. 웨스트민스터 총회 위원회는 처음에 신앙고백과 요리문답(要理問答)들을 동시에 준비했다. 얼마 지나지 않아 소요리문답을 표준으로 요리문답들을 작성하기로 결의했다. 문답서는 1646년 12월 3일에 완성되었다. 그리고 웨스트민스터 신앙고백서를 제출했다. 이후에 각각의 명제에 대한 성경 구절을 완전하게 첨부하여 의회에 1647년 4월 29일에 보고했다. 이후 소요리문답이 다 완성되어 1647년 11월 5일에 의회에 보고되었다. 웨스트민스터 대요리문답은 1648년 4월 14일에 보고되었다.

제4장

성경의 직설법과 명령법의 관점으로 본 도산의 실천철학

　도산은 구세학당에서 성경을 체계적으로 배웠다. 그리고 문답을 통해 기독교 기초 교리를 탄탄하게 쌓았다. 구세학당은 도산이 기독교적인 가치관과 세계관이 뿌리를 내린 기관이었다. 도산은 구세학당에서 매일 예배를 통해서 진실하신 하나님을 만났다. 또한, 기도를 통해서 자신과 민족의 변화를 하나님께 기도드렸다. 무엇보다 그는 구세학당에서 교리문답을 통해 조직신학을 배우고 성경 66권을 체계적으로 깊이 연구했다. 도산이 신구약 성경을 자유롭게 인용하고 사용했던 것은 성경에 능통했기 때문이다. 여기서 체계적으로 공부한 성경 66권의 말씀은 구세학당 이후에 민족을 깨우는 연설이나 글에 매우 유용하게 사용되었다. 특히 도산이 기독교 실천철학을 전개하는 데 큰 영향을 주었다. 그는 한국적 상황 속에서 복음서와 바울서신의 직설법과 명령법의 관점에서 실천철학을 전개하고 있다.

　도산의 실천철학의 핵심은 무실역행(務實力行)과 정의돈수(情誼敦修)이다. 무실역행은 도산의 실천철학에서 직설법의 역할을 한다. 무실역행은 원리적인 역할을 한다. 원리가 없는 실천은 진실한 실천이 될 수 없다. 개인과 가정과 단체 그리고 민족에게 있어서 거짓 없이 참으로 해야 한다. 그런 점에서 원리와 명령을 함의하고 있는 무실역행과 정의돈수는 매우 중요하다.

1. 도산의 무실역행(務實力行)

도산은 복음서에 나타난 직설법과 명령법의 구조와 관점으로 무실역행을 전개하고 있다.

도산의 실천철학에 있어서 '무실'(務實)은 거짓과 반대되는 의미를 가지고 있는 말이다. 무(務)는 '힘쓴다'는 것이며 실(實)은 '실제적인 것'이다.[1] 그는 무실(務實)을 힘쓰는데 개인과 단체 그리고 국가에서 적용되어야 할 것을 언급한다. 무실역행이 사람의 삶의 전 영역에서 정직과 진실이 적용되어야 한다고 주장하는 것이다.

그러므로 도산에게 있어서 무실역행은 성경과 함께 기독교 실천철학에 있어서 삶의 체계라고 할 수 있다. 인간이 있는 모든 영역에는 무실역행의 진실과 정직이 드러나야 한다.

'무실'은 거짓에 대한 반대되는 개념으로 참과 진실이다. '실질'은 허위의 반대 개념으로 이해할 수 있다. 또한, 참과 진실은 도덕의 관점으로 해석할 수 있다. 그리고 실질은 실제로 쓸모가 있는 실용성(實用性)의 관점으로 이해할 수 있다. 역행은 '도덕'의 관점, '실용성'의 관점 모두에게 적용될 수 있다.

무실역행하는 사람은 원리적인(직설법, Indicative) 진실에 힘쓰고, 실천적인(명령법, Imperative) 측면에서 맡겨진 책무와 생업에 충실하게 된다. 따라서 도산의 실천철학에서 무실역행의 원리적인 측면은 거짓을 행하지 않는 것, 도(道)에 어그러지지 않는 것, 옳은 일을 즐기며 진실하게 살아가는 것이다. 그리고 무실역행의 실천적인 측면은 농업, 상업, 공업 등이다.[2]

무실역행은 실제적인 삶 속에서 '원리적인 측면'과 '실천적인 측면'의 구분 없이 하나로 나타난다. 복음서의 구조를 따르고 있는 듯하다. 그러니까 직설법(Indicative)과 명령법(Imperative)이 구분 없이 나타나는데, 건전한

---

1 이만근, 『도산어록』, 홍사단출판부, 1989, 98쪽.
2 주요한, 앞의 책, 201쪽, 『도산 안창호 논설집』.

생업에 종사하지 않는 사람이라면 진실한 삶을 살 수 없기 때문이다. 반대로 삶이 진실하지 못한 사람은 건전한 생업에 종사하지 않을 것이다. 진실하지 못하기 때문에 생업에 거짓과 불법을 행할 수 있다.

도산은 이 사실에 대해서 「동포에게 고하는 글」에서 '착실'은 무슨 일이든 실질적 인과율(因果律)에 근거해 명확한 타산 하에서 정당한 계획과 조직으로 무엇을 어떻게 해서 결과를 도출하는 것이라고 한다. 목적을 이루기까지는 뜻을 옮기지 않는다. 단지 그 순서에 의지해 노력할 뿐이다.

그러나 '부허'(浮虛)는 인과의 원칙을 무시한다. 정당한 계산과 노력을 하지 않고 요행을 바라고 마구 덤벼 일한다. 우리 사회의 위협과 강탈, 사기와 협잡, 골육상전이 바로 부허로 기인한다. 우리는 부허로 성공이 아니라 패망한다고 했다.[3] 이광수는 『도산 안창호』에서 우리나라는 생산 기능을 천시하는 폐습과 악습이 있다고 하였다.

도산은 우리 민족이 업(業)에는 차별하는 잘못된 전통과 습성을 확립하는 일이 민족의 부침(浮沈)과 많은 관계가 있다고 보았다. 그는 조선 시대의 선비계급을 들어 설명한다. 밥벌이 능력이 없는 선비들은 일은 하지 않고 지사(志士) 호걸로 자처하면서 때를 만나지 못했다고 한탄하거나 협착과 아첨 등의 죄악이 발생했다는 것이다.[4]

이렇게 볼 때 도산의 실천철학에서 무실의 의미는 사람으로서 마땅히 가야 할 길(道)이며 기독교에서 말하는 진리(眞理), 유교의 도(道)의 의미와도 유사하다고 볼 수 있다.

물론 기독교에서 진리(眞理)는 예수 그리스도로서 인간에게 영원한 생명을 주시는 절대적이고도 유일하신 진리이다.[5] 도산은 예수 그리스도를 영생을 주시는 분으로 믿었다.

---

3   안창호, 앞의 책, 46-49쪽.
4   홍사단출판부, 『도산안창호』, 홍사단출판부, 1987, 203쪽.
5   요한복음 14장 6절에서 예수는 '내가 곧 길과 진리, 생명이다. 나를 통하지 않고 아버지께로 올 자가 없다'고 하셨다.

예수는 사랑을 몸소 실천하면서 가르치신 인류 역사상 제일의 실천 교사이다. 하지만 도산이 생각하는 기독교의 진리는 단순히 인간의 윤리 규범으로서의 존재 의의를 넘어선다.

그런데 도산은 기독교와 유교를 혼용해서 사용했다. 이것은 도산이 살았던 시대의 흐름이기도 하다. 즉, 기독교를 윤리적인 측면으로 이해할 때가 있었다. 도산이 기독교를 윤리적인 측면으로 이해한 것은 기독교는 실천윤리를 포함하고 있기 때문이다. 도산이 주로 사용한 직설법과 명령법은 직설법은 원리적인 측면을 말한다면 명령법은 실천적인 측면에서 인간의 도덕과 윤리를 말하고 있기 때문이다.

이렇게 기독교의 진리를 윤리적인 면만을 가진 것으로 이해할 때 기독교는 타 종교 또는 기타 성현(聖賢)들의 가르침과 별 차이가 없게 된다. 실제로 도산은 기독교 실천철학에서 예수 그리스도의 가르침을 세례 요한 또는 공자, 석가, 소크라테스, 톨스토이의 가르침과 동일시하고 있다.[6]

그러나 도산은 성현들의 삶은 존중했지만, 구원에 있어서는 예수를 믿고 회개하며 거듭난 사람만이 받을 수 있음을 말하고 있다. 그리고 하나님의 말씀에 순종함으로 삶을 통해 이루어진다고 말했다.

그런데 도산이 성현들을 인용하는 것은 설교를 듣는 사람들의 이해를 위해서 예를 든 것이다. 그가 구세학당을 통해서 배운 복음은 예수를 통해 구원에 이르는 것이다.

---

6 안창호, 앞의 책, 135쪽. 도산은 "개조"라고 하는 연설에서 "여러분! 공자가 무엇을 가르쳤소, 석가가 무엇을 가르쳤소, 소크라테스나 톨스토이가 무엇을 말씀했습니까? 그것은 한마디로 "개조" 두 글자뿐이요, 예수보다 좀 먼저 온 요한이 부르짖는 말씀이 무엇이요? '회개하라' 였소. 예수가 가장 처음 크게 외친 말씀이 회개하라 였소. 나는 이 회개하는 것이 곧 개조라 하오"라고 하면서 윤리적인 가르침에 있어서 예수를 다른 윤리적인 스승들과 동일시 하고 있는 것처럼 보인다. 그러나 이 연설문은 회개와 개조를 다르게 말한 것이 아니다. 회개는 예수님을 영접함으로 인간의 내적인 변화를 말한 것이라면 개조는 회개 이후에 나타나는 인간의 외적인 변화를 의미한다. 그러므로 회개와 개조는 다른 것이 아니라 회개와 개조는 같은 것이다. 회개는 개조를 포함하고 있다. 그리고 회개와 개조는 도산의 무실역행의 사유에서 생각해야 한다. 진실한 회개 없이 진실한 개조가 있겠는가? 참다운 회개 없이 개조는 없다.

도산의 무실사상은 도산이 이해하고 있는 차원에서는 기독교 진리이고 나아가서는 유교의 도(道)와 유사한 부분이 있다. 무실역행은 기독교의 윤리적인 측면에서는 비슷한 부분이 있다. 도산이 무실역행과 기독교를 함께 강조한 것은, 시대적인 결과물이다. 도산은 서당에서 유교로 시작해서 가장 배움의 열기가 강열 했을 때 구세학당에서 서구 문물과 성경을 배웠다. 실제로 도산은 무실역행을 도와 덕으로써 설명하고 있다.

그런데 도산이 무실역행을 도와 덕으로 설명하는 것은 직설법보다 명령법을 강조하기 위함이다. 직설법이 원론적인 것이라면 명령법은 도(道)와 덕(德)처럼 현실의 삶에서 실천하는 것이기 때문이다. 도산은 원리의 개념만 설명하지 않고 반드시 원리에 따르는 실천철학을 말한다.

문: 도덕이란 무엇입니까?
답: 도는 사람이 마땅히 가야 할 길입니다. 덕은 그 길로 가는 곧 실천하면서 생기는 정의(情誼)의 경향이나 궤도입니다.
문: 덕의 중심, 근본, 기초가 되는 것은 무엇이라고 믿으십니까?
답: 참이라고 믿습니다."[7]

이상의 문답에서 나타나는 바와 같이 무실을 참이라고 할 때, 무실은 덕의 중심, 근본, 기초가 되는 도이다. 그리고 역행은 무실을 힘쓰는 것으로서 '도'를 행하여 '덕'에 이르는 것이다.

또한, 도산의 실천철학에는 충의(忠義)와 용감(勇敢)이 있다. 충의는 충성(忠誠)과 신의(信義)가 합쳐진 것으로서 충성은 대물관계(對物關係)에 해당하는 윤리이고, 신의는 대인관계(對人關係)에 해당하는 윤리이다. 그리고 충의는 "일에 대하여 거짓이 없는 것"이고, 신의는 "사람에 대하여 거짓이

---

7   주요한, 앞의 책, 201쪽.

없는 것"을 말한다.[8] 즉, 무실역행의 진실을 말하는 것이다.

그리고 용감(勇敢)은 "굳세고 늠름하고 적극적이고 진취적이고 자주 적인 삶에 자세를 말한다.[9] 도산은 「물방황(勿彷徨)」이라는 연설에서 용감이란 "죽음을 무릅쓰고 목적을 위해 전진하는 것"[10]이라고 말하고 있다.

이렇게 볼 때 '충의'는 상대하는 사람 또는 맡은 바 일에 대하여 진실된 삶의 자세를 말하고 용감은 무실과 역행의 다른 표현이라고 할 수 있다. 그러나 억지로 구분하자면 무실역행은 누구에게나 포괄적으로 적용될 수 있는 실천철학이라고 할 수 있다. 그리고 무실역행이 모든 삶 전반적인 부분에 걸쳐서 적용될 수 있는 실천철학이라고 할 수 있다면 충의와 용감은 위기 시에 특히 강조되어야 할 행동철학이라고 할 수 있다.

무실역행 또는 충의, 용감이 인간이라면 누구나 달성하거나 아니면 최소한 달성하려고 노력을 해야 할 실천철학의 목표라면 인간은 어떻게 이 목표에 도달할 수 있을까?

흥사단 창단 목적은 무실역행을 생명으로 삼은 충의 남녀가 단합해 정의(情誼)를 돈수한다. 그리고 덕(德)과 체(體), 지(智)를 동맹 수련해 건전한 인격을 만드는 데 있다고 말한다.[11].

흥사단 입단 문답을 보면 "우리가 사대정신(四大情神)으로 삼대수양(三大修攘)을 하여서 저마다 건전한 인격을 이루고"[12]라고 하면서 삼대수양의 중요성을 강조하고 있다. 여기서 삼대수양이란 바로 덕, 체, 지의 삼육을 말하는 것이다. 따라서 도산의 실천철학에서 삼육은 바로 무실역행에 도달할 수 있는 유일한 길이라고 할 수 있다.

---

8 이만근, 앞의 책. 201쪽.
9 이만근, 앞의 책. 같은 쪽.
10 안창호, 앞의 책, 150쪽.
11 주요한, 『도산 안창호 논설집』, 을류문화사, 1985, 135쪽, 111쪽.
12 주요한, 앞의 책, 20쪽.

그러면 삼대수양이란 무엇인가?

덕육(德育), 체육(體育), 지육(智育)을 말한다. 덕육이란 인격을 닦고 덕성을 기르는 교육을 말하고, 체육이란 신체의 발달을 촉진하고 운동 능력을 높임이고 건강한 생활을 영위하게 되는 태도를 함양할 것을 목적으로 삼는 교육을 말한다. 지육이란 지능의 개발과 지식의 함양을 목적으로 하는 교육, 즉 지혜를 기르는 것을 말한다.

여기서 '덕'이라고 하는 것은 "옳은 것을 즐겨하는 버릇"[13]으로 삼육 중에서 가장 핵심이 되는 요소이다. 도산은 덕을 위해서는 선한 습관을 길러야 함을 말한다. 그는 악한 습관을 개조해서 선한 습관을 만들고 거짓을 말하는 습관을 개조해 참된 말을 하자고 한다. 글자를 보기 싫어하는 사람을 개조해, 책을 보기를 즐기는 사람으로 만들며 게으른 습관을 개조해 활발하고 부지런한 사람으로 만드는 것이다.[14]

이와 같이 도산은 덕육(德育)을 강조하면서 체육(體育), 지육(智育)의 순서로 말하고 있다. 이는 당시에 지식이 사람들로 하여금 글에만 열중하여 정신적으로나 신체적으로 나약하게 했다. 즉, 문약(文弱)하게 함으로 실천이 없는 공상적(空想的)인 학문을 일삼게 하는 등의 해로운 현상을 시정하려는 시도이다.[15]

도산의 표현은 건전한 습관, 건전한 신체, 건전한 지식을 구비할 때만이 인간은 건전한 인격을 소유할 수 있다는 그의 사상을 잘 나타내고 있다. 실제로 도산은 덕, 체, 지를 인격의 삼 요소라고 하고 있다.[16] 그리고 더 나아가 삼육 수양의 중요성을 강조하면서 삼육을 수양할 기회를 주기 위해서는 강습소의 운영, 강연회 서적 출판부, 도서관, 박물관, 체육관, 구락부, 학교 등등의 사업을 운영할 필요가 있다고 한다.[17]

---

13 주요한, 앞의 책, 201쪽.
14 안창호, 앞의 책, 137쪽.
15 주요한, 앞의 책, 112쪽.
16 주요한, 앞의 책, 201쪽.
17 주요한, 앞의 책, 236쪽.

이렇게 개인의 건전한 인격의 완성이 필생의 과제라면 개인의 인격은 도산 실천철학의 핵심인 힘과는 어떠한 관계가 있는가?

도산이 가장 근원적인 힘이라고 믿고 있는 개인의 인격적인 실천적인 힘은 어떻게 민족 전체의 힘으로 집결되어 독립을 이룩할 수 있을까?

물론 흥사단 입단 문답에서는 건전한 인격을 가진 사람이 자신의 맡은바 직분[18]을 잘 감당할 수 있고 건전한 인격자는 민족의 힘이 된다고 말한다. 왜냐하면, 건전한 인격자는 민족의 지도자가 되어서 민족을 바로 인도할 수 있기 때문이다.

이렇게 도산은 건전한 인격자가 민족의 힘을 더욱 증대시킬 수 있고, 그리고 여러 사람이 건전한 인격자의 본(本)을 받음으로 인해서 민족의 힘이 확산된다고 하는 사실을 말하고 있다.[19] 이 말은 건전한 개인의 인격이 개별적으로 확산되는 과정을 설명하는 것이다.

그러나 개별적인 힘이 개인적인 차원에서 개별적으로 확산되는 것은 계획적인 일을 수행할 수 있는 힘으로 나타나지 못한다. 개인의 힘은 한곳에 집결되어야만 민족의 독립 회복과 같은 거대한 과업을 완수할 수 있게 된다.

따라서 도산은 개별적인 힘들의 단결을 강조한다. 도산은 「청년에게 부치는 글」중에서 우리 대한의 청년들의 사활의 문제는 인격 훈련과 단결 훈련에 있다고 생각한다. 일은 힘의 산물이다. 힘은 건전한 인격과 견고한 단결에서 나온다. 그래서 인격 훈련과 단결 훈련을 하면 제군들이 힘을 얻게 되고 일을 하게 된다고 강조하고 있다.[20]

이와 같이 단결이 전체적인 큰 힘을 내는 중요한 요소이고 또한 도산이 단결을 강조하였다면 도산의 사상 가운데서 개인의 힘을 하나로 집결할 수

---

18   디모데전서 1:12 "나를 능하게 하신 그리스도 예수 우리 주께 내가 감사함은 나를 충성되이 여겨 내게 직분을 맡기심이니." 도산은 역할이나 책임을 말하지 않고 맡겨진 직분이라는 기독교의 용어를 사용하고 있다.

19   주요한, 앞의 책, 214쪽.

20   안창호, 앞의 책, 67쪽.

있는 응집력을 가지는 요소는 무엇인가?

도산은 이 요소를 '옳은 주의'라고 한다.[21] 이 요소는 무실역행이다.

그러면 도산의 사상을 통해서 '옳은 주의'라고 할 수 있는 주의는 무엇인가?

도산의 사상에 의하면 이 주의는 대공주의(大公主義)[22]라고 할 수 있다. 대공주의는 도산이 평생에 생각하여 온 인생관과 자신의 모든 사상을 정리하고 종합한 사상이다. 대공주의는 개인은 민족에 봉사하면서 자신과 인류에 대한 의무를 완수한다[23]라는 말로 요약된다.

---

21   주요한, 앞의 책, 277쪽.
22   이창기, 「도산의 대공주의를 다시 생각한다」, 『기러기』, 2020, 7월 28일
    대공주의 논의를 전면적으로 한 것은 구익균 단우의 대담을 요약한 글이 『기러기』(1980년 6월호)에 「도산 선생의 대공주의사상」이라는 제목으로 실리면서부터라 할 수 있다. 그러나 보다 본격적인 논의는 박만규 단우의 논문이 『한국사론』, 국사편찬위원회, 1991, 26쪽에 있는 「도산 안창호의 대공주의에 대한 일 고찰」로 발표되면서 전개되었다. 박만규의 논문 이후 학계에서 유병용(1995년), 김신일(1997년), 김기승(2012년), 장석흥(2014년), 박상유(2015년), 박병철(2017년) 등 도산의 대공주의를 연구하여 발표했다. 또한, 도산의 생애와 사상을 연구한 연구들이 이명화(2002년), 강영현(2003년) 등에 의해 연구되었다. 그리고 도산의 삶을 추적한 평전과 단편 속에서도 도산의 대공주의를 언급하고 있다.
    대공주의란 개인은 민족에 봉사하여 자신에 대한 의무, 그리고 인류에 대한 의무를 완수한다는 의미이다. 도산의 대공주의에 대한 학자들의 논의는 내용 면에 있어서 크게 두 가지 쟁점으로 나뉜다. 첫째, 대공주의는 1920년대 독립운동 노선에서 분열과 갈등을 극복, 민족 대통합을 이루기 위한 소아적 편견, 그리고 아집을 버리는 것이다. 대국적 견지에서는 함께 힘을 합쳐 애국적 통합정신과 대동단결론으로 보는 견해이다. 둘째, 대공주의를 확대해석해서 독립운동의 방략과 독립 후의 국가 건설 구상, 그리고 국제사회를 대한 외교적 방침까지를 포함하여 해석하는 도산의 종합적 경세론(經世論)이다.
    도산은 특별한 의미를 담은 용어에 대해서는 반드시 쉬운 말로 그 의미를 명쾌하게 규정하고 사용한다. 그럼에도 대공주의에 대해서는 그 의미를 구체적으로 진술한 바가 없다. 그렇다면 도산의 마음속에 있는 '대공'(大公)은 '소아'(小我)에 대응하는 매우 상식적이고 통상적인 의미로 해석하는 것이 합리적이다. 그런 점에서 1920년대에 여러 갈래로 나뉘어 갈등하는 독립운동의 노선을 통일하기 위하여 자기주장(小我)에 집착하지 말고 민족 독립이라는 보다 큰 사업(大公)을 위해 일치단결하자는 도산의 절규에 가까운 외침을 '대공주의'라 명명하는 것은 대공의 상식적 의미에 부합할 뿐만 아니라 당시의 시대 상황에서 절실하게 요구되는 도덕적 가치였다고 하지 않을 수 없다.
23   이창기, 앞의 책. 299쪽.

이 사상이 내포하는 봉사는 전체주의가 말하는, 강제적인 강요된 희생에 의한 봉사가 아니라 개인의 자발적인 봉사이다. 그렇기 때문에 도산의 대공주의(大公主義)는 개인이 전체에 대한 자발적인 사랑의 사상이라고 할 수 있다. 결국 그의 대공주의 사상은 결국 그의 사랑의 사상으로부터 나온 것임을 알 수 있다.

따라서 도산의 무실역행과 정의돈수는 대공주의보다 우선한다. 대공주의의 본질이 사랑이라면, 사랑은 무실역행과 정의돈수를 통해서 삶에서 구체적으로 나타나야 참사랑이 되기 때문이다. 따라서 도산에게 있어서 사랑의 사상으로 표현되고 있는 정의돈수는 역시 참사랑의 사상과 연결되는 사상이라고 할 수 있다.

2. 도산의 정의돈수(情誼敦修)

정의돈수란 어떠한 사상인가?

도산은 바울서신에 나타난 직설법과 명령법의 구조와 관점으로 정의돈수를 전개하고 있다. 전반부에서는 정의돈수를 직설법으로 사용한다. 즉, 사랑을 두텁게 쌓기 위한 원리적인 측면을 설명하고 후반부에서는 사랑을 쌓기 위한 명령법을 강조한다.

도산의 실천철학 가운데 정의돈수는 인간이 실천해야 할 원리적인 요소이며 도산의 실천철학 가운데서 매우 중요한 부분을 차지한다. 흥사단의 목적에도 정의돈수가 있다.[24] 또한, 도산은 담화와 글 그리고 연설문 여러 곳에서 정의돈수를 강조하고 있다.

정의돈수의 의미는 무엇인가?

---

24 주요한, 『도산 안창호 논설집』, 을류문화사, 1985, 111쪽.

홍사단 입단 문답에서 '돈수'(敦修)는 "두텁게 닦는다"[25]는 것을 의미한다. 그러므로 정의돈수는 '서로 사랑한다'라는 뜻이고 '사랑하는 정신을 기른다'라는 뜻이다. 정의돈수는 서로 사랑하고 사랑을 기르는 원리이다. 정의돈수는 성경 바울서신의 직설법을 의미한다. 즉, 정의돈수는 원리적인 의미로 사용된다. 그리고 홍사단의 정의(定義)에서와 같이 "사랑하기를 공부한다"[26]는 뜻이다.

도산은 사랑을 인류 행복의 최고 원소라고 보았다. 행복은 생존권과 안락이며, 생존과 안락은 인류의 행복이 된다.

사람이 생존할 때 필요한 것은 금력이다. 금력을 잘 만들기 위해서는 지력(智力)이 많아야 한다. 지력은 사랑에서 나온다. 사랑이 있을 때 안락이 있다. 사랑을 베푸는 사람이 행복하다. 그래서 진정한 안락의 본은 사랑이다.[27] 여기서 나타나고 있는 사랑은 행복의 원소이며 행복과 안락을 만드는 근본적인 힘과 행복 그 자체이다.

도산은 서양 사회를 '사랑이 있는 행복한 사회', '사랑이 있는 다정한 사회'라고 인정하면서 그 사회의 행복한 모습을 말한다. 우리의 눈을 돌려서 다정한 가정, 결코 부모가 자녀들에게 노하지 않는 사회, 장난감으로 인형을 주어 안고 키스하게 한다. 식탁에서도 아이들은 특별한 대우를 받는다. 우리나라 가정은 자녀들에게 역정을 내고 호령하지만, 서양 가정은 그렇지 않다. 그래서 어렸을 때부터 공포심이 조금도 없이 화기애애(和氣靄靄)하게 자란다.

서양의 어린이들은 우리의 어린이들보다 귀하게 자란다. 정이 가득한 가정에서 자라서 소학교에 가면 다 여선생님이다. 이것은 남자보다 여자에게 정이 더 많고 선생님이 학생들을 친절하게 대접하기 때문에 학생들은 선생님을 잘 따르며 학교에 가고 싶어 한다. 우리나라의 아이들처럼 학교에 가

---

25 주요한, 앞의 책, 238쪽.
26 주요한, 앞의 책, 같은 쪽.
27 안창호, 앞의 책, 145쪽.

기 싫어하지 않는다고 했다.[28]

선차(船車)와 집회석에서도 화기가 있으며 예배당에 음악대가 있다. 교우들은 때때로 모여 웃고 먹으면서 정의(情誼)를 돈목(敦睦)하게 한다. 부부는 서로 열정적인 사랑이 있어서 서로 껴안고 좋아한다고 했다.[29]

이러한 도산의 서양 사회의 인식은 피상적인 이해였다. 서양 사회 역시 문제가 많은 인간이 살아가는 사회였기 때문이다. 죄악 된 인간은 부조화되고 모순된 모습이 자리잡고 있다.

도산은 서양 사회에서 외적으로 보이는 사랑과 행복을 최고의 원소로 이해했다. 그래서 우리 사회에서 볼 수 없는 사랑에 대해 한탄했다. 도산은 인류 중에서 가장 불쌍한 사람은 무정한 사회에 사는 사람이다. 우리나라가 무정한 사회이며 사회의 무정이 나라를 망하게 했다고 주장한다.

그래서 우리 사회가 가장 불쌍한 사회이며 정이 없는 민족의 고통은 지옥 이상이며, 가시밭길이며 아무 낙이 없다고 말했다.[30]

도산은 우리나라가 나라를 잃은 것과 불행하게 사는 것은 사랑이 없기 때문이라고 했다.[31] 도산 실천철학에 있어서 우리나라가 잃어버린 독립을 회복하고 유지하며 행복하게 살 수 있는 수단은 사랑이라고 천명한다.

도산의 유정(有情)한 사회와 무정(無情)한 사회에 대한 연설문에서 정의 돈수로 표현한 사랑은 정의(情誼)는 친애와 동정의 결합이다. 친애는 어머니가 아들을 보고 너무 귀여워서 정으로 사랑함이다. 동정은 어머니가 아들이 당하는 고(苦)와 낙(樂)을 자신이 당하고 있는 것과 같이 느끼는 것이라고 했다.[32]

---

28   안창호, 앞의 책, 60쪽.
29   안창호, 앞의 책, 같은 쪽.
30   안창호, 앞의 책, 57-64쪽.
31   안창호, 앞의 책, 65쪽.
32   안창호, 앞의 책, 같은 쪽.

도산에게 사랑은 부모가 자녀를 사랑하는 것과 같이 우는 자들과 함께 울어주고 웃는 자들과 함께 웃어주는 정신이다.[33] 이웃을 자기 자신처럼 아끼며 인정하는 것이다.[34] 이 사랑은 도산이 "오늘 하나님 앞에 사랑함은 아무 희망(소원성취의 욕구)과 요구가 없는 사랑이요"[35]라고 한 것처럼 아무런 조건이 없는 사랑이다.

 도산에게 사랑은 도움이 필요한 자들에게 직접적인 도움을 주는 구체적인 행동이다. 도산은 빈곤한 사람에게 문병 가서 신령한 기도와 병 낫기를 위해 기도하지만 자기 주머니에서 돈을 단 한 푼도 꺼내지 않고 약이나 마음으로 구원하지 않는 것이 어떻게 신령한 사람이냐고 반문한다. 도산은 자기 주머니에서 돈을 꺼내 구원하는 것이 신령한 것이라고 했다.[36]

 도산은 예수 그리스도의 자기희생적 삶을 통해 사랑을 설명한다. 예수는 세상에 계실 때 추위와 배고픔, 잠자리가 없는 모든 괴로움을 당하셨다. 그리고 마지막에는 십자가에 못 박혀 예수의 진정한 사랑을 피로써 시험하셨다.[37]

 도산의 기독교 실천철학은 원리적인 면에서 하나님의 사랑에서 출발한다. 도산이 의미하는 사랑은 기독교에서 말하는 아가페적인 사랑이다. 도산의 사랑 역시 자신의 희생을 전제로 하는 사랑이기 때문이다. 기독교에서의 사랑은 영원한 것이고 육체뿐만 아니라 영혼까지 사랑하는 현 세상과 내세 모두를 포함한다.

 또한, 도산의 정의돈수는 사랑의 유교적인 표현이다. 사랑을 유교적으로 표현한 것은 도산의 시대가 유교와 기독교가 중첩되는 시기이기 때문이다. 그래서 도산은 기독교의 원리적인 것을 사용할 때는 구한말에 사람들과 대

---

[33] 로마서 12장 15절에는 즐거워하는 자들과 함께 즐거워해라. 그리고 우는 자들과 함께 울라고 했다.
[34] 마태복음 22장 39절에서 예수는 네 이웃을 사랑하기를 네 자신 같이 사랑하라 하셨다.
[35] 안창호, 앞의 책, 57쪽.
[36] 안창호, 앞의 책, 148쪽.
[37] 안창호, 앞의 책, 같은 쪽.

중들이 이해하기 쉽게 무실역행과 정의돈수의 의미를 사용하였다.

정의돈수는 사랑의 이중성을 말하고 있다. 하나님을 사랑하는 사람은 이웃을 사랑할 수밖에 없다는 것이다. 하나님을 사랑하는 것이 이웃이나 민족을 향해 나타날 때는 윤리적인 측면으로 나타나는 것이다. 이것은 바울의 서신서에서 나타나는 것과 동일하다.

바울도 서신서 서두에서는 하나님의 백성, 구원 등을 말하고, 서신 후반부에서는 성도들이 어떻게 살아야 하는가에 대해서 말씀한다. 후반부에 강조되는 것이 성도의 이웃 사랑, 곧 도덕적인 면이다.

도산의 사랑은 현 세상에서 국한되어 있는 것처럼 보인다. 그러나 이것은 도산의 기독교 실천철학을 오해한 것이다. 도산은 사랑을 실천에 옮기기 전에 항상 원리적인 측면을 강조한다.

도산은 실천철학에 탁월한 사람이었다. 원리에만 머무는 자가 아니라 시대의 요구에 따라 자신이 먼저 실천하는 행동철학자였다. 따라서, 도산이 이해한 기독교의 사랑은 하나님으로부터 사랑을 받은 자들이 그 크신 사랑에 감격해서 이웃에게 사랑을 베푸는, 위(하늘나라)로부터 출발한 사랑이다.

도산의 사랑은 원리적으로 하나님의 사랑에서 출발하지만, 그가 활동했던 구한말에 정의돈수의 실천철학을 통해 그 시대가 요구하는 인간의 생존을 위하여 의무로서의 강력한 사랑으로 나타났다. 기독교의 사랑이 하나님의 사랑을 체험하는 만큼 이웃에게 나타나는 사랑이라면, 도산의 사랑은 하나님의 사랑을 토대로 이웃과 민족을 섬기는 실천적 사랑이다. 그러므로 도산의 사랑은 하나님의 사랑을 이웃에게 실천하는 사랑임을 알 수 있다.

인간은 어떻게 하나님의 사랑에 도달할 수 있는가?

인간은 하나님의 숭고한 사랑과는 거리가 멀다. 인간 스스로는 결코 하나님의 사랑, 숭고한 사랑에 도달할 수 없다. 그렇다면 어떻게 도달할 수 있는가?

도산은 '사랑을 닦는다'는 정의돈수를 제시한다. 정의돈수는 사랑을 익히고 사랑하는 것이 습관이 되게 하라는 말이다.[38] 즉, 원리적으로 하나님을 사랑하면 참다운 사랑을 익힐 수 있다.

다시 말해 직설법의 사랑의 원리는 명령법으로 실행되지 않으면 진정한 사랑이 아니라는 것이다. 명령으로 사랑을 익히는 것은, 이웃 사랑으로 커져야 하고, 이 사랑의 실천이 습관이 되어야 한다. 따라서 정의돈수는 단순한 개념적인 지식에서 나오는 사랑 공부가 아닌, 실천에서 우러나오는 사랑이다.

사랑이란 무엇인가에 대해 알아야 한다. 사랑을 모른다면 사랑할 수 없다. 그러나 실천되지 않는 사랑은 추상적인 개념에 머무를 수밖에 없다. 사랑 공부는 인간 속에 원리적으로 잠재된 사랑을 계발(啓發)하는 것이다.

도산은 우물 파는 것에 비교하면서 샘물이 솟지 않는 샘도 파면 솟는 일이 많고 조금 파서 샘이 솟아나지 않는 샘이 깊이 파면 솟는 일이 많다고 했다. 조금 파면 솟지 않았던 것이 깊이 파면 솟는 일도 있다[39]고 했다. 도산은 원리적으로 잠재된 사랑을 인간의 삶 속에서 끄집어낼 것을 강조했다.

도산에게 사랑의 대상은 사람, 주변의 이웃과 민족이다. 그리고 전 인류다. 도산은 예수의 말씀처럼 자신에게 잘해주는 사람뿐 아니라 원수까지도 사랑할 것을 말한다.[40]

사랑 실천의 대상은 가장 가까운 사람부터이다. 인간은 공간적인 제한성을 가지고 있기 때문에 지금 있는 공간을 넘어 인류를 사랑할 수 없다. 그래서 가장 가까운 사람부터 사랑하는 것이다. 그리고 이웃과 민족, 전 인류로 확대해 나가는 것이다.

사랑의 방법에 대하여 도산은 내 손이 닿고 목소리가 들리는 사람밖에 사랑할 수 없는가를 물으며 날마다 찾아오는 사람과 내가 찾아가는 사람과 만

---

38 주요한, 앞의 책, 238쪽.
39 주요한, 앞의 책, 239쪽.
40 주요한, 앞의 책, 240쪽. 도산은 사랑에 대해 예수께서 네 이웃을 사랑하고 원수를 위해서 기도하라 하셨는데 누구나 다 사랑하기를 힘쓰는 것이 사랑 공부인 것 같다고 했다.

나게 되는 모든 사람을 사랑하는 것, 더 나아가 이것이 민족을 사랑하는 것이며 전 인류를 사랑하는 것이다. 결국, 이웃을 사랑하는 것은 민족과 전 인류를 사랑하는 것이다. 도산은 나와 가까이 있고 찾아오는 사람들을 사랑하지 않고 미워하면서 사람을 사랑한다는 것은 우스운 거짓말이 된다고 했다.[41]

그러면 사랑을 기르려면 어떻게 해야 하는가?

사랑을 구체적으로 실천하기 위한 방법을 제시한다.[42]

첫째, 남의 일에 개의치 말라고 한다. 남의 일에 간섭하지 말라는 것이다. 성경적으로 자기의 허물을 보고 자신의 허물을 고치고 다른 사람의 일이나 허물과 잘못에 간섭하지 말 것을 당부한다.

둘째, 다른 사람의 개성을 존중하라고 한다. 모든 사람은 타고난 성격이 있다. 그래서 다른 사람의 성격과 개성이 나의 개성과 성격에 맞지 않는다고 비판하지 말라는 것이다. 모든 판단은 하나님이 하신다. 그러므로 모든 사람의 성격과 개성을 존중하며 다른 사람의 개성을 인정해야 한다.

셋째, 다른 사람의 자유를 침범치 말라고 한다. 아무리 뜻을 같이하는 동지라 하더라도 각 인격은 하나님이 주신 자유를 가지고 있다. 그러므로 나의 자유를 위해서 다른 사람의 자유를 침범하고, 나의 유익을 위해서 다른 사람을 이용하는 것은 가장 어리석은 일이다.

넷째, 다른 사람에게 물적 의뢰를 하지 말라고 한다. 정의돈수를 실천하는데 물질은 상당히 민감한 문제이다. 따라서 부득불 물질을 요구하였을 때 부탁한 대로 되지 않았다고 마음이 상하면 안 된다.

다섯째, 정의(情誼)를 혼동치 말라고 한다. 모든 사람은 서로 사귀어 친하여진 정이 있다. 부자와 부부, 친구와 동지 간의 정의(情誼)가 각각 다르다.

---

41 주요한, 앞의 책, 같은 쪽. 도산이 말한 '그런데 만일 날마다 내가 접하는 사람을 미워하면서 사람을 사랑하노라 한다면 어떨까, 그것은 우스운 거짓말이 된다'는 말에서 잘 나타난다.

42 안창호, 앞의 책. 62쪽.

그러므로 누구는 더 사랑하고 누구를 덜 사랑한다고 시기하지 말아야 한다. 각 사람의 다른 정의(情誼)를 인정해야 한다.

여섯째, 신의(信義)를 확수(確守)하라고 한다. 믿음과 의리를 지키라는 것이다. 서로 사랑하는 마음으로 약속한 것은 힘써 지켜야 정의(情誼)가 무너지지 않는다. 만일 약속하고 그대로 하지 않으면 서운한 마음이 생기고 마음의 쓴 뿌리가 생긴다.

일곱째, 예절을 존중하라고 한다. 상대방이나 친구에게 예의에서 벗어나면 호감을 주지 못하고 도리어 싫어하는 마음이 생기게 한다."[43]

도산의 실천철학에서 사랑은 매우 큰 비중을 차지한다. 사랑은 도산의 핵심 사상이다. 도산은 사랑이 없는 사회에 대해 무정(無情)한 사회는 가시밭과 같아 사방에 괴로움뿐이다. 그래서 사람은 사회를 미워하게 된다고 한다. 흥미는 없고 공포와 우수뿐이라 결과는 수축될 뿐이며 염세와 나약과 불활발(不活潑)뿐이다. 이런 사회는 사람의 원수가 되는데 사람에게 직접 고통을 준다. 그래서 모든 일이 안 된다고 말했다.[44]

이어서 도산은 우리가 하는 운동에 동지 간에 정의가 있었다면 효력이 더욱 많았을 것이고 정의가 있을 때 단결이 되고 민족도 흥하는 법이라고 말했다.[45] 도산은 사랑이 곧 단결의 요소라는 사리를 피력한다.

이렇게 볼 때 도산의 실천철학에서의 사랑은 힘의 사상과 연결되어서 힘을 집결시키는 수단으로, 반드시 필요한 요소이다. 그래서 도산의 실천철학 중 사랑의 또 하나의 표현인 대공주의(大公主義), 곧 개인은 민족에 봉사함으로써 자신과 인류에 대한 의무를 완수한다[46]는 사상 역시 힘과 연결되어 있다. 개인이 민족을 사랑함으로 민족 전체의 힘이 커지게 된다.

---

43 도산안창호선생전집편찬위원회,『島山安昌浩全書 1권, 시문·서한』, 社團法人島山安昌浩先生記念事業會, 2000, 185-186쪽.
44 안창호, 앞의 책, 58쪽.
45 안창호, 앞의 책, 같은 쪽.
46 주요한, 앞의 책, 299쪽.

이와 같은 도산의 실천철학은 사랑의 힘으로써 자기 민족의 생존을 존속시키려고 하는 철학이다. 그러나 도산 철학은 힘으로 다른 민족의 생존을 짓밟음으로 자신의 행복을 추구하려고 하는 침략주의, 제국주의에서의 힘과는 다르다.

도산의 힘의 철학은 제국주의처럼 공격을 위해 무력의 힘이 아니라 사랑의 힘이다. 이웃을 위하는 사랑의 힘이다. 즉, 정의돈수를 위해 필요한 사랑의 힘이다.

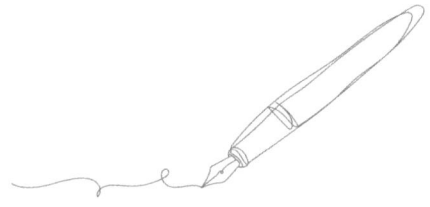

제4부

도산 무실역행의 실천적 전개

제1장 무실역행의 출발점으로서 애기애타(愛己愛他)

제2장 무실역행의 실천적 전개로서 가정

제3장 무실역행의 훈련장으로서 단체

제4장 무실역행의 실현장으로서 국가

제1장

무실역행의 출발점으로서 애기애타(愛己愛他)

도산은 1930년대 초, 한 단체 행사를 축하하는 휘호로 애기애타(愛己愛他)를 처음 사용했다. 애기애타(愛己愛他)의 정신은 도산의 연설과 글 그리고 어록 등에 자주 나타난다.

애기애타(愛己愛他)는 자기를 사랑하고 타인도 사랑하자는 말이다. 사랑은 자기와 타인이 차이가 없다. 애기애타는 개인 중심적 인생관이 다른 사람과 함께하는 보편적 인생관으로 확대되는 개념이다. 이것은 개인과 조직에 적용될 수 있다. 흥사단은 흥사단뿐만 아니라 우리 사회와 국가를 사랑해야 한다. 이것이 도산의 삶에서 나타난 모습이다.

도산은 타인을 사랑하는 품성을 지녔다. 도산은 개인의 윤리적 차원에서 사랑을 강조하지 않았다. 그의 사랑은 인간의 도리를 넘어 민족적 차원으로 넓어졌다.

그는 우리 민족의 독립과 번영을 꿈꾸었는데, 그 꿈을 실현하기 위해서는 사랑이 필수조건이라고 했다. 독립을 위해서는 한 민족의 단결된 힘이 필요한데, 단결하려면 사랑이 필수이다. 민족의 단결을 구호나 방법이 아니라 사랑으로 본 것은 탁월한 시각이다. 인위적인 단결은 단체의 결속을 빨리할 수 있지만, 빨리 와해 되기 쉽기 때문이다.

도산은 인위적인 단결이 아니라 사랑의 단결을 통해서 독립의 비전을 보고 독립 이후까지 본 것이다.

도산은 자기사랑의 첫 번째 덕목으로 정직이라고 굳게 믿었다. 그는 무실을 사용하고 후진들에게 가르쳤다. 그리고 스스로 실천하려고 부단히 노력했다. 그는 솔선수범(率先垂範)하는 역행(力行)의 삶을 살았다.

정직하게 자신을 사랑하지 않는 사람은 솔선수범도 할 수 없고 타인을 사랑할 수 없다. 그러나 도산은 개인적으로 자신을 사랑하고 타인을 사랑했다.

1. 무실역행에서 애기애타로의 이행

도산은 1935년 2월 대전형무소에서 가출옥으로 석방된다. 이듬해인 1936년(丙子年)에 애기애타(愛己愛他)의 글씨를 남겼다.

도산이 1938년 이 세상을 떠났으니, 이 친필은 도산이 남긴 마지막 필적의 하나로, 애기애타 안에 도산의 사상과 그의 기독교 실천철학이 함축되어 있다고 볼 수 있다. 이 도산의 친필은 『군현필지』[1](群賢畢至)에 실려 있다.[2]

도산의 실천철학의 출발점이 무실역행이라면 그의 실천철학의 마지막은 애기애타이다. 즉, 애기애타는 무실역행의 열매이기도 하다. 도산은 구한말 무실역행이 없는 거짓을 이 민족의 문제로 보았다. 그러므로 그가 처음부터 주장한 무실역행은 문제 제기이자 해결점이다.

그러나 도산은 무실역행만으로는 한계가 있는 것으로 본 것 같다. 그래서 그는 생애 마지막에 민족을 회복하고 치유하는 것은 문제를 제기하는 무실역행이 아니라 애기애타라고 생각한 것 같다.

---

1 『군현필지』(群賢畢至, 어진 현자들이 모였다)라는 서화집이다. 이 서화집은 당대 서화수집가이자 예술품 수장가로 이름이 높았던 오봉빈(吳鳳彬)의 주선으로 편집되었는데, 당대의 이름난 문필가, 서예가, 화가들의 친필과 화목 등 100점이 수록되어 있다(오세창, 이극로, 이종린, 구정성 등). 이 서화집은 현재 홍사단 본부가 소장하고 있다.
2 윤경로, 「씨알의 연원을 도산 사상에서 찾다 : 애기애타(愛己愛他) : 박재순의 애기애타(愛己愛他) : 안창호의 삶과 사상」, 『기독교사상』, 2020, 183-184쪽.

도산이 대중에게 처음 연설을 한 것은 서기 1898년(광무, 光武 2년) 평양성 대동강 서쪽 쾌재정(快哉亭)에서였다.

> 쾌재정(快哉亭), 쾌재정하기에 무엇이 쾌한가 했더니 오늘 이 자리야말로 쾌재를 부를 자리올시다. 오늘은 황제 폐하의 탄일인데, 우리 백성들이 이렇게 한데 모여 축하를 올리는 것은 전에 없이 첫 번 보는 일이니, 임금과 백성이 함께 즐기는 군민동락(君民同樂)의 날이라 어찌 쾌재가 아니고 무엇인가?
> 감사 이하 높은 관원들이 이 축하식에 우리들과 자리를 함께 하였으니 관민동락(官民同樂)이라 또한 쾌재가 아닐 수 없도다.
> 남녀노소 구별 없이 한데 모였으니 만민동락(萬民同樂)이라 더욱 쾌재라고 하리니, 이것이 또한 오늘 쾌재정의 삼쾌(三快)라 하는 바로라.
> 세상을 바로 다스리겠다고 새 사또가 온다는 것은 말뿐이다. 백성들은 가뭄에 구름 바라듯이 잘 살게 해주기를 쳐다보는데, 인모(人毛) 탕건을 쓴 대관. 소관들은 내려와서 여기저기 쑥덕거리고 존문(存問)만 보내니, 죽는 것은 애매한 백성뿐이 아닌가? 존문을 받은 사람은 당장에 돈을 싸 보내지 않으면 없는 죄도 있다 하여 잡아다 주리를 틀고 돈을 빼앗으니, 이런 학정이 또 어디 있는가? 뺏은 돈으로 허구한 날 선화당에 기생을 불러 풍악 잡히고 연광정에 놀이만 다니니, 이래서야 어디 나라 꼴이 되겠는가?
> 진위 대장은 백성의 생명 재산을 보호하는 것이 책임인데 보호는커녕 백성의 물건 빼앗는 것을 일삼으면 우리나라가 어떻게 되겠는가?[3]

쾌재정(快哉亭) 연설은 평양 쾌재정에서 열린 독립협회 관서지부 주최의 만민공동회에서 19세 총각 도산 안창호의 요지이다. 당시엔 녹음시설이 있는 것도 아니었고 누군가 미리 알고 초록한 것도 아니어서 정확한 연설 내용은 알 수 없다. 그런데 그날 도산의 연설이 청중들에게 큰 감명을 주었던

---

3 주요한, 『안도산전서』, 홍사단출판부, 2015, 36-37쪽.

연설이어서 훗날까지 전해 내려오는 내용을 현장에 있었던 사람들의 기억을 더듬어 정리한 내용의 골자이다.

쾌재정에서 열린 만민공동회는 1884년 갑신정변 실패 이후에 미국으로 망명했던 서재필 선생이 1896년에 귀국해 조직한 독립협회에서 주관한 대중 집회이다. 독립협회는 활동의 하나로 황토마루 넓은 길에 정부의 고관들과 일반 국민을 한자리에 모아 연설을 듣고 정치를 토론하고 정부에 건의하는 만민공동회를 가졌다. 당시엔 수천수만의 군중이 한자리에 모이는 것도 처음 있는 일이었다. 대중 집회 연설도 처음이고, 백성들이 손을 들어 정부에 건의하는 것도 처음 있는 일이었다. 만민공동회는 서재필 박사가 미국에서 들여온 민주주의라는 새로운 정치 운동의 시험이었다.

그런데 19세의 약관의 나이에 청년 도산 안창호는 독립협회 관서지부(평양지부)를 조직하고 직접 연사로 나섰던 것이다. 쾌재정 정자 위에는 평안감사 조민희를 비롯한 고관대작들이 자리하고 있었으며, 이날은 고종 임금의 탄신일(음력 7월 25일)이었다. 이날 청년 도산은 '쾌재정 연설'을 통해 18조목의 쾌재와 18조목의 불쾌를 설파, 탐관오리의 정직하지 못한 것과 진실하지 못한 것을, 무실역행의 삶이 없는 것을 강하게 주장하였다.

도산의 무실역행에 대해서 오자일(吳子一)은 『새벽』 잡지(1954년 9월호)에서 "어야지야 어서가자 무실역행(務實力行) 배를 타고 실행돛을 높이 달아 부는 바람 자기 전에 어야지야 어서가자"[4]라고 말했다. 이 연설은 몇 자 안 되지만 연설의 요지이며, 도산의 신조였다. 그는 마음속에 무실역행을 담고 늘 실행하며 살았다.

도산은 무실역행과 정의돈수를 구체적으로 실행에 옮긴 것은 청년학우회와 흥사단이었다. 청년학우회와 흥사단의 목적은 무실, 역행, 충의, 용감의 4대 정신으로 건전한 인격을 수양하고 신성한 단체생활의 훈련에 힘쓰는 것이다. 그리고 한 가지 이상의 전문 기술이나 기예를 반드시 학습하여

---

4   주요한, 앞의 책, 87쪽.

직업인으로서 자격을 구비하며, 매일 덕, 체, 지육에 관한 수양 행사를 한 가지씩 행하여 수련에 힘쓰는 것이다.

도산은 무실역행과 정의돈수의 삶을 실천궁행하며 일평생 살았다.

그런데 왜 도산은 1938년 죽음을 앞두고 애기애타의 마지막 필적을 남겼는가?

도산은 왜 무실역행과 정의돈수의 삶에서 애기애타로 이행하고 있는가?

혹시 도산은 무실역행과 정의돈수의 삶은 우리가 실천하는 데 부족한 부분이 있어서 애기애타를 주장하고 있는 것은 아닌가?

도산은 여기에 대해서는 침묵하고 있다. 그런데 도산은 평양 쾌재정 연설에서 18조목의 쾌재와 18조목의 불쾌를 통해 구한말의 정직하지 못한 것을 말한다. 즉, 도산은 무실역행을 통해 우리 민족이 가진 문제를 제기하고 해답을 찾았다. 그러니까 도산은 무실역행이 문제를 제기하는 관점이기도 하지만 또한 무실역행이 문제를 해결하는 관점이기도 하다.

무실역행이 함의하고 있는 진실성, 정직성, 실용성, 실천성을 추구해야 한다. 그런데 때로는 무실역행이 함의하고 있는 정신이 우리의 문제를 보게 해서 무실역행이 우리가 정직하지 못하고 진실하지 못한 것을 비판할 때도 있다. 그래서 도산은 정의돈수를 통해 사랑 쌓기를 주장함으로 무실역행이 가지고 있는 인간의 문제를 사랑의 마음으로 품을 것을 말하고 있는 것 같다.

그런데 우리가 정의돈수를 실천함으로 타인을 사랑하는 것은 한계가 있다. 정의돈수의 실천을 통해 사랑을 쌓는 것은 타인을 위한 배려의 정신이 강하기 때문이다. 도산은 무정(無情)한 사회와 유정(有情)한 사회에서 정의돈수의 실천 방법을 제시한다.

첫째, 남의 일에 개의치 말라.
둘째, 개성을 존중하라.
셋째, 자유를 침범치 말라.
넷째, 물질적 의뢰를 말라.
다섯째, 정의를 혼동치 말라.
여섯째, 신의를 확수하여라.
일곱째, 예절을 존중히 하라.

그러나 정의돈수의 사랑을 쌓는 것은 무실역행의 삶이 수반되지 않으면 거짓 사랑 쌓기가 된다.

그러면 정의돈수의 사랑처럼 타인을 불편하게 하지 않는 것이 진정한 사랑인가?

도산은 애기애타를 통해 무실역행과 정의돈수의 한계를 보고 애기애타의 사랑을 강조하고 있는 것으로 생각된다. 무실역행은 도산 실천철학의 원리적인 측면으로 작용한다. 원리적인 측면을 강조하면 때로는 인간의 약한 부분이, 인간의 문제가 나타날 수밖에 없다. 무실의 반대가 거짓이기 때문이다. 인간의 연약한 부분과 문제는 비난과 비판의 대상이 될 수 있기에 도산은 무실역행의 이 약한 부분을 보고 애기애타로 이행하는 것 같다.

또 도산은 정의돈수에서 타인을 위해 배려하는 마음에 진정한 사랑이 없으면 처세술과 매너리즘에 빠질 수 있다는 것을 깊이 알았던 것 같다. 그래서 도산은 자신의 말년 죽음을 앞두고 기독교 실천철학을 무실역행에서 애기애타로, 그의 필적을 통해 이행하고 있다.

도산은 애기애타를 통해 진정으로 자신을 사랑하고, 진심으로 자신을 사랑하는 자만이 타인을 사랑할 수 있다고 말한다. 이타적인 사랑은 진정한 자기사랑에서 출발하는 것이다. 타인을 사랑하지 않고 자신만 사랑하는 것은 이기주의로 나타나고 자신의 행복만 추구하는 것이다. 그러므로 자신을 사랑하지 못하는 자가 타인을 사랑하는 것은 위선이고 거짓이다. 도산은 타인을 사랑하지 못하는 자가 자신만을 사랑하는 것 역시 이기적인 거짓 사랑이라고 하였다.

자신을 사랑하는 자만이 타인을 사랑할 수 있고 타인을 사랑하는 자만이 자신을 건강하게 사랑할 수 있다.

도산은 애기애타를 할 수 있는 자만이 무실역행과 정의돈수를 진정으로 실천할 수 있다는 것을 역설하고 있다. 애기애타하는 자만이 무실역행과 정의돈수의 사랑의 열매를 맺을 수 있다. 자신을 사랑하는 사람이 이웃을 사랑한다. 자신을 사랑하는 자만이 타인을 제 몸과 같이 사랑할 수 있고 하나님을 사랑할 수 있다.[5]

도산은 무실역행과 정의돈수에서 애기애타의 이행을 통해 기독교 실천철학을 자신과 가정과 단체 그리고 국가로 확대해 간다.

2. 애기애타의 정의

도산은 '거짓은 우리 민족의 철천지원수'라고 생각했다.

도산은 민족의 인격 수양을 주장하면서 치욕스러운 일제하에 식민지가 우리에게 있다고 강조했다. 우리가 진실로 자신을 사랑한다면 자신의 부단한 자기 성찰과 수양을 통한 실천철학의 완성을 위해서 애기애타라는 유묵(遺墨)을 남기지 않았나 생각된다. 반구실주인의 「애타(愛他)는 애기(愛己)의 원려(遠慮)」[6]에서 모든 것은 상대적으로 대대하고 있다고 정의한다.

---

5 마태복음 22장 37-40절 "예수께서 가라사대 네 마음을 다하고 목숨을 다하고 뜻을 다하여 주 너의 하나님을 사랑하라 하셨으니 이것이 크고 첫째 되는 계명이요 둘째는 그와 같으니 네 이웃을 네 몸과 같이 사랑하라 하셨으니 이 두 계명이 온 율법과 선지자의 강령이니라."
6 반구실주인, 『愛他는 愛己의 遠慮』, 新生活. 제8호, 1922, 30-34쪽.

불교에서는 만물이 상대자의 의해서 대대하는 관계[7]로 정의한다. 상대가 있음으로 내가 있고 내가 있음으로 상대가 있다는 것이다.

> 우내(宇內)의 삼라만상(森羅芢像)을 무식별(無識別)로 범간(汎看)할 시(時)는 예(芸)며 창(葱)한 것이 흡연(恰然)히 중한(仲漢)함 여(如)하야 그 단예(端睨)가 삭돌(索突)하나 그러나 이에 종(縱)으로와 횡(噸)으로의 류(類)를 요(搖)하는 교계(較計)로써 주도(周到)히 관찰(觀察)할 시(時)는 장(長)과 단(短)이 서로 보(補)하며 유무일(有無一) 서로 무(貿)하며 좌우일(左右一) 서로 의(依)하며 전후일(前後一)서 응(應)하는 등(等) 모든 상태(狀態)는 이 상호연쇄적 작용(相互聯鎖的作用)이 유(有)함과 여(如)하나니 이 만유(萬有)의 중(中)에서 타(他)와 피(彼), 타(他)와 자(自)의 문(問)에 형우(形又)는 괴(壞)하는 모든 소깃(消息)은 총(總)히 그 상호(相互)의 연의(緣依)하야 기(起)함이 아님이 무(無)하도다.[8]

반구실주인은 애타(愛他)와 애기(愛己)를 대대(對待)하는 관계로 정의한다.

대대 관계는 서로 반대가 되는 것 같지만 상대가 있기 때문에 내가 있고, 내가 있기 때문에 상대가 더 두드러지게 되는 것을 말한다.

그러면 상대가 없으면 나는 없는 것인가?

애기는 어떻게 독립적으로 존재하고, 애타는 어떻게 독립적으로 존재할 수 있는가?

애기와 애타는 독립적으로 존재하지 않는다.

---

7 동양철학에서 곧잘 거론되곤 하는 '대대'(對待) 관계는 서로 대척점으로 나뉘는 것 같지만 상대가 있기 때문에 내가 있다. 나를 통해 상대가 더 두드러진다. 흔히 음양(陰陽)이 대표적인 예이며 하늘과 땅, 여자와 남자, 고금(古今), 유무(有無), 상하(上下)와 좌우(左右) 등 많은 경우가 그렇다.
8 반구실주인, 앞의 책, 30쪽.

도산은 애기와 애타를 상대적인 관계로 말하지 않는다. 애기와 애타는 대대적인 관계, 상대적인 것이 아니라 애기와 애타는 사랑의 관계로 설명한다. 자신을 사랑할 수 없는 사람이 어떻게 상대방을 빛나게 할 수 있는가?

자신을 사랑하지 않는 사람은 타인을 사랑할 수 없다. 그런데 애기는 상대가 없어도 자신을 사랑한다. 혼자 있어도 자신을 사랑하는 것이 애기이다. 애기의 출발점은 상대가 아니라 자신을 생각하고 자신을 사랑하는 것이다. 따라서 애기할 수 없는 사람은 타인을 자신의 몸처럼 사랑할 수 없다.

이흠영은 「주의(主義)의 분석(分析)」[9]에서 '애기주의'와 '애타주의'를 '개인적 쾌락설'로 설명한다.

> 애타주의(愛他主義)의 상대(相對)한 주의(主義)의 일종(一種)이다 대개개인적쾌락설(大概個人的 快樂說)은 어데까지던지 행위자자신(行爲者自身)의 쾌락(快樂)으로써 최고(最高)의 선(善)이라 하는 자(者)니 차주의(此主義)는 고대희랍(古代希臘)에 있어서 궤변학파(詭辯學派)들의 창(唱)한 자(者)로 근세(近世)에 지(至)하야 공중적쾌락주의(公衆的快樂主義)와 공(共)히 발달(發達)한 것이오 영국(英國)에서는 홉스와 독일(獨逸)에서는 니체에 의(依)하야 고조(高潮)된 것이다. 그리고 민국(民國)에서는 선진시대(先秦時代)에 양주(楊朱)의 주창(主唱)한 바로 맹자(孟子)께서 배척(排斥)하신 바다. 이제 니체 등(等)의 설(說)에 의(依)하면 왈(曰) 오인(吾人)에게는 자기보존(自己保存)의 본능(本能)이 있다. 그래서 나면서부터 자기(自己)의 안전(安全)을 도모(圖謀)하려 한다. 그런데 자기보존(自己保存)을 조장(助長)하는 활동(活動)에는 반다시 쾌락(快樂)이 상반(相伴)하고 차(此)와 반(反)하는 활동(活動)에는 고통(苦痛)이 상반(相伴)한다. 혹(或)은 이타적행동(利他的行動)으로 보이는 것도 필경(畢竟)은 이기적(利己的)이고야 만다.[10]

---

9   이흠영,「主義의 分析」,『日月時報』제2호., 1935, 42-46쪽.
10 이흠영, 앞의 책, 44쪽.

이흠영은 애타(愛他)를 대개개인적 쾌락설(大槪個人的 快樂說)로 본다. 그는 애타(愛他)를 어디까지든지 행위자자신(行爲者自身)의 쾌락(快樂)으로써 최고(最高)의 선(善)이라는 것이다.

개인적 쾌락설은 개인적·주관적 쾌락만이 의지와 행위의 기준이 된다고 주장한다. 사람의 행위(行爲)의 목적(目的)은 개인(個人)의 쾌락(快樂)을 느끼는 데 있으며, 개인(個人)의 보존(保存)과 이익(利益), 쾌락(快樂)이 모든 행위(行爲)의 표준(標準)이라고 주장(主張)한다.

애타를 개인적 쾌락설로 보게 되면, 개인과 주관적 쾌락이 행위의 기준이 되기 때문에 애타는 타인을 사랑할 수 없다. 오직 개인적 쾌락설은 자신만 사랑할 뿐이다. 자신의 보존을 위해 이기적인 행동을 할 수밖에 없다.

개인적 쾌락설은 도산이 추구했던 자신을 사랑하고 타인을 사랑하는 애기애타의 실천이 아니다. 도산의 행위와 의지의 준칙은 자신을 사랑하고 타인을 사랑하는 것이다. 도산은 사랑의 출발점을 자기 자신을 사랑하는 데에서 시작해서 타인을 사랑하는 것에서 열매를 맺는다.

이흠영은 애기주의(愛己主義)와 애타주의(愛他主義)는 동일한 사랑의 관계이지만 상호대립적 관계이고 양자는 모순적 관계로 설명한다.[11] 하지만 도산은 애기와 애타를 대립적 관계나 모순적인 관계로 보지 않는다.

어떻게 자기를 사랑하고 타인을 사랑하는 것을 대립적 관계로 볼 수 있는가?

자기와 타인을 사랑의 관계가 아니라 이익의 관계로 보면 대립적 관계가 된다. 대립적 관계는 자신을 더 사랑하고 타인을 상대주의로 관계하는 이기주의다. 도산은 원리적으로 구원받은 사람은 하나님을 사랑한다고 한다. 하나님을 사랑하는 자는 자신을 진정으로 사랑하고 이웃을 네 몸과 같이 사랑한다.

---

11 이흠영, 앞의 책, 45-46쪽.

따라서 도산의 애기애타에서는 자기와 타인의 관계가 대립적이지 않고 모순적이지 않다. 자신을 사랑하는 사람은 자신을 사랑하는 것처럼 타인을 사랑할 수 있기 때문이다.

만약 애기애타가 먼저 자신을 사랑하는 것을 출발점으로 하지 않고 타인을 사랑한다면 진정한 사랑이라고 할 수 없다. 그러므로 애기애타는 자신을 먼저 사랑한다. 자신을 사랑한 사람이 타인을 자신처럼 사랑할 수 있다.

나진명은 애기애타의 연원을 논어(論語)의 위인지학(爲人之學)과 위기지학(爲己之學)에 있다고 주장한다. 애기애타(愛己愛他)는 논어(論語)에 근원한다. 논어(論語) 헌문편(憲問篇)에서 위인지학(爲人之學)을 하지 말며 위기지학(爲己之學)을 하라는 구절이 있다.[12]

우리나라에서 근세 전후기를 통해서 학문하는 선비들에게 항상 비중을 두고 강조한 말이다. 동서고금을 막론하고 인간 문명의 중추에 해당하는 일이다.

위인지학(爲人之學)은 인간이 살아갈 때, 때로는 생존경쟁에 필요한 지식, 지혜, 경험, 기술을 습득하고 권세, 재물 등을 얻기 위한 학문을 의미한다.

위기지학(爲己之學)은 인간의 도리와 몸과 마음을 수양하여 원만한 인격체를 만들기 위한 학문이다. 도덕적 인격으로 대성한 지도자가 이르는 경지, 자기의 위대한 완성이다. 이를 수기(修己)라 한다.

유가(儒家)의 최고의 이념은 자녀, 형제, 자매, 부부, 부모 사랑인 인류대동(人類大同)이다. 이를 실현하기 위해서는 '내 몸을 닦아 남을 교화'하는 수기치인(修己治人)은 나를 잊지 말아야 한다.

치인(治人)은 '남을 다스린다'는 사회통념이다. 이것을 잊어버리면 진의를 잃어버리게 되는 것이다. 치인에는 사랑이 깔려 있어야 한다. 인(人)은 나와 경쟁하고 승부하는 인간, 지배하는 인(人)이 아니다. 내가 늘 사랑해야 하는 인간이다. 치(治)의 의미는 내가 지배하거나 다스리게 된다는 의미

---

12   『論語』, 卷25, 「憲問」, "古之學者爲己, 今之學者爲人."

가 아니다. 남을 계몽하는 것이고 순리로 도에서 탈선하지 않도록 하는 것으로 물 흐르듯 이끌어 간다는 의미이다.

도산은 이것을 온고이지신(溫故而知新)해서 현대 감각에 맞춘 쉬운 표현으로 사용한다. 그러니까 온고이지신의 현대적인 의미가 애기애타(愛己愛他)라고 한다.[13]

나진명은 애기애타를 유학의 연원과 지도자들이 지녀야 할 덕목으로 평가하고 있다. 반면, 도산은 애기애타를 온고이지신해서 그 시대에 맞는 쉬운 표현으로 주장했다. 그런데 나진명의 애기애타의 주장은 도산의 애기애타 정신이 유학을 넘지 못하고 유학의 체계와 관점에서 발전하지 못하고 머물러 있는 것이다. 그러니까 그가 도산의 애기애타를 온고이지신으로 표현한 것은 오히려 도산의 애기애타의 관점을 진전시키지 못하고 유학의 관점으로 제한하는 것이다.

도산의 애기애타는 유학의 체계에만 머물지 않는다. 오히려 그는 유학의 단점인 공리공담을 극복하고 넘어선다. 도산은 인간과 사회를 귀하게 여기는 유학의 장점인 인, 의, 예, 지(仁, 義, 禮, 知)를 계승 발전시켰다. 애기애타는 무실역행과 정의돈수의 유학의 정신을 더 발전시킨 것이다. 도산의 실천철학은 기독교와 동양의 유교 철학의 만남이다. 이 만남은 동서양의 사상과 철학의 만남이다.

애기애타에서도 동서양이 만나고 있다. 애기애타라는 도산의 실천철학은 동서양의 융합이다. 그는 애기애타를 통해 한편으로는 동양 유학의 정신을 따르면서도 다른 한편으로는 서양의 근본 사상에 토대가 되었던 성경을 따르고 있다. 애기애타는 한문으로 표현되었기 때문에 직관적으로 보면 동양철학의 관점으로 해석해야 할 것이다. 그러나 도산의 애기애타에는 동양의 사랑과 서양의 사랑이 융합된 실천철학이다.

---

13 나진명, 「애기애타(愛己愛他)의 의미(意味)」, 『기러기』, 제43권 제10호 통권 477호, 2007, 22-23쪽.

도산의 애기애타는 무실역행과 정의돈수의 관점처럼 원리적인 직설법이 선행한다. 도산의 애기애타는 원리적인 측면으로 하나님을 사랑하는 자이다. 하나님을 사랑하는 자는 자신을 사랑하고 타인을 자기 몸과 같이 사랑할 수 있다. 하나님을 진심으로 사랑하는 자는 자기 자신을 진심으로 사랑한다. 자기 자신을 사랑하는 자는 정직하고 성실한 사랑으로 자신을 사랑하고 타인을 사랑할 수 있다.

그러나 하나님을 사랑할 수 없는 자는 자신을 사랑할 수 없다. 만약 자신과 타인을 사랑할 수 없는 자가 하나님을 사랑한다는 것은 위선이다. 원리적으로 하나님을 사랑할 수 없는 자는 애기애타를 할 수 없는 것이다. 따라서 애기애타는 하나님의 사랑만 강조하는 사랑만이 아니라 하나님을 사랑하고 자신과 타인을 사랑하는 실천철학이다.

박재순은 생활철학의 애기애타에 대해서 주체성과 자아 혁신 그리고 공존을 위한 협동 정신으로 논하고 있다.

> 놀고 먹으면서 평인을 수탈하며 공허한 말을 하고, 거짓과 속임이 뼈에 젖은 한국 사회를 비판했다. 그는 낡고 부패한 사회를 뒤집는 민주적 혁명 의식과 정직과 진실을 추구하는 무실역행을 강조했다. 사회를 혁신하고 바로 세우는 정신과 자아를 가져야 새로운 나라를 세울 수 있다. 그가 내세운 생활철학의 원리는 자아혁신, 애기애타, 대공주의다 … 도산은 애기애타의 정신으로 평생을 일관하였다. 공자는 충서(忠恕)로써 일관되게 살았다고 하였다. 충직한 맘을 지키면서 남을 용서하며 산다는 공자의 가르침 '충서'보다 나를 사랑하고 남을 사랑하라는 도산의 가르침 '애기애타'가 더 적극적이고 능동적이며 깊고 높다. 애기애타의 정신은 덕, 체, 지를 기르는 건전 인격에서 시작되고 건전 인격은 거짓과 공론의 타성에 빠진 자아의 혁신에서 시작된다. 자아 혁신은 주위 환경의 혁신에 이르고 사회와 역사의 혁신에 이른다. … 애기애타의 정신과 원리는 서로 주체로서 상생하고 공존하는 공동체 삶의 정신과 원리이고, 스스로 다스리고 서로 돕는 자치와 협동 정신의 원리다. 나를 존중하고 사랑하는 것은 자치의 원리이고 남을 사랑하고 존중하는 것은 협동의 원

리이다. 나를 사랑하지 못하면 남을 사랑할 수 없다. 나를 사랑하고 남을 사랑하면 서로 주체가 되어 저마다 저답게 살면서 더불어 돕고 섬기는 삶을 살 수 있다.[14]

박재순은 애기애타에서 구한말의 현실 인식, "놀고 먹으면서 평인을 수탈하며 공허한 말을 하고, 거짓과 속임이 뼈에 젖은 한국 사회"를 정확하게 인식했다. 이 나라의 거짓과 속임의 문제의식 가운데 도산이 말하는 무실역행의 실천과 애기애타의 실천을 강조하고 있다. 그가 도산의 애기애타의 정신을 일회용으로 주장한 것이 아니라 도산의 삶을 통해 이루신 것으로 평가한 것은 정확하게 본 것이다.

무엇보다 박재순이 애기애타를 자아 혁신으로 인식한 것은 탁월하다. 즉, 인간 개인이 자신을 사랑하는 주체로써 자기혁신을 끊임없이 해야 한다. 자기 자신을 사랑하는 자는 자신을 객관화시켜서 자신을 혁신할 수 있다. 또한, 애기애타는 서로 주체로서 상생하고 공존하는 원리이다. 그리고 그는 애기애타를 스스로 다스리고 서로 돕는 협동의 원리로 본다. 애기애타는 자기사랑에만 빠져 있는 것이 아니라 자기사랑은 타인의 사랑으로 실천되어야 하는 것이다.

그러나 박재순은 유교의 '충서'를 단면적으로 보고 있다. '충직한 맘을 지키면서 남을 용서하며 산다'는 공자의 가르침만 강조하고 있다. 원래 '충서'의 의미는 '도'를 체득하는데, 즉 도덕성을 갖춘 도덕적 '인'의 삶을 살아가는 도덕 실천의 윤리 원칙이다. 이것은 두 원칙을 포함한다.

> 자기가 입신하고자 하면 타인을 입신하도록 하고, 자신이 영달하고자 하면 타인도 이루도록 하라(기욕입이입인(己欲立而立人), 기욕달이달인(己欲達而達人)과 자기가 하기 싫은 것은 타인에게 하게 하지 말라(기소불욕(己所不欲), 물시어인(勿施於人).[15]

---

14 박재순, 『애기애타』, 홍성사, 2020, 205-211쪽.
15 김혜수, 「주자 철학의 충서(忠恕)의 개념 분석과 그 윤리학적 함의 고찰」, 『中國學報』,

오히려 공자는 애기애타를 더 선명하게 설명하고 있다. 그리고 박재순의 애기애타 주체성과 자아 혁신 그리고 공존을 위한 협동 정신에는 사람만 보인다. 그러니까 도산이 늘 실천의 원리로 생각했던 하나님의 사랑이 구체적으로 보이지 않는다. 도산은 자기사랑과 타인 사랑에 앞서 하나님과의 사랑을 중요하게 생각했다. 하나님 앞에 정직하지 않으면 자신을 진심으로 사랑할 수 없고 자신을 사랑하지 못하는 사람은 자아 혁신을 이룰 수 없다. 자아 혁신하며 자신을 사랑할 수 없는 자는 타인을 사랑할 수 없다.

반구실주인의「애타(愛他)는 애기(愛己)의 원려(遠慮)」에서는 애기애타를 상대가 있는 대대적인 관계로 논한다. 애기와 애타를 독립적으로 존재로 보는 것이다.

이흠영은「主義의 分析」에서 애기주의와 애타주의는 동일한 사랑의 관계이지만 상호대립적 관계이다. 양자를 상호대립적이며 모순적 관계로 보고 있다. 나진명은 애기애타를 유학의 연원과 지도자들이 지녀야 할 덕목으로 평가하고 있다. 그는 도산의 애기애타를 온고지이신해서 그 시대에 맞는 쉬운 표현으로 주장하고 있다. 박재순은 애기애타를 무실역행의 관점에서 자기혁신의 출발점으로 주장하고 있다.

그러나 도산의 애기애타는 상대가 있는 대대적인 관계로 보지 않고 자신과 타인을 사랑의 관계로 말하고 있다. 그리고 이영흠이 주장하는 것처럼 애기애타가 지도자의 덕목으로 유학에만 머물러 있는 것이 아니다. 도산의 애기애타는 자신을 사랑하는 것을 넘어 타인으로 타인을 넘어 가정으로 가정을 넘어 단체로 단체를 넘어 국가 그리고 인류를 사랑하게 한다.

제80집, 2017, 313쪽. '충서'의 윤리학적 의미에 대해 중국 학자 풍우란(馮友蘭), 노사광(勞思光) 등은 긍정적 측면으로 보는데 적극적인 도덕인 '인'의 실천 방법으로 '충'을 말한다. 부정적 측면으로 소극적인 도덕의 실천 방법으로 '서'라는 두 윤리 원칙을 제시했다. 특별히 노사광은 '충'은 자기 자신이 이욕(利慾)에 지배되지 않으며 생각함에 제약을 받지 않는다. '서'는 남에 대해 처신할 때 남이 자신과 같은 것으로 바라볼 때 남을 침해하여 자신을 이롭게 하지 않는다.

그러므로 애기애타는 하나님을 사랑하는 자는 참으로 자신을 사랑할 수 있고 타인을 내 몸같이 성실하게 사랑할 수 있음을 말한다. 하나님을 사랑하지 않는 자는 자신을 사랑할 수 없고 타인을 사랑할 수 없다. 무실역행은 사랑으로 실천되어야 하는데, 무실역행의 사랑의 열매는 애기애타이다. 무실역행의 실천철학의 열매는 애기애타이다. 따라서, 애기애타는 무실역행의 출발점이다. 무실역행을 하기 위해서는 먼저 애기애타의 삶을 실천해야 한다.

3. 자기사랑(愛己)

도산 안창호는 모든 일은 자기 자신에서부터 시작한다는 평범한 진리를 매우 강조하였다. 도산의 궁극적인 목적은 민족성을 개조하여 일본으로부터의 독립뿐만 아니라 경제적 번영을 누리고 세계인들에게 존경을 받는 조국을 만드는 것이다. 그래서 한국은 각자 자신을 부단히 개조하려는 노력이 필요하다고 믿었다.[16]

애기는 나를 사랑하고 나는 누구인가를 아는 것이다. 애기는 자기 성찰과 자아 발견이 있어야 한다. 인생의 주인공은 나 자신이다. 나를 이해하지 못한다면 결코 남을 이해할 수 없다. 나를 사랑하지 않는다면 결코 남을 사랑할 수 없다. 그래서 애기의 시작은 나 자신을 발견함부터 시작한다.

나는 어떤 사람인가?
장점과 단점은 무엇인가?
무엇을 소중하게 생각하고 있는가?
어떠한 삶을 살고 있는가?

---

16 주요한, 앞의 책, 645쪽.

이런 기본적인 질문에 스스로 답을 찾아내야 한다. 많은 사람이 자신을 잘 안다고 생각하나 실제는 그렇지 않은 경우가 많다. 자기 성찰을 깊게 하면 자기 자신을 알게 된다. 그리고 타인에게 자신이 어떻게 비춰는가를 알아야 한다. 자기 자신에 대해 철저한 사랑과 이해, 성찰이 먼저 이루어져야 자신을 사랑할 수 있다.

이렇듯 자기 성찰은 소중한 가치관을 알게 된다. 그것을 기초로 인생의 목표를 바로 세우게 되고 자신의 목소리도 낼 수 있을 것이다. 가치관을 통해 해야 할 일과 하지 말아야 일을 결정하기 때문에 가치관은 모든 행동의 지침이 된다. 분명한 가치관은 자신을 넘어, 다른 사람들과 공동체 전체에 대한 배려와 헌신을 이끌어낼 수 있다. 그렇기 때문에 자신의 소중한 것을 알아내어 자신의 가치관을 바로 세우는 것이 애기의 시작이며 기본이 되는 것이다.

도산은 당시에 한민족이 처하게 된 불행한 상황에 대한 해답을 애기와 철저한 자기 성찰을 통해 찾고자 하였다. 그는 조선이 일본의 식민지로 전락하게 된 것은 우리가 힘이 없었기 때문이라고 보고 '힘을 기르자'라고 끊임없이 호소하였다. 한국 민족이 힘을 가지려면 먼저 자신을 사랑하는 애기에 온갖 노력을 경주한 것이다.

도산은 한민족의 여러 가지 취약점을 발견하고 민족성 개조 운동을 전개하였다. 민족성이 바뀌려면 민족을 구성하는 개개인 모두가 바뀌어야 하기 때문에, 모든 이가 '부허에서 착실로, 허위에서 진실로, 공론에서 실행으로, 무정에서 유정으로, 분리에서 합동으로' 등은 도산이 바라는 우리 민족성의 개조 방향이었다.

도산은 무실역행, 주인의식, 합동, 정의돈수 등을 새로운 시대를 이끌어 갈 실천철학으로 판단했다. 그의 실천철학의 출발점이 애기이다. 애기는 자신을 사랑하며 뜻을 세우는 것인데, 도산 안창호 역시 원대한 꿈을 가졌다. 그의 꿈은 우선 대한의 독립을 얻는 것이었다. 자신을 사랑하는 사람은 민족을 사랑할 수 있는 것이다.

도산은 대한제국 전체가 독립을 믿기 때문에 세계의 공의가 대한독립을 원하기 때문에 대한은 독립될 것이며 하늘이 대한의 독립을 명하기 때문에 대한은 반드시 독립할 것이라고 했다.[17]

도산은 생전에 조국의 독립을 보지 못하고 아쉬운 일생을 마감하였다. 그러나 도산이 그리던 독립의 꿈은 도산 사후 7년 만에 이루어졌다. 도산의 예측대로 대한제국 전체는 물론 세계의 공의(公義)가 대한의 독립을 원했기 때문에 하늘이 대한의 독립을 이루어 준 것이다.

도산은 조국의 독립 이외에도 또 다른 큰 꿈이 있었다. 도산은 세계 어느 도시에도 태극기가 휘날리는 민족의 대상관(大商館)이 있을 것이며 태극기는 상품의 우수성과 절대 신용의 표상이 될 것으로 보았다. 그는 '지금은 내가 한인이라 하기를 부끄러워하지만, 그날에는 '코리아'라는 말이 지혜와 덕과 명예를 표상하는 말이 될 것'으로 믿었다. 그러나 그 위대한 영광을 만드는 것은 자신을 수양하고 노력하는 일뿐이라고 했다.[18]

자신을 사랑하며 대한독립의 뜻을 이루려는 도산의 생각은 당시 상황으로는 실로 원대할 뿐 아니라 실현 가능성이 희박하다고 할 수 있는 것이었다. 그러나 도산의 애기 정신은 긍정 사고와 실천철학의 표상이었다고 할 수 있다. 그는 주위 사람들이 대한의 독립은 불가능하다는 비관적 견해를 피력할 때마다, 오히려 이들을 위로하고 격려하였다. 한국이 힘을 길러 독립을 쟁취하는 것이 마땅하나, 이와는 별개로 일본의 한국 식민지화는 불의한 일이기 때문에 반드시 무너지고 말 것이라는 확고한 신념을 잃지 않았던 것이다. 이러한 도산의 애기의 사고는 아무리 어려운 상황에서도 조국의 독립을 위해 해야 할 일들을 꾸준히 실천해 나가는 원동력이 된 것이다.

---

17 도산은 옥중에서 심문 중에 '나는 밥을 먹는다 해도 대한의 독립을 위해 먹는다. 잠을 잔다 해도 대한의 독립을 위해서 잔다. 내 목숨이 없어질 때까지 변함이 없을 것이다' 라고 일본 관헌에게 대답했다.
18 서상목·안혜문,『사랑 그리고 나눔』, 북코리아, 2015, 78쪽.

애기는 진실해야 하고 무실역행이 토대가 되어야 한다. 도산은 자기사랑의 첫 번째 덕목이 정직이라고 굳게 믿었다. 도산은 '나를 따르라'가 아니라 자기 스스로 솔선수범으로 신뢰를 주었다. 도산에게는 자신이 한 약속은 반드시 지키는 성실성, 자신이 말한 대로 행동하는 언행일치 그리고 어떤 일이 있어도 정도를 벗어나지 않는 일관성이 있었다. 그는 거짓이 없는 무실역행을 힘써 실천하였다.

도산이 미국에 있을 당시 영어를 배우려 초등학교에 입학하고자 했으나, 나이가 너무 많다는 이유로 거절당했다. 이를 안타깝게 여긴 하숙집 주인이 '당신은 동양 사람이므로 키도 작은데 정직하게 23세라고 하지 말고 17세라고 충고하였다. 그러나 도산은 '나로서는 입학하지 못하면 말지 나이를 속일 수 없다'라고 답하여 집주인을 놀라게 했다고 한다.

그러나 후에 도산은 입학 연령(年齡)이 초과 되었지만 세 번째 학교에서 입학을 허가하여 공부할 수 있었다. 도산의 딱한 사정을 알고 입학을 허가한 학교의 교장은 '17세까지 입학을 허가한다는 것은 미국 학생에게 국한된 문제이지 동양 사람에게는 적용되지 않는다'는 신축적 유권해석을 내려 정직한 도산에게 공부할 기회를 준 것이다.[19]

도산은 자기를 사랑하기 위해 삶에서 좋은 습관을 기르는 것을 중요하게 생각하였다. 도산은 날마다 사랑하기를 힘쓰며 사랑하는 것이 습관이 되리라고 생각했다. 그래서 습(習)이 성(性)되고 그것이 덕(德)이 된다고 생각했다.[20] 도산은 시간과 약속을 지키는 등의 작은 습관은 물론이고, 거짓말을 하지 않고 상대방을 정과 사랑으로 대하는 등 보다 근원적인 인성도 꾸준한 수양과 훈련을 통해 습관을 만들 수 있음을 강조하고 있다.

---

19 서상목·안혜문, 앞의 책, 86-87쪽.
20 주요한, 앞의 책, 378쪽.

4. 타인사랑(愛他)

도산 안창호는 대인관계에 있어 '자신을 사랑하는 것처럼 남을 사랑하라'는 애기애타 정신을 강조하고 있다. 기독교의 '너의 이웃을 너의 몸과 같이 사랑하라'[21]는 말씀을 실천철학 차원으로 확대·발전시킨 것이라 할 수 있다. 앞에서 도산의 자기사랑(愛己)이 자기에 대한 마음을 반성하여 살피는 것에서 시작하여 자기혁신이 이루어짐을 살펴보았다. 자기혁신을 바라는 사람은 원대한 뜻을 세운다. 그리고 이것을 실현하기 위해서 건전한 마음과 건강한 육체, 필요한 지식을 갖기 위해 부단히 수양하고 훈련한다.

타인사랑(愛他) 역시 자기사랑 못지않게 어려운 일로서 남보다 앞서 실천해야 하고 주인의식으로 남을 섬기는 것 그리고 타인을 정(精)과 사랑으로 대하는 것을 의미한다. 자기사랑이 간단치 않듯이 타인사랑 역시 오랜 기간 몸과 마음을 닦는 훈련을 통해서만 이루어질 수 있다. 타인사랑은 솔선수범하는 역행(力行)이 있어야 한다.

도산이 처음 미국으로 유학 갔을 때 한국인들 대부분이 비참하게 살아가는 것을 목격했다. 한국인들끼리 속이고, 별일 아닌 일로 싸우는가 하면 더러운 환경 속에서 살아가는 동포들을 보면서 공부보다 먼저 해야 할 일이 있다고 판단했다. 도산은 친히 한국인이 사는 곳마다 청소를 하고 집집마다 꽃밭을 만들어 주었다. 그리고 남을 속이지 않고 신용을 지키는 것의 중요함도 교육하였다.

점차 사람들이 도산을 따르기 시작했으며 자신들도 모르게 자긍심을 갖게 되었고, 그들의 행동에 자신감이 생겨나기 시작했다. 미국인들도 달라지는 한인사회를 보며 감동해 도산에게 사무실을 빌려주었다. 한국 사람들을 위해서는 일거리 주선을 부탁했다. 도산은 애타의 정신으로 몸소 자신

---

21 마태복음 22장 37-40절에서 예수는 네 마음과 목숨, 뜻을 다해 주 너의 하나님을 사랑하라. 이것이 크고 첫째 되는 계명이다. 둘째도 그와 같다. 네 이웃을 네 자신 같이 사랑하라. 이 두 계명이 온 율법과 선지자의 강령이라고 하셨다.

을 던져 다른 사람들에게 일깨움을 주었다.

청중의 마음을 사로잡는 그의 연설 솜씨 또한 동서고금을 막론하고 애타(愛他)의 마음으로 솔선수범(率先垂範)하는 지도자의 매우 중요한 자질이라 할 수 있다. 도산 안창호는 당대 최고의 연설가라고 불릴 정도로 대중연설을 잘했다. 도산이 약관에 지도자로 부상한 데는 그의 탁월한 연설 솜씨에 힘입은 바 크다. 도산은 자신의 강점을 최대한 활용하여 그가 목표로 하는 조국의 독립을 위해 헌신하였다.

도산의 이름이 당시 관서 지방에서 널리 알려지게 된 계기는 평양에서 열린 「쾌재정 연설」이었다. 당시 19세의 청년인 도산은 이 연설에서 18조목의 쾌재(快哉)와 18조목의 불쾌(不快)를 설파하였다.[22] 연설의 구체적인 내용은 전해지지 않으나, 당시 조선이 처한 딱한 정치 사회적 상황을 쾌재와 불쾌로 나누어 조목조목 열거한 것으로 전해지고 있다.

도산의 쾌재정 연설을 직접 들은 박재후의 다음과 같은 소감으로 미루어 쾌재정 연설은 도산을 일거에 유망한 정치인 반열에 올려놓는 계기가 되었던 것이 틀림없다.

> 안창호는 영웅이래, 연설을 잘한대. 사또와 원님이 혀를 빼고 머리를 들지 못했다는 것, 성안 사람들이 안창호 말이라면 장상동지(長上同志)나 연배남녀(年輩男女)들까지 그대로 좇는대, 지금 미국에 공부하러 갔는데, 돌아오면 큰일 할 사람이야.[23]

도산은 애타를 주인의식으로 섬기는 것으로 강조한다. 주인의식은 책임감을 의미하고 타인을 위한 봉사와 헌신을 요구한다. 주인의식은 타인을 섬기는 기본이 되는 것이다. 사람들은 섬김보다는 섬김을 받기를 원한다. 도산은 예수가 사람들을 섬기듯이 주인의식을 가지고 다른 사람들을 사랑

---

22 주요한, 앞의 책, 35-38쪽.
23 오자일, 「내가 본 도산」, 『새벽』, 1954년 2월호.

하며 섬기는 것이다.

구한말에 하인이 주인을 섬기는 것은 억압에 의한 것이지 자발적인 것은 아니었다. 그러나 주인은 자기 집에 찾아온 손님을 자발적으로 섬겼다. 진정한 주인은 손님이 만족하고 행복하도록 배려하는 것은 물론이고 모든 상황에 스스로 책임을 져야 한다.

도산은 타인을 사랑하는 주인의식을 손님의 의식과 대비해서 설명한다. 도산은 나로부터 이 민족의 참 주인인지 아닌지를 물어볼 필요가 있다고 한다. 주인이 아니라면 여객(旅客)이다. 주인과 여객의 구별은 그 민족사회에 책임감을 갖고 있는가 아닌가에 있다고 한다. 주인은 민족에 대한 책임감이 있고 여객은 책임감이 없다고 한다.[24]

주인이 손님을 초대하면 손님을 위해 음식과 마실 것을 만들어 준다. 손님이 처한 상황을 만족하고 행복해하도록 배려와 관심을 아끼지 않는다. 그리고 예상치 않은 문제가 생기면 자신이 나서서 사랑하는 마음으로 해결하려고 한다. 이것이 애타의 기본 정신이다. 반면에 주인이 손님의 생각과 감정을 무시하고 자기가 하고 싶은 대로 말하고 행동하면서 손님에게 명령한다면, 손님은 불쾌하게 생각하고 다시는 이 집에 초대되기를 원치 않을 것이다. 주인이 손님을 섬기는 것은 손님이 주인보다 지위가 높기 때문이 아니라 손님을 섬기는 것이 주인의 마땅한 도리이기 때문이다. 주인이 자신을 사랑하듯이 손님을 사랑하는 마음으로 섬기는 것은 주인에게 책임감이 있기 때문이다. 따라서 주인의식에 따르는 섬김은 타인을 내 몸같이 사랑하는 애타의 실천철학이다. 그리고 주인의식으로 타인을 섬기는 것은 애타의 희생정신이다.

애타는 이웃을 사랑하는 정의돈수를 실천하는 철학이다. 사람의 마음을 움직이는 강력한 힘은 사랑이다. 흔히 사랑은 언제나 녹지 않는 만년설도 녹일 수 있고, 높고 큰 산도 옮길 수 있다고 한다.

---

24   주요한, 앞의 책, 518쪽.

도산은 타인의 사랑의 중요성을 간파하고, 생전에 애기애타의 글을 남겼다. 우리 모두 우리 자신을 채우지 않는다면 남에게 줄 것이 없다. 도산은 다른 사람에 대한 사랑은 자기 자신에 대한 사랑에서 시작된다는 단순한 진리를 깨달았다. 도산은 당시에 한국 사회에서 가장 큰 문제점이 사랑이 없다는 것을 지적했다. 우리 민족이 단결이 안 되는 것도 사랑이 없기 때문이므로 우리가 서로 사랑하는 마음을 가져야 한다고 강조했다.

> 단결의 생명은 주의(主義)의 일치뿐 아니라 정의(情誼)인 사랑에 있다.[25]

타인을 대하는 관계에서 사랑의 중요성을 강조한 이들은 많다. 그런데 과연 어떻게 사랑하는 마음을 갖고 이를 실천하느냐에 대한 구체적인 방법론을 제시하는 이는 드물다. 그러나 도산은 이에 대해서도 탁월함을 보인다. 도산은 훈련을 통해 시간을 잘 지키는 습관이 형성되는 것처럼 사랑도 연습을 통해 된다고 믿었다. 그는 항상 정의돈수를 몸소 실천하였다. 도산은 정의돈수를 부모가 자식을 사랑하는 마음으로 친애하며 동정하는 것으로 공부하고 연습해서 정의돈수가 잘되도록 노력하는 것[26]이라고 정의한다. 이를 위해서는 다른 사람의 개성을 존중하고 신뢰하는 등의 애타의 기본적 행동에 충실할 것을 권고했다.

---

25 서상목·안혜문, 앞의 책, 113쪽.
26 서상목·안혜문, 앞의 책, 같은 쪽.

제2장

무실역행의 실천적 전개로서 가정

1. 혼인관

도산은 국가의 가장 기본이 가정임을 깨달았다. 그는 가정이 바로 서야 민족, 국가가 바로 설 수 있다고 생각하여 가정을 매우 귀중하게 여겼다. 도산에게 가정은 인간 행위의 가장 기초를 이루는 장이다.[1] 인간은 가정을 통해서 소통하고 가장 먼저 삶의 방법을 배우기 때문이다. 그래서 사람은 가장 먼저 가정을 통해 참다운 진실과 사랑을 배우게 되고 실천하게 된다.

그런데 가정의 시작을 부모와 자식의 관계에서 비롯되느냐, 부부 관계에서 비롯되느냐에 따라 가정을 보는 관점이 달라진다. 가정의 시작을 부모와 자녀 관계로 볼 때, 가정은 선택의 여지가 없는 이미 정해져(기정성, 旣定成) 있다. 그러나 가정의 시작이 부부 관계라면 부부가 만나 가정을 이루기 때문에, 가정은 인간이 선택한 산물이 된다. 만일 결혼이 이미 정해져(기정성, 旣定成) 있다면, 가정은 제도적인 의무 때문에 지속되어야 한다고 강조될 것이다. 반대로 선택의 산물이라면 자발적인 책임성에 의해 유지되고 있다고 볼 수 있다.

도산은 이에 관한 자신의 입장을 명확히 밝히지 않는다. 그러나 도산의 말과 글을 통해 볼 때 그는 가정의 시작이 자율적인 선택에 의한 실천철학에 둔다. 도산은 혼인을 위해 남녀가 만날 때에는 자율적인 선택을 조언한

---

1 장리욱, 「도산의 인격과 생애-가정인으로서의 도산」, 『기러기』, 제31호, 1967년 2월호.

다. 그는 남녀의 자율적인 만남을 통한 혼인과 가정의 존귀성을 누구보다도 강조하였다. 도산은 하나님이 정하신 성경적 혼인관[2]을 전제하고 있다.

---

2   정은표, 「혼인과 가정에 대한 성경적 고찰」, 『월간개혁신앙』, 제46호, 2016, 5월.
    신적(神的) 제도라는 가정을 성경적 관점에서 본다면 혼인과 가정의 중요한 출발점은 인간이 만들어 낸 인간의 제도(human institution)가 아니다. 가정 제도는 하나님께서 복 주신 신적인 제도(divine institution)이다. 혼인은 하나님의 모양과 형상으로 창조된 아담과 하와, 하나님은 그들이 하나님의 복을 누리게 하셨다. 하나님이 그의 형상과 모양으로 창조하신 인간에게 주신 창조 질서이다. 그리고 인간이 타락하기 전에 주신 창조 명령(creation ordinance)이다. 그러므로 성경의 혼인은 하나님께서 인간에게 주신 하나님의 은혜의 선물이다. 창세기 2:18에 여호와 하나님은 사람의 독처하는 것이 좋지 못했다. 그래서 내가 그를 위해 돕는 배필을 지을 것이라고 말씀하셨다. 창세기 1장에서 "하나님이 보기에 좋았다"라는 말씀이 7번 반복된다. 그러나 하나님이 보기에 좋지 못한 것이 있었다. 사람(남자)이 독처하는 것이다. 하나님은 아담을 깊이 잠들게 하고 아담의 갈빗대 하나를 취해 여자를 지으셨다. 여자를 아담에게로 인도하여 한 몸(henosis)되게 하셨다. 하나님께서 주신 최초의 복된 가정이다. 그러나 가정은 단순하게 남편과 아내의 동반자적 생활이나 자녀를 출산하는 생물학적 조직이 아니다. 하나님은 자기의 형상으로 창조된 인간에게 창조의 언약, 곧 가정의 언약을 주셨다. 그러나 아담의 죄로 인해 가정과 언약은 파괴되었다. 하나님은 창조, 가정의 언약을 회복하기 위해 아브라함과 언약하셨다. 하나님은 아브라함에게 "너와 네 후손의 하나님"이라고 말씀하셨다. 가정의 언약 안에 포함시키셨다. 언약의 구약의 할례에서 나타나고 신약에서 교회의 유아세례는 바로 가정 안에서 계승되는 하나님과 인간의 언약적 관계의 기초 위에서 행해지는 예식이다.
    첫째, 가정과 교회의 관계. 가정과 교회는 하나님께서 직접 세우신 신적(神的) 제도이다. 성경에 이 두 가지는 밀접한 관계가 있고 동일한 구조 속에 설명되고 있다. 즉 에베소서 5:22-23에 가정의 남편과 아내와의 관계는 그리스도와 교회의 관계로 설명된다. 교회는 그리스도께 복종하고 사랑하듯이 아내들은 남편에게 복종하고 사랑해야 한다. 동일하게 남편들도 아내를 자기를 사랑하듯이 사랑해야 하는 사랑하는 동반자의 관계가 부부 관계, 가정이다. 바울은 가정과 교회를 동일한 관계성으로 설명한다(엡 5:32). 믿음의 가정은 예수 그리스도를 믿음으로 이룬다. 교회는 예수 그리스도를 믿는 성도들의 모임이다. 그래서 예수 그리스도 안에서 교회와 가정은 거룩한 한 몸이 된다. 그러니까 성경의 가르침에 따라 성령 안에서 예수 그리스도를 믿는 그리스도인에게는 새로운 책임이 따른다. 가정과 교회를 위한 의무와 책임이다. 이 의무와 책임을 적절히 수행해야 한다. 또한, 균형 잡힌 그리스도인의 삶이란 아내와 남편의 관계를 그리스도와 교회와의 관계에서 이해해야 한다(엡 6:1-4). 교회는 확대된 가정, 가정에서 축소된 교회로, 가정 같은 교회와 교회 같은 가정이 가장 성경대로의 이상적인 교회와 가정이라고 한다. 그래서 루터는 성도의 가정을 '작은 교회'라고 불렀다.
    둘째, 혼인과 가정제도의 성경적 기본지침. 일부일처제(一夫一妻制)는 하나님의 창조 질서다(마 19:4). 동일하게 예수와 초대교회에서 설정된 원리였다(마 19:4-6; 고전 7:10), 이혼과 재혼에 관계된 일련의 성경적 가르침 속에는 분명하게 나타난 원리이다. 성경은 가족과 사회, 국가의 안정이 일부일처제 가정제도에 있다. 현실적 요청보다 우선한 규범적 원리이다.
    첫째로, 항구성의 원칙(permanency)이다. 여기서 항구성이란 혼인이라는 제도만이 아니다. 예수 그리스도 안에서 혼인 관계로 맺어진 부부는 이 세상에서 사는 동안 항구적 의 당시 결혼제도인 조혼(早婚), 축첩(畜妾), 내외법 등의 악습들 때문에 많은 여성이 가정 안에서 고통을 받았다. 사회적 폐해도 많았다. 도산은 당시 잘못된 결혼 풍속을 근절하려고 노력하였다. 도산은 멕시코 한인 동포의 생활 개선과 노동 처우에 대한 문제 해결을 위해 1917년 10월 27일과 28일 멕시코를 방문했다. 이때 도산은 혼인 폐습의 개조를 강조했다.

도산은 우리 동포의 풍습은 비한비묵(非韓非墨)에 유카단 한인[3]의 특성이, 집이 없이 유목 생활을 해서 자연히 예의가 없어졌다. 특별히 남자는 통칭해 형님, 여자를 낮추는 말로 말씨, 주색잡기 등 삼종은 다 버리지 않았다. 남녀는 보통 6세, 7세에 약혼하고 12세, 13세에 성례를 했다. 소위 데릴사위, 민며느리 등의 폐단이 많았다. 그래서 혼인의 폐습을 개량해야 한다고 주장했다.[4]

미이다. 성경에는 '사람(남자)이 부모를 떠나서 아내와 연합한다. 그래서 둘이 한 몸을 이룬다'라는 명령이 4번 반복된다(창 2:24; 마 19:5; 막 10:7-8; 엡 5:31). 이 명령은 인간의 범죄 이전과 이후에 동일하게 주신 명령이다. 가정제도는 인간의 타락 전과 후, 구약시대나 신약시대에도 동일하게 그리스도 안에서 영원토록 변함없는 제도인 것이다.
둘째로, 신실성이다. 성경은 신실성이 부부 간의 합당한 도리라고 강조한다(고전 7:1-5). 이혼에 대한 말씀에서도 부부간의 신실성을 강조한다. 예수는 간음은 부부간의 신실성을 파괴하는 행위이기 때문에 저주하셨다. 예수는 음욕을 품는 것도 불의라 말씀하셨다(마 5:27 이하). 결론적으로, 성경적 혼인은 하나님께서 한 인격체인 남자와 여자를 서로 돕고 섬기며 사랑하는 상호보완적이고 동반자적인 관계이다. 그러므로 한 남자와 한 여자의 혼인과 가정제도를 부인 또는 그 신성한 의미를 약화하게 하는 어떤 이론이나 주장도 성경의 가르침에 위배된다.

3 유카탄은 멕시코 메리나 지역이다. 도산은 멕시코 메리다에서 부인 이혜련 여사에게 편지를 보냈다. 도산이 편지를 부인에게 모낼 때는 대한인국민회 중앙총회장으로 활동하면서 하와이(1915년), 멕시코(1917-1918년) 등지를 다니며 미주 지역 한인 사회를 지도하는 활동을 하는 때였다. 한국인이 멕시코 땅을 밟은 것은 1905년 4월 4일이었다. 멕시코 한인은 낯은 나라에서 억척스럽게 생활의 터를 닦는 동시에 대한인국민회 멕시코지부를 만들어 멀리서나마 조국의 독립운동을 지원했다. 당시 멕시코 한인은 주로 '어저귀'(실을 제조하는 식물)를 수확하는 노동에 종사했었다. 어저귀 농장에서 일하는 한인은 노예와 다름없는 생활을 했고, 그들의 비참한 생활상은 일찍이 공립협회를 통해 여론화된 바 있었다.
4 안창호는 대한인국민회 중앙총회장 자격으로 멕시코의 한인들을 방문했다. 그 결과 신한민보사의 주필 홍현에게 보낸 서한의 일부분이 1918년 4월 17일자 서한이다. 도산안창호선생기념사업회 『도산 안창호전집』, 제1권, 318쪽.

도산은 멕시코 한인 동포들에게 결혼의 악습인 첩을 두는 것과 어린 나이에 일찍 혼인하는 것을 금지하는 운동을 벌였다. 당시 사회에서 어린 나이에 일찍 혼인하는 것과 첩을 두는 것은 일반적으로 허용된 사회적인 병폐 현상이었다. 하지만 사회적인 병폐 현상은 건강하지 못한 어수선한 사회를 형성했다. 그래서 도산은 혼인제도의 폐지를 멕시코 한인들에게 권하여 타일렀다.

당시 오랫동안 어린 나이에 혼인을 하는 조혼(早婚)이 유행이었다.[5] 그러나 법적으로 제한된 혼인 연령[6]은 크게 어리지 않았다. 그래서 조혼의 폐단을 고치기 위해 1894년 갑오개혁안에서 혼인 연령을 제한하고자 했다. 그러나 고위 관리들조차 갑오개혁안을 지키지 않았다. 또 구한말 식민치하의 국민 저항[7]때문에 법령이 공포된 후 그 효력이 상실되었다.

한편, 혼인의 폐해는 첩을 두는 축첩(畜妾)과 초혼 때문이기도 했다.[8] 첩을 두는 것은 부계 혈통을 중요하게 여기는 전통 사회에서 허락되었다. 그러나 축첩은 여성의 기본적인 인권을 무시하는 폐해였다. 법적인 축첩제 폐지는 1922년 12월 7일에 제령 13호 조선민사령을 2차로 개정해 혼인을 종전의 사실주의에서 신고주의로 전환해 1923년 7월 1일부터 시행했다.[9]

---

5   개화기 이후에도 조혼은 꾸준히 지속되었다. 1921년부터 1930년까지 10년간 법정연령인 남자 17세, 여자 15세에 이르지 않은 수가 남편 쪽. 71%이며 아내 쪽이 62%나 되었다. 이옥수, 『한국근세여성사회 상』, 규문각, 1985, 45쪽.
6   1894년 6월에 법적 제한 혼인 연령이 남자는 20세, 여자는 16세로 규정되었다. 1907년에 남자는 17세였고 여자는 15세로 수정되었다. 1915년에는 17세의 남자, 15세 미만 여자의 혼인 신고에 대해 접수하지 않도록 했다. 1921년 제령(制令) 제13호 시행되었는데 혼인 연령은 남자는 만 17세, 여자는 만 15세로 결정되었다. 현행 민법 이전까지 그 효력을 발생했다. 이태영, 「한국 여성의 법적지위」, 『한국여성사Ⅱ』, 이화출판부, 1978, 117쪽.
7   이때 일본이 한국인들을 강제로 동화시키고자 모종의 혼인법령을 제정한다는 소문이 국내에 돌고 있었다. 박용옥, 『한국근대여성운동사 연구』, 한국정신문화연구원, 1984, 41쪽.
8   특별히 초혼일 경우 결혼 당사자들의 의사와 상관없이 이루어질 경우가 많았다. 그래서 성인이 되었을 때 배우자와 불화의 이유가 자기 이상에 맞지 않는 이유였다. 이러한 경우 전통적으로 법률적으로 이혼이 성립되기 어려웠다. 그래서 형식적으로 결혼 생활을 유지했지만 첩이 집에 들어와 사는 경우가 많았다. 이배용, 「개화기·일제시기 결혼과의 변화와 여성의 지위」, 『한국근현대사연구』, 제10집, 1999, 220쪽.
9   김영덕, 서광선 외 『한국여성사 : 개화기 - 1945』, 이대출판사, 1978, 152쪽.

법률상의 첩을 두는 것은 없어졌다.

그러나 부부가 함께 순결해야 할 일부일처제의 목적은 이루지 못했다. 그래서 아내는 남편이 첩을 두더라도 참고 인내해야만 하였다. 도산은 사회에 뿌리 깊게 박혀 있는 첩을 두는 폐해를 뿌리째 없애기 위해 노력했다. 그는 건전한 국가와 사회를 만들기 위한 혼인 악습 폐지 운동을 전개했다.

도산은 흥사단 단우들에게 '남녀 간의 정의', 즉 '남녀 간의 도리'에 대해 이야기할 때, 모르는 남녀가 서로 얼굴을 마주 대하지 못하도록 규제하는 법에 대해 강하게 비판했다.

> 그보다 더 기가 막히는 것은 남녀 간의 무정함입니다. 우리네의 부부가 만일 서로 보고 웃었다가는 큰 결단이 납니다. 남녀 사이에는 정의가 전혀 끊여서 서로 볼 수도 없었습니다. 따라서 남녀가 사귀는 날에는 필경 범죄 사실이 생깁니다. 이것은 남녀 간의 정당한 교제의 길을 막는 까닭이 되고 맙니다 … 서양의 사회에서는 손님이 오면 딸이나 누이로 하여금 웃으며 접대하게 합니다. 부부 될 남녀는 약혼 시대부터 서로 열정적으로 사랑이 지극하여 서로 껴안고 좋아합니다. 다른 이가 이를 흉하게 보지 않으므로 그들에게는 아무런 공포도 없고 다만 두터운 정이 있을 뿐입니다. 남녀의 화합은 사회의 정(精)의 기초이건만 우리 사회에서는 남녀를 꼭 갈라서 놓으므로 차디찬 세상을 이루고 맙니다.[10]

도산은 서양 사회에서 혼인 당사자들이 긍정적이고 능동적인 사랑을 나타내는 것을 부러워하였다. 여기에서 살펴볼 수 있는 것은 모르는 남녀가 서로 얼굴을 마주 대하지 못하도록 규제하는 법(내외법)에 대한 도산의 비판이다. 내외법의 상징이었던 쓰개치마[11]는 1910년경부터 일부 신여성들과 고관 부인들 사이에서 사용이 줄어들었다. 그러나 인습법은 쉽게 사라

10　윤병석, 윤경로, 『안창호 일대기』, 역민사, 1995, 361-362쪽.
11　지난날, 여자가 외출할 때 머리와 몸의 윗부분을 가리려고 머리에 쓰던 치마.

지지 않았고 1930년대가 되어서야 완전히 사라졌다.[12] 도산은 과거부터 존재했던 남녀 간의 장벽을 허물고자 했고 서로 자유로운 만남을 통해서 경직된 사회 안에서 사랑과 화합의 세상을 나아가고자 하였다.

도산은 남녀 교제와 혼인에 대해 김산에게 현대적인 남녀공학의 방식으로 아가씨들과 건전하고 자연스러운 우정을 나누라고 가르쳤다.

> 우리들에게 장가들지 말고 현대적인 남녀공학과 같은 방식으로 아가씨들과 건전하고 자연스러운 우정을 나누라고 가르쳤다. 그는 청춘남녀가 동성끼리와 같은 우정을 가지고 순수이 정신적인 남녀관계를 지켜나갈 수 있다고 믿고 있었다 … 남녀의 자리를 구분하는 동양식의 구습은 자연스럽지 못하고 병적인 호기심과 불건전한 태도를 조장시킬 뿐이라는 것이다. 이 구습은 여성을 무기력한 상태에 빠뜨리고 여성의 평등한 권리와 상호 존중하는 권리를 부정함으로써 여성을 단순한 생식 또는 향락의 도구에 머무르게 하려 한 것이었다. 남자들은 여자들의 평등한 지위를 보호하고 지켜주며 여자들은 남자들과 협력하여 모든 활동에 참여하도록 격려해 줌으로써 여성해방을 도와주어야 한다. 남녀 모두 현명하게 선택하며 또한 각자 개성을 가진 인간이라는 이해심을 가지고 선택할 만큼 충분히 나이를 벌었을 때, 결혼이란 이러한 동반자적 관계이어야 한다는 것이었다.[13]

도산의 실천철학은 그의 혼인관에 잘 나타난다. 도산은 중국에서 활동하다가 1932년에 일본에게 체포돼 국내로 호송되었다. 도산은 옥중에서 아내에게 편지를 보냈다. 혼인하기에 적당한 나이가 가득 찬 딸들의 혼인 문제에 대해 상의했다. 도산은 두 딸 수산과 수라의 혼인을 염려한다. 미국의 한인사회에서 혼인의 문이 넓지 못하기 때문에 실제로 혼처를 구하기 어려웠다. 그러나 그러한 역형세(役刑勢)에 맡길 수밖에 없었다. 도산은 딸들이

---

12 김영덕, 서광선, 앞의 책, 273쪽.
13 김 산, 『아리랑』, 동녘, 1984, 107쪽.

선택할 지식을 지도할 것을 부탁한다. 그리고 혼처는 직분을 존중히 여기고 직업을 사랑하는 근실한 사람이라면 만족하다고 했다.[14]

그리고 딸 수산이 대학을 마치고 좋은 곳에 혼인했으면 좋겠지만 중대한 혼인은 억지로 못 한다고 했다. 도산은 딸이 자기 자유에 맡길 것을 부탁했다. 다만 혼인의 시기가 넘겨진다면 너무 인격자를 원하기보다 직분을 소중히 하고 직업을 즐거워하고 자립, 자존할 능력을 가진 사람, 사회에 봉사할 덕량이 있는 평범한 사람을 택하는 것이 좋겠다고 편지했다.[15]

도산은 부부가 될 당사자들에게 자유적인 선택의 권리를 부여해야 한다고 생각하였다. 당사자의 선택의 원리는 무실역행의 실천철학이다. 특별한 사람을 구할 것이 아니라 직분을 존중히 여기고 직업을 사랑하며 근실한 사람이라면 된다고 한다.

이런 선택으로 이뤄진 가정은 전통적 가족관계[16]에서 부자(父子) 중심이 아닌, 부부평등중심(夫婦平等中心)의 관계로 이루어진다. 도산은 결혼 대상자들이 자유의지를 가지고 평생 살아갈 반려자를 선택해 가정을 이루는 혼인관을 갖고 있었다. 그의 혼인관은 성경적인 혼인관이기도 하다. 혼인은 부모의 지도하에 선택하되 직분을 존중히 하고 직업을 사랑하는 무실역행하는 사람을 택하는 것을 종용한다.

---

14 박재섭, 김형찬, 『나의 사랑 혜련에게』, 소화, 1999, 166쪽.
15 박재섭, 김형찬, 앞의 책, 174쪽.
16 우리나라 전통적인 가족관계에서는 부부보다 부자 관계가 중심이었다. 전통적 가족관계에서 여자의 지위는 매우 낮았다. 남편은 하늘, 아내는 땅으로 여겨지는 시대였다. 결혼한 여자는 남편의 뜻을 따라 일평생을 살아야 하는 존재였다. 한국여성연구회, 『여성학강의』, 동녘, 1999, 87쪽.

2. 부부 관계

도산은 24살에 이혜련을 아내로 맞이했다. 그러나 60세로 소천할 때까지 인생의 기쁨과 노여움과 슬픔과 즐거움을 부인과 함께하지 못하였다. 도산은 독립운동의 활동으로 결혼 생활의 3분의 1인, 약 20년 동안 가족과 함께 있었다. 그러나 도산은 이국 멀리 떨어져 있으면서 아내에게 편지로써 헤어짐의 아쉬움과 미안함을 달랬다.

도산이 아내에게 보낸 편지를 보면 구시대적 사고와 남편이라는 이유로 군림하지 않았다. 아내를 사랑하고 존중하는 모습을 보여주었다.

도산은 사랑을 인간 행복의 기본적 요소로 보았다. 도산은 국가와 사회를 위해 일할 때 타고난 소질이 탁월한 사람이라도 사랑이 없으면 세상을 옳지 않게 만든다고 하였다.[17] 도산은 청년동우회와 흥사단에서 정의돈수의 사랑을 주장하였다. 그는 대한민국의 독립은 나라 사랑과 한마음, 화합으로 이룰 수 있다고 하였다.

도산은 '사랑'을 그의 아내 혜련에게 존중을 표현하고 있다. 도산은 아내에게 서신을 보내면서, 서신의 첫머리에서 사랑하는 마음을 과감하게 표현했다. 그는 서신에서 "나의 사랑하는 혜련이여, 일간은 몸이 어떠하며 과히 궁금치 아니하오잇가?"[18]라는 표현을 자주 사용했다. 이는 독립운동으로 이국 멀리 떨어져 있는 아내에게 사랑의 마음을 담아 불러보는 도산의 애틋한 감정을 느끼게 한다.

아내와 가족을 먼 남의 나라 땅에 남겨두고 한국에 들어와 보낸 서신에는 아내에 대한 그리움과 걱정, 홀로 자녀를 키우는 미안한 마음을 드러냈다. 도산은 아내가 마음이 괴롭지 않은지 걱정되었다. 자신은 별일이 없지만, 아내를 떠나 오랫동안 있으니 마음이 괴롭다고 했다. 올해는 가려고 했

---

17 안창호, 『도산안창호연설집』, 을류문화사, 1973, 144-146쪽.
18 박재섭, 김형찬, 앞의 책, 19쪽.

으나 자신이 못 간다면 아내가 왔으면 좋겠다고 했다.[19]

서신 곳곳에는 아내에 대한 도산의 마음과 감정을 알 수 있는 내용이 많다. 그는 아내의 안타까운 마음을 달래기 위해 아름다운 옛 추억을 회상하면서 낭만적으로 사랑의 감성과 마음을 전했다.[20] 그리고 먼 미국 땅에서 수고하는 아내에게 희망을 전한다.

> 나의 사랑하는 혜련, 그동안 평안하여 아이들도 다 잘 자라나잇가. … 지금은 아이들이 여럿이니 좀 나을 터이지마는 이왕에 나를 멀리 두고 오랫동안 기다리고 애쓰던 마음 얼마나 고생하였으리오.[21]

지금은 서로 수고하고 고생하지만 앞으로 만날 소망의 날을 약속하며 사랑하는 아내의 마음을 어루만지는 도산의 세심한 배려를 볼 수 있다.

1919년 도산은 조국의 독립을 위해 미국에서 중국으로 떠난다. 그는 중국에서 대한민국 독립을 위해 바쁜 하루하루를 보내면서 긴 시간 가족과 떨어져 보내야만 했다. 그는 서신을 통해서 혜련에 대한 간절한 그리움과 미안함을 전했다.[22]

이 서신에서 도산이 지닌 가정의 중요성을 헤아려 볼 수 있다. 부부와 가족 간에는 서로에 대한 임무와 책임이 존재한다. 그는 남편으로서 자신이 마땅히 해야 할 도리 못함을 마음 아프게 생각했다. 그는 그러한 허탈한 마음을 가라앉히기 위해 사랑을 더 적극적이고 과감하게 표현한다. 그의 혜련에 대한 애정의 표현은 나이가 들어감에 따라 변함이 없고 더 깊어졌다.

도산은 1932년 상해에서 체포되었다. 그리고 국내로 압송된 후 감옥 안에 있으면서도 아내에게 많은 서신을 보냈다. 당시 60을 바라보는 나이

---

19 박재섭, 김형찬, 앞의 책, 41쪽.
20 박재섭, 김형찬, 앞의 책, 76쪽.
21 박재섭, 김형찬, 앞의 책, 91쪽.
22 박재섭, 김형찬, 앞의 책, 119-120쪽.

였다.²³

　도산은 1934년 1월 27일 구속된 뒤에 감옥 안에서 아내에게 서신을 보냈다. 그는 가장으로 가족과 아내 혜련에게 못다 한 사랑을 애절하게 전하고 있다.²⁴ 도산은 사람의 최고의 진리인 사랑을 강조하면서 감옥 안의 힘겨운 시기에도 아내에 대한 사랑과 존중과 배려의 마음을 나타내고 있다.

　도산은 서신에서 아내를 항상 높여 썼다. 그는 아내를 낮추지 않고 존칭을 썼다. 그는 어떤 일을 할 때는 자세하게 설명하고, 아내의 이해와 동의를 구했다. 이는 아내에 대한 존경과 신뢰를 나타내는 것이다. 도산은 부부 간의 관계에서도 '사랑과 존중과 존경'의 관계를 변함없이 유지하고 있었다. 아내가 보낸 서신에 답변했다.²⁵

　여기에서 도산은 부부는 어느 한쪽만 희생하고 어려움과 아픔을 인내하지 않고, 기쁜 일이나 어려움과 슬픔까지도 함께 나누어야 함을 보여주었다. 그는 '부부의 도'란 부부가 어려움과 문제를 서로 대화하고 가정의 근본 문제의 해결점을 함께 풀어나가는 것이라 생각했다.

　도산은 가족과 40년 가까이 멀리 떨어져 있었지만 가사, 자녀의 교육 문제에 대해 늘 마음을 썼다. 항상 아내와 대화하며 도움을 얻어 가정 일을 결정했다. 도산은 아내에게 그대로 홀로 살림을 감당하고 곤고함이 어떠한지를 묻는다. 도산은 미안한 마음에만 그치지 않고 아이가 영민하게 잘 자란다고 하니 그대가 잘 기르고 가르쳤기 때문이라고 치하하며 위로를 전했다.²⁶

　도산은 늘 아이들의 장래에 대하여 아내 혜련과 서로 의견을 주고받았다. 위의 서신에서 나타나듯이 그는 진지하게 자녀들의 교육에 대하여 혜련과 구체적으로 의논하고 있다. 도산은 자녀들의 교육철학은 성실한 실천을 바

23　박재섭, 김형찬, 앞의 책, 163쪽.
24　박재섭, 김형찬, 앞의 책, 171-172쪽.
25　박재섭, 김형찬, 앞의 책, 108쪽.
26　박재섭, 김형찬, 앞의 책, 44쪽.

탕으로 하는 무실역행과 사랑을 근본으로 하는 정의돈수였다.

도산의 생활은 가족과 아내에 대한 존경과 존중과 신뢰에서 나오는 도산의 품격을 잘 보여준다. 도산은 아내를 자신의 몸을 사랑하듯이 사랑했다. 그는 그리스도를 머리로 하고 아내를 한 몸으로 사랑했다. 아내를 공경하는 마음을 변치 않았다. 도산은 우리 사회에 사랑이 부족하다고 언급했다. 남편과 아내 사이, 부모와 자녀 사이에 사랑이 부족하며 사람과 사람 사이에도 사랑이 없다고 지적했다.[27] 아내와 주고받은 서신에서 하나님을 공경하고 사랑하듯이 아내를 사랑하고 공경하는 도산의 마음을 볼 수 있다. 도산이 아내를 이해하고 존중하고 사랑하는 것은 기독교 실천철학에서 비롯된 것이다.

3. 자녀 관계

아내에게 보낸 서신에서 자녀 관계에 관한 도산의 태도를 볼 수 있다.

도산은 슬하에 5명의 자녀를 두었다. 첫째는 1905년에 태어난 장남 필립(必立)이고, 둘째는 1912년생 차남 필선(必鮮), 셋째는 1915년생 장녀 수산(繡山), 넷째는 1916년생 차녀 수라(秀羅), 다섯째는 1926년생 삼남 필영(必英)이었다.

도산은 자주 서신에서 그가 남편과 아비의 직분을 다하지 못해 아내와 자식을 고생시켰다고 생각하면서 마음이 심히 괴로웠다[28]고 적었다. 그는 조국의 독립 때문에 멀리 떨어져 있는 아내와 자녀들에 대해 미안함을 나타냈다. 그는 서신을 통해 자녀교육에 대한 변함없는 관심과 심려를 나타냈다.

---

27 〈신민일보〉, 1925년 10월 15일자.
28 도산 안창호선생 전집 편찬위원회, 『島山安昌浩全書 1권, 시문, 서한』, 社團法人島山安昌浩先生記念事業會, 2000, 645쪽.

도산은 아내에게 나랏일 때문에 집안 식구와 오랫동안 헤어져 있는 것을 염려했다. 도산은 스스로 집안을 위해 돈을 벌지 못하기 때문에 장차 아이를 제대로 교육하지 못할 것을 염려했다. 한때는 나라를 위해 고생하고 죽는 것을 염려했고 하나님은 우리에게 맡기신 어린 자녀를 교육하지 못하면 그 직책을 잃을 것이라고 했다. 그리고 상차 무슨 재정으로 어린아이를 가르칠 것인가를 많이 염려하며 편지를 했다.[29]

아래는 일제에 국권이 강제로 빼앗긴 이후 도산이 다시 미국으로 망명을 떠나기 전에 아내 혜련에게 쓴 서신이다. 장남 필립이 5살 되던 해였다.

> 도산은 재정적인 어려움으로 인해 자녀들의 교육을 책임지지 못할 상황을 걱정하며 심한 자책감에 괴로워하는 모습을 볼 수 있다. 이는 평소에 아내에게 남편으로서 역할을 수행하지 못하는 미안함과는 차원이 전혀 다른 모습이었다.[30]

도산이 크게 스스로 뉘우치고 자신의 위치를 돌아보는 이유는 단순히 자식들에게 한없이 미안한 아버지의 심리 때문만은 아닌 것 같다. 이전에 도산은 독립운동의 일부분으로 청년 교육의 중요성을 강조해 왔다. 그가 생각한 자녀 교육 역시 청년 교육에 대한 연장선에 있다고 고려된다. 이런 이유로 아내 혜련에게 더욱 자녀들을 잘 교육할 것을 요청한 것이다.[31]

도산은 독립운동을 위해서 청년 교육의 중요성을 명확하게 주장한다. 도산은 독립운동 기간 동안 교육을 힘쓰는 것이 마땅하다고 단언한다. 죽고 살고, 노예가 되고 독립이 되는 것을 판정하는 것은 지력과 금력이다. 그렇

29　『島山安昌浩全書 1권』, 앞의 책, 472-475쪽.
30　도산은 아내에게 남편의 역할을 다하지 못하는 것을 미안해하면서도 "지금 시대가 부부간 안락을 누릴 때가 못 되었다"고 하면서 장부는 나라를 위하여 일하는 것이 당연한 직분이기 때문에 그 일신만 돌아볼 수 없다고 했다. 그래서 아내에게 사욕만 생각하지 말고 큰 의리를 생각하라고 했다. 도산은 아내에게 미안함보단 이해를 구하는 경우가 많았다.
31　『島山安昌浩全書 1권, 시문, 서한』, 앞의 책, 556쪽.

기 때문에 우리 청년들이 하루 동안 학업을 폐하는 만큼 국가에 해가 된다. 아직 본국에서는 우리의 힘으로 교육을 하지 못하지만, 기회가 있는 대로 공부를 시키고 공부해야 한다. 독립을 위해 공부를 게을리하지 않는 것이 야말로 독립의 정신을 잃지 않는 것이다. 국가와 독립을 위해 시간이 있는 대로 힘써서 공부하기를 바라고 있다.[32]

도산에게 있어 청년은 조국의 미래 이자 독립을 위한 투자였다.[33] 청년들 이야말로 조국을 바르게 하고, 민족을 살리고, 독립 국가를 세울 사람이라고 믿었기 때문이다.

청년들을 교육하는 것은 국가의 미래의 무궁한 발전과 직접 연결되는 대단히 중요한 사업이었다. 따라서 도산은 청년들에게 나라와 조국 독립을 위해 시간을 다해 힘써 공부할 것을 부탁하였다. 도산이 자녀들에게 특별히 보낸 16통의 서신에서도 힘써 공부할 것을 부탁하는 내용을 발견할 수 있다.

> 내 아들 필립 … 네가 지금에 크게 힘쓸 것은 공부이라. 네 정성을 다하야 부지런히 배우라. 또는 먼저 흥사단이 무엇인지 알아보기를 시작하고 사람이 할 직분이 무엇인가 차츰 생각하여 보아서 좋은 길을 택하여라.[34]

> 내 아들 필선, 네게 부탁할 말은 공부를 부지런히 하여라.[35]

> 나의 사랑하는 어린 아들 필영, 너는 낙심하지 말고 공부를 열심히 하고 운동도 부지런히 하여라(나이 사랑하는 어린 아들 필영).[36]

---

32 안창호, 「6대사업(六大事業)」, 『安島山全書』, 범양사, 1990, 13쪽.
33 정경환, 「도산 안창호의 교육철학에 관한 연구」, 『민족사상』, 2015. 88쪽.
34 『島山安昌浩全書 1권』, 앞의 책, 553쪽.
35 『島山安昌浩全書 1권』, 앞의 책, 같은 쪽.
36 『島山安昌浩全書 1권』, 앞의 책, 같은 쪽.

도산은 어린 자녀들에게 항상 공부를 열심히 할 것을 부탁했다. 이것은 다음 세대를 위한 도움의 말이자 충언이었다. 그는 장남 필립에게 흥사단이 무엇이고 어떤 일을 하는지 알아보고 사람이 해야 할 본분이 무엇인지 생각해 볼 것을 잘 설명하고 권한다. 그리고 그는 자녀를 스스로 나라의 장래를 위해서 자신이 무엇을 어떻게 해야 하는지 생각하게 하였다.

도산은 아내 혜련에게 자녀들이 건전한 인격 형성을 위해 흥사단의 지, 덕, 체의 삼대 교육을 중요시하는 실제적이고 구체적인 교육 방법에 대해서도 부탁하였다.

> 그대는 크게 주의하여 아이 듣는 데 해로운 말도 말고 어떻게 하면 양심을 잘 기를까?
> 몸이 건강하여 마음이 유익하고 몸에 리(利)하도록 잘 기르시오.[37]

> 당신이 만일 수심하는 빛을 늘 띠고 있으면 집안에 화기가 없어지고 따라서 아이들의 신체 발육과 정신 발달에 큰 영향을 줄 터이니 … 가정에 유쾌한 공기와 아이들의 활발한 기상을 만들기로 주의하소서.[38]

도산은 자녀가 건전한 인격으로 자라갈 수 있도록 아내에게 본보기를 보일 것을 부탁했다. 아내 혜련의 정중하고 다정한 교훈과 몸소 실천하는 모범을 통해 자녀들이 성실하고 부지런하며 타인을 동정하고 사회를 사랑할 수 있는 인간으로 길러 주기를 바랐다.[39] 자녀들 앞에서 바른 언어를 사용하고, 어떻게 하면 옳고 그름을 판단할 수 있는 사람으로 성숙시킬 수 있는

---

37 『島山安昌浩全書 1권』, 앞의 책, 472쪽.
38 『島山安昌浩全書 1권』, 앞의 책, 653쪽.
39 금장태, 「개혁운동과 도산의 인간 개조사상」, 『安島山全書』下, 범양사, 1993, 291쪽. 1907년 도산은 평양의 대성학교 개교식에서 자신의 교육 방법을 '본보기'의 실현으로 제시하였다. 도산은 나는 본보기를 매우 중요하게 생각하기 때문에 이론이 아무리 좋다 하더라도 그것은 실천이 되어 하나의 본보기를 이루기 전까지는 보급력이 생기지 못한다고 했다.

지를 부탁하였다.

그리고 도산은 자녀의 건강한 신체 발육과 정신 건강에 주의를 주었다. 그는 건강한 신체에서 바른 인격이 성장한다고 보았다.[40] 그래서 아내에게 "아이들의 심리는 어떠하여 가며 신체는 어떠합니까?"[41] 하고 서신에서 소식을 물었다. 더불어 그는 아내에게 가정의 즐겁고 상쾌한 공기와 생기 넘치는 기상을 만들어 줄 것을 부탁했다.

도산은 평소에도 미래 세대의 학식이나 능력이 뛰어난 사람으로 성장할 자녀들에게 열심히 공부할 것을 부탁하였다. 그가 아내 혜련에게 보낸 서신 중에는 국어 교육에 대해 강조하는 부분이 눈에 띈다. 아마 미국에서 국어를 잃어버릴 수 있는 염려 때문에, 국어 교육을 강조한 것 같다.

특히, 그는 아내에게 차남 필선의 한국어 공부를 제안했다. 그는 필선에게 매일 15분 동안 2번씩 한국어를 가르쳐 시험을 보게 했다. 다음 세대인 자녀들이 국어와 대한민국의 문화를 잃어버리지 않도록 교육을 통해 우리 민족의 정체성을 고양하고자 한 것이다. 그리고 그가 자녀들과 주고받았던 한글 편지 역시 한민족의 정체성을 지켜주고자 한 것을 볼 수 있다.

도산은 아내에게 자녀의 건전한 인격을 이룰 수 있는 지(智), 덕(德), 체(體), 삼대 교육 방법을 전달하며 서신을 통해 이국 멀리서나마 자녀교육에 함께 하고자 전심전력했다. 그리고 장남 필립에게 직접 서신을 보내 무실, 역행, 충의, 용감이라는 흥사단의 사대 정신을 분명히 전했다.

도산이 만든 흥사단 훈련 중에는 한 가지 이상의 전문 지식 혹은 전문 기술을 습득할 것이 의무로 규정되고 경제적 자립을 가져오는 자조를 강조하고 있었는데,[42] 아내에게 보낸 서신 속에서도 자녀교육에 이것이 그대로 적용되고 있는 모습을 찾을 수 있다.

---

40 최진영, 「도산 안창호의 교육사상과 교육운동」, 한양대학교 교육대학원 석사 학위 논문, 2010, 20-21쪽.
41 『島山安昌浩全書 1권』, 앞의 책, 557쪽.
42 김정환, 「도산 교육사상의 발전적 계승책」, 『도산사상연구』, 1986, 340쪽.

필선으로 하여금 완전한 전문 지식을 가지도록 공부하시오. 아이들은 너무 구속하지 말고 자유를 많이 주시오. 잘못하면 자식들이 덧나기 쉽습니다. 산업을 경영하고 모은 돈은 헤치거나 달리 소비하는 데 쓰지 말고 그 정한 방침대로 산업에 쓰게 하소서.[43]

도산은 아내에게 자녀들의 의사와 감정을 존중할 것을 당부하면서 아이들을 너무 구속하지 말고 자유를 주어야 한다고 강조하였다. 그는 아내의 감독하에 자녀들이 자유롭게 선택할 것을 종용하고, 자녀들을 자율성 있는 인간으로 성장시켜주기를 바라고 있었다.

결국 도산이 강조한 것은 '스스로'의 정신이었다. 따라서 자녀들에게도 자유에 따르는 스스로의 정신을 강조하며 자율적으로 판단하고 행동할 수 있기를 바라고 있었다.[44]

그리고 도산은 자율과 더불어 자립을 강조하였다. 그는 편지에서 아내에게 모은 돈은 그 쓰임에 맞게 사용할 것을 당부하며, 어린 막내를 제외한 나머지 자녀들이 길거리에서 신문을 팔더라도 경제적인 자립을 할 수 있도록 교육하기를 부탁하였다.

교육에 대한 도산의 생각은 비단 가정에만 국한되는 것이 아니었다. 도산은 자립하지 못한 개인이나 가정, 민족은 부끄러운 것이니 나라의 자주적인 독립을 위해서 입으로만 독립을 외칠 것이 아니라 자율적인 실천을 통해 튼튼한 자립 기반을 만들기 위해서 몸소 행동한 지도자였다.[45]

---

43 『島山安昌浩全書 1권』, 앞의 책, 647쪽.
44 박재섭, 앞의 책, 256-257쪽.
45 박재섭, 앞의 책, 257-259쪽.

4. 가정

　도산은 행복한 가정을 이끌고 유지하기 위한 필요조건으로 사랑을 말한다. 그는 가정에서 가족들이 사랑하면 사랑의 뿌리에서 화평과 화목과 행복의 열매를 맺을 수 있다고 강조한다. 도산은 어떤 가정이나 그 가족들이 사랑하면 화평하고 화목한 행복의 가정이며 그래서 나와 당신의 앞날에 어떤 곳, 어떤 경우든지 마음이 화평에 이르게 된다고 사랑을 믿고 행하자고 편지했다.[46]

　도산의 서신에 나타난 행복한 가정의 필수조건은 가족 구성원 간 사랑이다. 부부, 부모, 자녀 사이의 사랑은 행복한 가정을 만드는 기초가 된다. 모든 가족 구성원은 서로 사랑하여 행복한 가정을 만들 책임이 있다. 따라서 도산이 의도하고 있는 가정은 사랑의 공동체, 사랑을 실천하는 공동체로서의 가정이다. 도산은 사랑 없는 우리나라 가정을 지옥 같은 가시밭길로 표현했다.[47]

　도산의 실천철학의 토대로서 가정은 사랑뿐만 아니라 의사 결정에 있어서 자율성이 강조되는 가정이다. 자율성의 언급은 아들의 직업 선택에 관한 태도에도 잘 나타나고 있다. 도산은 아들이 영화계로 진출하는 것을 반대하지 않았다. 그는 아들이 영화에 소질과 취미를 갖고 있다는 것을 잘 알고 있었다. 오히려 도산은 아들에게 진실한 인물이 되고 최선을 다해 잘하는 것을 부탁하는 편지를 했다.[48]

　또한, 도산은 가족 구성원들이 서로 의사를 존중할 것을 강조했다. 그래서 최종책임은 당사자에게 돌아가게 된다. 도산은 인간을 양심과 이성을 지닌 존재로 이해했다. 그러나 도산은 의사 결정이 바르고 정당할 수 있도록 가정 교육을 강조했다. 이때 가정 교육의 책임은 부모에게 있다. 도산은

46　이만근, 『도산어록』, 흥사단출판부, 1989, 52쪽.
47　안창호, 앞의 책, 59쪽.
48　장리옥, 주요한, 『나의사랑 한반도야』, 흥사단출판사, 1987, 41쪽.

가정 교육에 대해 부인 혜련에게 보낸 편지에서 이것을 강조하고 있다.[49]

도산의 서신에서, 가정 교육의 책임은 전적으로 부모에게 있다. 가정 교육의 방법은 부모의 모범 된 행동과 적절한 훈계이다. 가정 교육의 내용은 무실역행으로 참되고 건전한 인격을 가지는 실천철학이다. 그뿐만 아니라 가족은 각자의 위치에서 책임을 다하고 책임을 결코 회피할 수 없다.

가정에 대한 도산의 입장은 성경 에베소서 5장 31절에 나오는 "그러므로 사람이 부모를 떠나 그의 아내와 합하여 그 둘이 한 육체가 될지니"라는 말씀에 근거한다. 남녀는 혼인을 통해 가정을 이룬다. 가정은 부모를 떠나 행복을 목적으로 한다. 혼인 당사자인 남녀(男女)는 부부가 되고 자녀를 낳게 될 때 사랑, 자율, 교육, 책임 등이 있다. 그리고 무실역행과 정의돈수의 원리적인 측면을 기억하고 가정에서 사랑, 자율, 교육, 책임을 실천할 때 가정이 행복할 수 있다. 가정이 건전한 인격체로 구성될 때, 그 가정의 힘은 민족의 힘, 더 나아가 세계 인류의 힘이 된다.

도산의 가정관은 어떻게 형성되었는가?

우리나라의 가부장적인 가정의 모순점과 자율적인 서구 사회의 가족을 비교하면서 형성되었다.

서구 사회의 가정관은 기독교적인 가정관이다. 도산은 우리나라 가정의 모순점은 가장이 강력한 권력을 가지는 것이라고 보았다. 가장은 안으로는 가족을 지배하고 통솔하며 밖으로는 가족을 대표해야 한다. 가부장적인 생각이나 태도가 한국 가정의 모습이다. 반면 서양의 가정이 화목하고 행복한 것은 기독교적인 정신에 있다. 서양은 가족 구성원이 자발적인 책임 의식을 가지고 가정을 세워간다. 도산은 자율적 만남으로부터 자율적으로 사랑하는 서구 사회의 가정을 보게 되었다.

그런데 도산이 자율적인 서양의 가정을 지나치게 높이 평가한 측면 때문에 그들이 가지는 문제점을 간과한 점이 있음은 분명하다. 실제로 동서양

---

49 장리욱, 주요한, 앞의 책, 같은 쪽.

의 가정을 세밀히 보면 우리나라 가부장적인 가정은 책임을 강조하고, 서구 가정은 자율을 강조한다. 그러나 동서양 모두 인간 중심의 가정관으로 한계를 가진다.

우리나라의 전통적인 가정은 지나치게 엄격하고 경직되어 있었다. 그래서 가정 내에서 많은 즐거움을 가지지 못했다. 반대로 서구의 가정은 만남과 헤어짐이 자유롭기 때문에 가정의 안정성을 결여하고 있다.

이렇게 인간을 중심으로 출발해서 만나고 운영되는 가정은 모순과 문제에서 벗어날 수 없다. 모든 인간은 연약하고 부족하며 죄인이기 때문이다. 그러므로 가정은 하나님으로부터 시작되고 하나님에 의해서 운영되어야 한다. 하나님을 출발점으로 삼는 가정만이 가족의 구성원이 문제와 모순된 인간의 속성에도 불구하고 하나님의 명령을 따를 수 있다. 그러니까 하나님이 원하시는 가정은 살아가는 동안 문제와 모순점들을 극복하여 행복한 가정이 될 수 있는 것이다.

그러므로 도산의 가정관은 세상에서 찾는 것이 아니라 하나님의 원리인 사랑에서 찾아야 한다. 그리고 그의 가정관은 사랑의 기반으로 하나님의 명령을 실천할 때 진실한 사랑이 있는 가정이 된다는 것에서 찾아야 한다.

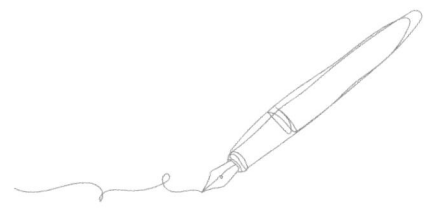

제3장

무실역행의 훈련장으로서 단체

도산은 대한민국을 지도해 나갈 수 있는 인물을 배출하기 위한 동맹수련 단체로서 흥사단을 출범시켰다. 그에게 있어서 흥사단은 무실역행의 훈련의 장이다.[1]

물론 이 땅의 단체는 유한하고 한계가 있다. 그러나 단체는 인간이 목적한 일을 계획한 대로 할 수 있게 하기 위해서는 필요하다. 단체는 가족 단위부터 공동체나 국가에 이르기까지를 말할 수 있다.

이번 장에서 지금까지 계승되고 있는 도산의 정신, 흥사단과 힘의 실천철학을 살펴보고자 한다.

1. 힘의 철학

도산은 실천철학의 하나로서 힘의 철학을 제시한다.

도산의 힘의 철학은 시대적 산물이다. 도산은 그의 연설과 글에서 힘의 철학을 강조한다. 그는 힘이 없는 민족의 현실을 보았다. 도산은 그의 나이 16세에 청일전쟁이 발발하여 평양이 청국과 일본에게 짓밟히는 충격적인 모습을 보았다.

---

1 도산 안창호선생 전집 편찬위원회,『島山安昌浩全書 7권, 흥사단』, 社團法人島山安昌浩先生記念事業會, 2000, 78쪽. 흥사단 약법, 강령급공약

그때 도산은 힘의 철학의 중요성을 깨달았다. 도산은 그의 인생의 멘토였던 선배 필대은과 함께 토론했다. '청나라와 일본이 싸우는데 왜 우리 땅에서 전쟁을 하는가' 등의 민족의 현실 문제를 가지고 밤새도록 격렬한 논쟁을 했다. 도산의 민족에 대한 인식과 자각은 살아있는 동안 일평생 떠나지 않았다.

구한말 일제강점기에 도산 안창호만 힘의 철학을 주장한 것이 아니었다. 제국주의 세계관을 가지고 있는 '실력양성론자'도 힘의 철학을 주장했다. 사회 진화론적[2] 세계관으로 무장한 '실력양성론자'들의 구한말 제국주의

---

2   영국의 박물학자 다윈(Charles Darwin)은 자연계의 역사는 환경이 변화하는 과정에서 스스로 적응하고, 적응하면서 진화된 적자·강자들이 살아남아 활개쳐 온 역사라고 인식하고 이른바 '적자생존'(適者生存), '약육강식'(弱肉强食), '우승열패'(優勝劣敗), '생존경쟁'(生存競爭)이 자연계의 법칙이라고 주장하였다. 그 후 인간사회와 인류의 역사를 연구하는 이들이 이러한 시각과 주장을 받아들여 인간사회와 인류의 역사에도 자연계의 원리가 그대로 나타난다고 주장한 것이 간단히 말해 사회진화론(social darwinism 또는 social evolutionism)이다. 박정신, 「실력양성론」, 『韓國史市民講座』, 一潮閣, 1999년, 46쪽.
사회진화론은 서세동점(西勢東漸)의 시기인 19세기 후반으로 동아시아 삼국 즉 한국·중국·일본에 시기적으로는 차이가 있지만, 불평등조약, 경제적 침략, 정치적 압박 등에 대응하기 위한 과정의 하나로 수용되었다. 이 과정에서 사회진화론은 각국이 지향하고 있는 근대화와 맞물려 부국강병의 논리로 활용되었다. 한 말 서구에서 수용된 사회진화론은 당시 한국 사회에 유행하였을 뿐만 아니라 근대 한국 민족주의 형성에 적지 않은 영향을 미쳤다. 아시다시피 사회진화론은 찰스 다윈이 주장한 생존경쟁, 적자생존의 생물 진화론을 인간사회에 적용시키려고 한 이론으로 알려져 있다. 스펜서 등에 의해 이론화된 사회진화론은 근대 시기 제국주의의 이데올로기를 비롯하여 적자생존의 인종주의적 진화론, 우승열패(優勝劣敗)의 극단적 정치 이데올로기 등 다양하게 활용되었다. 이러한 논리는 한국도 제국주의 국가와 같은 근대화를 통한 문명국이 되어야 한다고 인식되었다. 사회진화론은 당시 한국 사회에서 현실을 인식하고 극복하는데 중요한 기준의 하나가 되었다. 위정자를 포함한 지식인들은 제국 일본의 식민지로 전락해 가고 있는 상황에서 그 원인을 사회진화론의 우승열패(優勝劣敗), 생존경쟁(生存競爭)의 논리로 인식하였다. 그리고 이를 극복할 수 있는 국권 회복의 방안으로 사회진화론을 적극적으로 수용하고 이를 활용하고자 하였다. 이에 따라 교육진흥과 식산 발달을 토대한 사회진화론은 '실력이 곧 힘'이라는 자강론을 형성하는데 중요한 요인이 되었다. 자강론은 나아가 개인보다 국가와 민족을 강조하는 국권론으로 발전하면서 한 말 민족주의의 형성에 영향을 주었다. 이와 관련하여 신채호는 "대개 20세기의 국가 경쟁은 그 원동이 1, 2인에 있지 않고 그 국민 전체에 있으며, 그 승패의 결과가 1, 2인에 불유(不由)하고 그 국민 전체에 유(由)하여 (중략) 그 경쟁이 즉 전 국민의 경쟁"이라고 한 바 있다. 이처럼 사회진화론은 개인의 권리보다는 민족과 국가를 유지하는 하나의 기준으로 인식되었다. 사회진화론은 서구에서는 제국주의의 이론적 기반으로서의 역할을 하였지만, 한말 한국에서는

가 우리 민족을 드세게 치고 올 때 문명개화를 해서 자강하지 않는다면 생존할 수 없다는 주장과 운동이 뿌리를 내렸다. 실력양성론은 식민시대의 상황 변화에 따라 달리 강조되고 달리 이름 붙여졌지만, 줄곧 우리 민족공동체의 담론과 화두가 되어 왔다.[3]

19세기 말 사회 진화론 세계관을 가진 제국주의의 거센 물결이 거칠게 들어올 때, 조국의 미래를 걱정하는 이들은 어떻게 대응해야 할지 고민한다. 제국주의 야만에 우리 땅을 더럽힐 수 없다며 낫과 괭이를 들고 나가 싸웠다. 이들은 세계 역사의 제국주의 흐름을 사회 진화론적 세계관으로 인식하고 우리의 국토를 지키며, 대한민국이 적자가 되어 생존하기 위해서는 힘을 기르기 위해 실력을 양성해야만 한다고 주장하였다.

그런데 실력양성론은 두 갈래로 나타난다. 한 갈래는 윤치호나 이광수를 중심으로 친일로 나가는 실력양성론이고 또 다른 한 갈래는 도산 안창호를 중심으로 하는 민족주의 실력양성론이다.

친일 실력양성론자들은 민족을 보전하고, 일제강점기 시대에 독립하기 위한 힘을 기르기 위해서는 민족의 깊은 질병의 뿌리를 뽑아야 한다고 주장했다. 그들 정치, 경제적으로 남보다 뒤떨어진 것은 바로 도덕과 지식이 뒤떨어졌기 때문이라고 생각하였다. 하지만 도산은 민족주의 토대 위에서 교육사업과 청년동우회 그리고 흥사단을 통해 힘의 철학을 주장하고 실천해 나갔다.

도산이 힘의 철학과 힘을 기르는 방법을 처음 언급한 것은 1915년 대한민국민회 중앙총회장 취임 연설이다.[4] 그리고 그는 1921년 7월 7일 미주와 멕시코와 하와이 등 외국에 체류하는 흥사단 동지들에게 「동지 제위에게」

서구열강과 제국 일본의 국권 침탈에 대한 저항의 대안으로 인식되었고, 민족주의 형성을 하는 데 적지 않은 영향을 주었다는 점은 이미 상당 부분 밝혀진 바 있다. 성주현, 「한말 사회진화론의 수용과 자강론의 형성」, 『시민인문학』, 제39호, 2020년, 131-132쪽.

3 박정신, 앞의 책, 45쪽.
4 1915년 6월 23일. 도산은 대한인국민회 중앙총회장으로 취임했는데 취임식 직전에 행한 연설의 요지다. <신민일보>, 1915년 7월 8일자(제372호) 1면 논설에 실렸다. 기자는 신문 지면의 제한 때문에 그 대지(大旨)만 기록했다고 밝혔다.

라는 서신을 보냈다.[5]

도산이 힘의 철학의 방법론을 설명한 이후 6년이 지난 후에 원론적인 힘의 철학을 강조한 것은 무엇보다 원리의 중요성을 생각했기 때문일 것이다.

도산의 글이나 연설은 먼저 직설법을 언급하고 실천의 명령법을 언급한다. 1915년의 대한민국민회 중앙총회장 취임 연설에서는 힘의 철학을 기르는 방법을 강조한 것이라면, 1921년 7월 7일에 보낸 서신은 힘의 철학의 원론적인 것에 대한 설명이다. 즉,「힘을 기르소서」의 서신은 힘의 실천철학의 필요성과 당위성을 강조한다. 도산은 이 서신의 서두에서 흥사단 단우들에게 두 번을 반복해 '힘을 기르라'고 강조했다.[6]

도산은 조국 독립운동을 체계적으로 하기 위해서 흥사단을 조직했고, 흥사단 단우들이 힘의 철학을 가지고 힘을 기르는 것이 독립운동에 밑바탕이 된다고 생각했다.

도산의 힘의 철학은 자주와 독립이 초석이 된다. 도산은 우리가 바라는 것은 '우리의 힘'이라고 강조한다. 독립의 뜻은 내 힘을 믿고 힘을 의지하는 삶을 살아가는 것이다. 반대로 노예는 남의 힘만 믿으며 남의 힘을 의지하며 사는 것이다. 만일 우리가 독립운동을 한다고 하고 다른 나라의 관계만을 바라보고 기다린다면 이것은 독립 정신에 크게 모순되는 것이라고 했다.[7]

---

5 민국(民國) 3년, 1921년 상반기에 도산이 임시정부의 내부 수습을 위하여 최종의 노력을 시험하는 시기다. 이승만 대통령과 김규식 학무총장이 미주로부터 상해로 건너오고, 이동휘 국무총리도 재회하였으므로 도산은 종래의 주장대로 양 이 합작을 추진하였으나 종시 성과를 얻지 못하고 이동휘가 먼저 이탈하게 되었다. 도산은 정치적 책임을 이유로 하여 국무위원을 사임하니 이해 5월의 일이다. 물러 나온 도산은 국민대표회 소집을 주장하였으니, 곧 미(美), 포(布), 아(俄), 만(滿) 각지에서 적법하게 선출한 임시정부를 개조함으로써 대동단결을 다시 도모하고자 하는 주지였다. 2년 이상의 노력으로 1923년 1월에 국민대표회의가 상해에서 개막하고 도산은 부의장에 피임하였다. 그러나 주로 공산당의 전략에 의하여 재래의 정부를 취소하고 신정부를 선출하자는 '창조파'와 대립하게 되어 국민대표회의도 실패로 끝난다.
6 주요한, 앞의 책, 389-390쪽.
7 주요한, 앞의 책, 같은 쪽.

도산은 우리가 굳게 믿고 바라는 것은 오직 우리의 힘, 힘의 철학을 가지고 힘을 기르는 것이라고 확신했다. 도산은 조국 독립을 노예와 비교해서 설명한다. 내 힘을 믿고 확신하고 자기 스스로 힘으로 살아가는 것이 독립이고, 다른 사람의 힘만 믿고, 다른 사람을 의지하여 사는 것은 주인이 아니라 노예라 하였다.

당시 많은 백성은 '외세에 도움을 받아 독립이 될 것인가 아니면 세계 국제 질서의 획기적인 변화로 운수 좋게 독립이 될 것인가'하는 기대를 했다. 그런데 도산은 외국의 관계와 국제 질서의 변화를 이용하더라도 그것을 이용할 만한 힘을 기른 후에야 가능하다 함으로써 노예적이고 종속적인 사고를 단호하게 거부했다. 그는 오직 스스로의 힘으로, 자주적인 힘으로 독립해야 한다는 조국 독립의 원칙을 철저히 굳게 지켰다.

도산은 자주적인 힘으로 독립해야 한다는 관점을 바탕으로 힘의 철학을 성경의 과실나무가 열매 맺는 것을 예를 들어 논한다.[8] 나무가 열매 맺는 것을 자연의 법칙인 인과율을 사용해서 힘의 철학을 설명한다. 도산이 여러 번 말하기를, 참배나무에는 참배가 열리는 것이고 돌배나무에는 돌배가 열리듯이 독립할 자격을 가진 민족에게는 독립의 열매가 있다. 그러나 반대로 노예의 자격을 가진 민족은 망국의 열매가 있다. 독립할 자격이 있는 것은 민족에게는 독립할 만한 힘이 있다고 강조했다.[9]

도산은 합리주의자 이전에 성경의 사람이었다. 그는 뜻밖에 얻어지는 운수나 요행을 바라지 않았고, 민족의 문제를 우연에 맡기는 것을 결코 용납하지 않았다. 그는 가시나무에서 포도를, 또는 엉겅퀴에서 무화과의 열매를 얻을 수 없다. 그리고 참배나무에서 참배가 열리고 돌배나무에서 돌배의 열매가 열리는 것처럼, 독립할 힘의 철학이 있으면 자주 독립국이 된다. 그런데 힘이 없어 남의 힘에 의존해서 요행만 바라면 노예가 된다. 그러므

---

8 마태복음 7장 16절에서 예수는 그들의 열매로 그들을 안다. 가시나무에서 포도를 따겠느냐 엉겅퀴에서 무화과를 따겠느냐고 묻는다.
9 주요한, 앞의 책, 같은 쪽.

로 노예의 근성과 노예 자격만 있으면 나라가 망하게 되는 것을 당연한 결과로 보았다.

도산은 세상의 모든 일, 곧 큰일과 작은 일의 성공과 실패는 곧 힘의 열매라고 보았다. 힘이 미약하면 성공도 미약하고, 힘이 원대하고 크면 성공도 크다. 힘이 있으면 사는 것 자체가 하늘이 정한 원리이고 원칙이라고 했다.

이것은 만물을 창조하신 하나님의 은혜와 그리고 만물을 인과율로 다스리시는 하늘의 정한 원리를 중시하는 도산의 철학, 곧 하늘의 정한 원리에 근거한 그의 힘의 철학을 잘 나타내 준다. 이런 인과율의 관점, 즉 원인과 결과의 관점은 도산이 성경의 원리들을 잘 아는 성경의 사람임을 보여준다.

도산이 하늘이 정한 원리와 원칙으로 힘의 원리를 설명하는 것은 남달리 앞서 깨달은 사람의 면을 보여준다. 그러므로 도산을 조직가나 독립운동가나 혁명가라는 이름보다 실천철학자라 부르는 것이 합당할 것이다.

도산은 흥사단 단우들에게 '우리는 근원부터 힘을 믿고 확신하는 무리요, 힘이 부족한 것을 한탄만 하던 우리'라고 말한다. 이것은 도산 자신과 흥사단이 힘의 실천철학을 투철하게 믿고, 확신한 것을 지킴으로 나타낸다.

1919년 3월 1일 독립운동이 시작된 이후에 희생이 너무 많았다. 그러나 독립을 이루지 못했기 때문에 이에 대해서는 철저히 반성해야 한다고 했다. 수많은 백성이 독립 시위운동에 참여하여 대한독립 만세를 외쳤고, 일부는 폭력적인 방법으로 독립운동을 했다. 그러나 힘이 미약해서 조국 독립의 만족한 결과를 보지 못했다는 말이다.

그리하여 도산은 1921년 7월 18일에 「동지 제위에게」라는 서신을 마무리하면서 힘의 철학, 즉 힘을 기르는 실천철학을 강조한다. 도산은 동지들에게 자신은 붓을 그친다고 하면서 우리의 힘을 믿고, 바라고, 우리의 힘을 기르자고 역설한다.

힘이 없다고 한탄하지 말고 힘만 있으면 성공하게 될 것을 깨닫고, 많으면 많은 대로 적으면 적은 대로 우리 서로가 마음과 뜻과 힘을 다해 노력하자고 독려한다. 지금 가장 힘이 많다고 자랑하는 민족도 원래부터 하늘에서 그 힘을 가지고 온 것이 아니며, 오히려 없는 가운데, 아니 적은 가운데서 기르고 길러서 힘을 가진 배경이 되는 것이다. 그러므로 우리도 힘을 기르기 위해 노력해야 한다. 노력하다가 힘이 생기지 않는다고 조금도 주저하거나 낙심하지 말자고 격려했다. 그는 오직 우리 대한의 생명은 힘을 기르거나 못 기르거나에 달렸다고 자각하고 굳은 결심으로 꾸준히 나갈 것을 외쳤다.[10]

도산은 조국 독립의 원리로서 힘의 철학을 그의 연설과 글 속에서 한결같이 주장하고 있다. 도산은 「청년에게 부치는 글」에서 힘의 철학을 훈련과 연결해서 우리 대한의 청년들이 인격 훈련과 단결 훈련을 하느냐, 안 하느냐에 우리의 사활 문제가 달려있다고 강조한다. 세상 모든 일은 힘의 산물이다. 힘이 작으면 일을 작게 이루게 된다. 그러나 힘이 크면 큰일을 이루게 된다. 힘이 없다면 아무 일도 이룰 수 없다는 것이다.[11]

도산은 앞으로 민족의 주역이 될 청년들에게 인격 훈련과 단결 훈련이 우리 민족이 사느냐 죽느냐의 갈림길의 문제라 인식했다. 세상의 모든 일은 힘의 결과로 얻어지는 것이므로 힘을 기르고, 힘의 철학을 실천하는 인격과 단결 훈련에 따라 성공과 실패가, 성공의 크기와 열매가 달라진다고 하였다. 도산은 '제군들에게 일은 힘의 산물인 것을 믿는가'라고 묻는다. 이것을 믿고 힘을 찾는다면 그 힘이 어디에서 오겠는가?라고 계속 질문한다.

도산은 그 힘의 원천은 건전한 인격과 공고한 단결이라고 믿는다. 그래서 인격 훈련과 단결 훈련을 청년 제군들에게 간절하게 요구한다.[12]

도산은 힘의 철학을 실천하면서 힘이 미약하고 없는 우리 자신을 돌아보는 깊은 반성과 각성을 결코 잊지 않았다. 도산은 우리가 경술국치 이후 언

---

10 주요한, 앞의 책, 1020쪽.
11 안창호, 「東光」, 1931년 2월호.
12 도산기념사업회 編, 『安島山全集中』, 범양사출판부, 1990, 29쪽.

제나 '싸우자 싸우자'고 했지만 싸울 힘을 기르지 못했기 때문에 언제나 싸우자는 소리뿐이었다.[13]

도산은 일본에게 우리나라를 빼앗겨 식민지가 된 이후에 일본과 항상 싸우자고 했지만 한 번도 마음먹은 대로 싸우지 못한 것을 지적한다. 그것은 싸울 만한 힘이 없었기 때문이다. 그는 싸우자는 소리만 있고, 싸우자는 구호만 외치고 있는 우리 민족의 힘이 없는 현실을 뼈에 사무치게 절실히 꾸짖었다.

한발 더 나아가 도산은 망해서 없어진 나라의 책임이 나에게 있다고 뼛속 깊이 반성했다. 도산은 이완용이 나라를 팔아먹은 것을 막지 못한 책임도, 일본이 나라를 짓밟고 빼앗는 것을 막지 못한 책임도 자신에게 있다고 했다. 그것은 결국 힘의 철학이 없는 나 자신에게로 돌아가는 것이다. 힘이 미약한 나, 힘이 미약한 우리 민족, 힘이 미약한 우리나라가 문제가 되는 것이다. 도산은 그 근본적인 책임은 일본이 아니라 나 자신에게 있다고 깨달은 것이다.[14]

도산은 나라를 빼앗긴 책임이 다른 사람에게 있는 것이 아니라 나 자신에게 있다고 애타게 절규한다. 그는 사람들은 민족이 겪는 불행의 책임을 자기 이외에 다른 사람에게서 찾는 것을 비판한다. 자손은 조상을, 후진은 선배를 원망한다. 독립을 못 하는 책임을 다른 사람들에게 책임을 돌리고 자기 탓이라 하며 가슴을 두드리며 가슴 아프게 뉘우칠 생각은 하지 않고, 오직 '그놈이 죽일 놈이고 저놈이 죽일 놈이라고 하면서 가만히 앉아만 있겠는가, 왜 내가 죽일 놈이라는 사실을 깨닫지 못하고 있는가'를 말한다.[15]

도산은 당시 나라의 주권을 잃은 패망의 책임을 서로 남에게 돌리는 태도에 분노한다. 일본의 노예가 된 것은 힘의 철학이 없는 것과 나라를 빼앗긴 원인과 책임이 나에게 있기 때문임을 철저하게 자각해야 한다고 보았다.

---

13 주요한, 앞의 책, 33쪽.
14 주요한, 앞의 책, 33-34쪽.
15 주요한, 앞의 책, 34쪽.

그것은 힘이 미약한 나를 발견하고, 무기력한 나에 대한 깊은 반성과 깨달음이었다.

우리가 도산의 힘의 철학에서 가볍게 넘어가서는 안 될 문제는 흥사단의 목적에 대한 인식이다. 도산은 '우리 민족 전도대업(前途大業)의 기초를 수립함'이 흥사단의 목적이라고 했다.

우리 민족 전도대업은 두 가지 의미로 이해하고 해석할 수 있다. 하나는 바로 눈앞의 과제인 일본으로부터의 빼앗긴 나라를 찾아 독립하는 것이고, 또 하나는 독립된 이후 우리 민족의 번영과 발전이었다.

도산은 흥사단을 발족하면서 독립만을 주장하지 않았다. 그는 흥사단과 함께 독립운동을 전개하면서도 눈앞의 독립만을 주장하지 않고, 독립과 국권 회복 이후, 대한 민족의 장래에 대한 청사진을 제시하였다. 도산은 독립 이후 대한민국 장래의 비전을 꿈꾸고 그 밑그림을 그렸다.

도산이 흥사단의 목적을 전도대업의 기초 수립이라고 한 것은 흥사단이 대한민국 독립운동의 주체가 되고, 독립 이후의 국가 건설에서 사회, 정치, 문화, 경제, 행정, 교육에 있어 직접적인 행사의 주체가 아니라고 했다. 흥사단은 독립운동의 기본적인 운동, 국가번영과 발전을 위해 기초사업으로 영향력 있는 인재를 육성하겠다는 것을 분명히 선언한 것이다. 그 기초사업은 인물양성운동, 인격 혁명, 민족개조 운동이었다.

도산은 힘을 기르고, 힘의 철학으로 살아가는데 기초의 중요성을 깊이 생각하고 있었다. 도산은 우리가 받을 것은 잎과 꽃, 난간과 지붕이 아니라 뿌리와 기초이며 우리가 해야 할 것은 뿌리와 기초를 정성스럽게 박고 견고하게 하는 것이라고 말한다.[16]

---

16 도산기념사업회 編, 「우리의 소망과 할 것은 무엇인가」, 『安島山全集中』, 범양사출판부, 1990, 86쪽.

도산은 꽃의 뿌리[17]와 집의 반석[18]처럼 기초가 견고해야 성공을 이룰 힘을 기를 수 있다고 보았다. 그는 무실역행의 기초와 반석인 진실을 중요시했다. 힘도 무실역행의 반석 위에서 길러야 한다. 그가 하나님의 법칙인 인과율과 꽃의 뿌리를 간섭하시는 창조주 하나님과 집의 기초인 반석을 주장한 것은 도산 실천철학의 저변에 기독교 실천철학이 흐르고 있는 증거라고 해도 틀리지 않는다.

또 하나 도산 안창호의 힘의 실천철학에서 놓쳐서는 안 되는 것은 기초와 연관된 점진(漸進)이라 할 수 있다. 점진이란 조금씩 앞으로 발전해 나아가는 것, 미래를 향해서 조금씩 힘을 쌓아, 발전해 나가는 것이다.

춘원(春園) 이광수(李光洙, 1892년-1950년)에 따르면, 점진공부는 도산이 수학을 대하는 태도였다. 그는 늘 '십년(十年) 생취(生聚), 십년(十年) 교훈(敎訓)'은 점진이라고 했다. 도산은 21살 때 점진학교를 고향 평안남도에 세웠다. 그가 처음으로 시작한 학교 이름을 점진이라 한 것에서 도산의 실천철학을 볼 수 있다.

점진은 단순히 급진의 반대가 아니다. 도산이 말하는 점진은 천천히 준비하면서 나가자는 의미보다는 나날이, 매일 조금씩 나가자, 꾸준히 쉬지 말고 성실히 나가자는 뜻이다. 기초부터 성실하게 실력을 쌓아 힘의 철학으로 나아가자는 것이다.

17　예레미아 17장 7-8절, "그러나 무릇 여호와를 의지하며 여호와를 의뢰하는 그 사람은 복을 받을 것이라 그는 물 가에 심어진 나무가 그 뿌리를 강변에 뻗치고 더위가 올지라도 두려워하지 아니하며 그 잎이 청청하며 가무는 해에도 걱정이 없고 결실이 그치지 아니함 같으리라."
　　시편 1편 3절, "그는 시냇가에 심은 나무가 철을 따라 열매를 맺으며 그 잎사귀가 마르지 아니함 같으니 그가 하는 모든 일이 다 형통하리로다."
18　마태복음 2장 14-27절, 24절에서 예수는 '누구든지 나의 말을 듣고 행하는 사람은 그 집을 반석 위에 지은 지혜로운 사람이다. 비가 내리고 창수가 나고 바람이 불어서 그 집에 부딪치게 되어도 무너지지 않는다. 왜냐하면, 주초를 반석 위에 놓은 까닭이다. 내 말을 듣고 행하지 않는 사람은 그 집을 모래 위에 지은 어리석은 사람 같다. 비가 내리고 창수가 나고 바람이 불 때 그 집에 부딪친다면 무너져 그 무너짐이 심하게 된다'라고 했다.

도산은 점진의 뜻을 '독립의 그날까지 쉬지 말고 일하자'라고 설명한다. 그는 오늘 일을 이루지 못해도 명일에 하면 되고 금년에 일을 이루지 못해도 명년에 이루면 된다. 그래서 1년, 2년, 10년, 20년이 지나가도 쉬지 말고 독립을 완성하는 날까지 일하자고 외친다. 우리의 천직을 다해 끝까지 쉬지 않을 사람이라는 것을 각자가 알아야 한다고 말한다.[19]

위에서 도산의 힘의 실천철학, '힘을 기르소서'에 관해 살펴보았다. 도산의 힘의 철학은 청소년기부터 무실역행에 의한 힘의 철학과 하늘의 원리인 인과율의 사유를 기반으로 한다고 말할 수 있다. 도산의 힘의 실천철학은 책상 앞에서나 연구실에서 생각한 사변의 결과물이 아니다. 그의 힘의 철학은 일제에 나라를 빼앗긴 망국의 서러움과 체험 그리고 철저한 자기반성의 토대 위에서 세워진 것이라는 점에서 더욱 살아있는 힘이 있는 것이다. 도산은 서울 강남의 도산 공원에 묻혀 있지만, 흥사단은 여전히 남아서 힘의 실천철학을 이루고 있다.

2. 힘의 실천철학을 기르는 방법으로서 충의와 용감

충의(忠義)는 충성과 신의를 의미한다. 충의는 신의와 충성을 합한 뜻이다. 충(忠)은 사람이 자기에게 주어진 일에 충성하고, 의(義)는 사람에 대해서 신의와 의리를 다해야 한다는 것이다.

일반적으로 '충성'을 임금에 대한 충성으로 생각한다. 그러나 그것은 충(忠)의 한 부분이다. 충(忠)은 중(中)과 마음(心)을 합친 한자로 표현하는데, 이것은 실속 없는 허위가 없고 말이나 행동에 거짓이 없는 사람 본연의 마음을 말한다.

---

19 주요한, 앞의 책, 592쪽.

주자는 『논어』를 주해하면서 진기지위충(盡己之謂忠)라고 하였다. 주자는 충(忠)이란, 자기의 마음과 힘을 다하는 것으로 성실(誠實)을 의미한다고 하였다. 충(忠)과 성(誠)은 거짓이 없는 사람의 참된 마음에서 나오는 정성이란 뜻을 가진다. 충성은 허위와 가식이 없는 사람 본연의 마음에서 나오는 정성스러운 성품과 태도를 말한다.[20]

도산은 애국가 가사에서 충성의 개념을 언급한다. 애국가 가사 중 4절에서 '충성을 다하여'는 본래 '님군을 섬기며'였는데 1919년 이후에 도산이 고쳤다는 것이다. 도산은 주요한에게 '충성'(忠誠)이란 말은 군주를 연상하기 쉽기 때문에, '겨레를 위하여', '정성을 다하여', '나라 사랑하며'로 하는 것이 어떠하냐고 의견을 제시했다. 여기서 우리는 '충성이란 말은 결코 임금에 대한 충성만을 말하는 것이 아니라 국가, 민족, 작업, 붕우, 부부, 하나님 등에 대하여 마음과 뜻을 성실하게 다한다는 것으로 이해하는 도산의 생각을 엿볼 수 있다. 그리고 그는 '충성을 다하여'가 정성과 지성보다 더 탁월하고 좋은 말이라고 주장했다고 한다.[21]

도산은 용감한 정신을 '날쌘 자'라는 순수 우리말로 표현했다. 용감은 날렵한 동작과 주저하지 않는 행동을 뜻한다. 두려움과 겁이 많고, 자신에 대해서 확신과 신념이 없으면 다른 사람과 환경에 주저하거나 눈치를 보기 때문이다. 책임이 없는 것과 굳은 마음이 없는 소신은 용기가 없는 비굴과 다른 사람에게 책임을 전가한다. 용기가 없는 비겁한 자는 힘이 강한 사람에게는 굴욕적으로 비겁하고 약자에게는 건방지고 오만방자하다.

도산은 건전한 인격을 이루기 위한 용감의 정신을 강조한다. 그는 머뭇거리거나 망설이고 방황하는 것은 우리 국민의 공적인 적이라고 지적한다. 우리나라의 깊이 뿌리 박힌 방황과 폐단은 과감한 결단으로, 머뭇거리며 망설이는 저주는 용기로 변해야 한다고 주장하였다. 도산은 1927년 『동광』에 기고한 「용단력과 인내력」에서 용감의 중요성을 언급한다.

---

20 박의수, 「도산의 인격과 사상」, 『도산과 힘의 철학』, 흥사단출판부, 1985, 28쪽.
21 주요한, 앞의 책, 555쪽.

천년의 큰 원수는 방황과 주저이다. 방황과 주저 끝에는 고통과 낙망이 온다. 낙망은 청년의 죽음이요, 청년이 죽으면 민족이 죽는다. 배울 때는 배우고 벌어야 할 때에는 벌이를 하다가도 그보다 더 긴요한 의로운 일이 있을 때에는 분명히 나서는 것이다. 옳다고 판단되는 일은 용기를 가지고 끝까지 밀고 나가야 하는 것이다.[22]

또한, 1919년 5월에 중국 상해에서 한국 청년단에게 '청년의 사명'이라는 주제로 강연하였다.

우리 청년들은 태산과 같은 큰일을 준비합시다. 낙심하지 말고, 겁내지 말고, 쉬지 말고, 용감하고 담대하게 나아갑시다. 총독부 사령부라도 당당히 출입하는 청년이 되십시오. (중략) 다른 사람의 말을 들으니 상해에서 잘못이나 실수가 없도록 조심한다고 일 못한다 하고, 조심한다고 일을 못하면 언제 합니까? 죽을 작정하고 용기를 가지고 담대하게 일을 합시다.[23]

도산은 구한말 우리나라 사람들의 우유부단한 것을 안타깝게 생각하면서 소극적으로 지나치게 조심하고, 소심하게 살아갈 것이 아니라 용기를 가지고 능동적이고 적극적으로 살아갈 것을 강조하였다.

힘의 실천철학을 기르는 방법으로서 용감의 정신을 전개할 때는 당연히 폭력에 관한 도산의 입장을 살펴보아야 한다.

폭력이란 사람과 소유물에 대해 물리적인 또는 심리적인 공격이며 그 결과는 물리적, 심리적 상처로 나타난다. 그런데 현실은 힘이 강한 자에 의해서 연약한 자가 폭력을 당하고 있다. 폭력의 현실은 적자생존의 법칙에 지배받게 되는 인간을 포함한 생태계에서 자연스러운 현상이 되고 있다. 따라서 폭력의 문제는 이미 폭력을 당해서 많은 상처를 입고 있는 약자가 힘

---

22 주요한, 앞의 책, 546-548쪽.
23 주요한, 앞의 책, 619-620쪽.

이 강한 강자에게 어떠한 자세로 대응하는가 문제이다. 즉, 폭력적인 저항인가 아니면 비폭력적인 저항인가 하는 것이다.

일반적으로 폭력에 관하여는 크게 세 가지 견해의 입장이 있다.

첫째, 폭력에 대해서 적극적으로 찬성하는 견해.
둘째, 어떠한 폭력도 절대로 용납할 수 없다는 견해.
셋째, 원칙적으로는 폭력은 찬성할 수 없지만, 사회변화를 위해서 최후의 수단으로서 할 수 없이 찬성하는 견해.

그러면 도산 안창호의 폭력에 대한 견해는 무엇인가?

도산은 구한말의 국제관계를 예를 들어 국가 폭력 앞에 짓눌려 있을 수밖에 없는 인간의 암울한 현실에 관해 언급한다.

> 그러면 그들이 왜 세계를 무시하고 침략을 일삼느냐? 이는 머릿속에 박힌 사상의 힘이다. 그들이 평화를 부르짖는 것도 실상은 거짓이 아니다. 전쟁의 참화를 목도 할 때는 언제나 진정 평화를 자연히 부르게 된다. 다만 전쟁이 다 지나가고 참상이 보이지 않게 되면 또 이전에 머리에 젖었던 양육강식의 사상이 나오는 것이다. 그래서 국내에서는 자유를 주장하다가도 국외에서는 침략을 찬성하는 것은 그 침략적 사상이 깊이 박힌 까닭입니다."[24]

도산은 국제관계를 양육강식의 법칙이 지배하는 적자생존의 관계로 보고 있다. 그러니까 도산은 힘이 있는 강자에 의한 폭력이 지배하는 현실 속에서 부당한 폭력의 피해를 당하지 않기 위해서는 힘을 기를 수밖에 없다고 하였다.

---

[24] 안창호, 앞의 책, 254쪽.

그러면 힘이 없어서 힘이 강한 자로부터 폭력을 당하고 힘이 없는 약자는 어떻게 해야 하는가?

도산은 폭력으로 대응할 것을 주장한다. 그는 1913년 3월 샌프란시스코에서 행한 연설에서 힘을 다해 죽기까지 용감하게 나아갈 것을 언급한다.

> 우리는 재주와 힘을 다하여 죽기까지 용감하게 나아갑시다. 하나님의 지휘, 명령 아래서 죽음이 아니면 독립 두 가지로써 뒤를 이어 나아갈 것이다. 무수한 피를 흘려서 일본을 섬 바다 속에 잡어 넣어야 우리 한국의 독립이 완전히 성공됩니다. 우리는 죽고 또 죽음으로써 독립에 회복하기를 바랍니다. 주먹을 쓰다가 나중에는 생명을 바칩시다. 우리는 피를 흘린 후에 비로소 목적을 관철할 수 있다.[25]

도산은 폭력에는 폭력으로 맞서는 것을 언급한다. 그의 입장은 폭력 앞에 비굴하게 물러서는 것이 아니라 양육강식의 강한 폭력에는 폭력으로 대응함으로 폭력을 지지하는 입장을 취하는 것으로 보인다. 그러나 도산은 폭력에 폭력으로 대응하는 폭력 지상주의가 아니라, 마지 못해, 하는 수 없는 경우에만 폭력을 사용하는 것을 언급한다. 그는 평화적인 전쟁론에서 다음과 같이 주장한다.

> 평화적 전쟁이란 무엇이요? 만세운동도 그것이요, 대한 동포로서 적의 관리된 자를 퇴직할 것도 다 평화적인 전쟁이요, 일반 국민으로 하여금 적에게 납세를 거절하고 대한민국 정무에 납세케 할 것, 일본의 기장(旗章)을 사용하지 않고 대한민국의 기장을 사용할 것, 가급적 일화(日貨)를 배척할 것, 일본과 송사, 기타의 교섭을 단절할 것, 이러한 평화적 전쟁에도 수십만의 생명을 희생하여야 하오, 이것이 독립이외다.[26]

---

25 안창호, 앞의 책, 같은 쪽.
26 안창호, 앞의 책, 163쪽.

도산의 평화 전쟁론을 통해 폭력은 동원하지 않지만 합법적인 방법을 통해 싸우는 것을 볼 수 있다. 그리고 그는 평화적인 전쟁론의 효과에 대해서 언급한다.

> 물론 만세로만 독립될 것은 아니지만 그 만세의 힘은 심히 위대하여서 국내로는 전 국민을 동원하였고 국외로는 전 세계를 동원하였소, 과거에는 미국 인민이 정부를 격려하더니 지금은 도리어 의원과 정부가 인민을 격려하오. 나는 상의원에서 우리를 위하여 책자를 돌리는 것을 보았소, 국민 전부는 말고 일부만 이렇게 한다 하더라도 효력이 어떠하겠소?[27]

도산은 폭력에 대해 탄력적인 입장을 취한다. 때로는 폭력에는 폭력으로 대응하기도 하고, 때로는 평화적인 전쟁 방법을 통해 합법적으로 대응하는 비폭력 저항에도 상당한 전략을 가지고 있는 것을 알 수 있다.

그러면 도산 안창호는 비폭력주의자인가?

위의 연설에 근거하면 그렇지 않다는 것을 알 수 있다. 그는 힘을 길러야만 조국이 독립하고, 평화를 누릴 수 있다고 보고 있다. 도산이 추구하는 힘은 건전한 인격이 기초가 되는 힘이다. 하지만 힘으로써 나라의 평화를 회복하고 힘의 철학으로 평화를 유지하려고 하는 것은 비폭력일 수 없다. 힘의 철학을 기반으로 하는 도산은 평화적 전쟁은 힘을 양성할 때까지 저항하는 임시적인 저항방법에 불과하다.

따라서 도산의 견해는 전쟁에 호소할 수밖에 없다. 도산은 전쟁의 필요성을 인정한다. 하지만 전쟁 또는 폭력 만능주의의 견해라기보다는 환경적인 한계 상황에서 마지막 수단으로서 전쟁에 호소하는 견해라고 할 수 있다. 그는 "일본이 종내 회개치 않는 날은 무력으로서 우리의 문제를 해결하자는 것이다"[28]라고 하였다.

---

27 안창호, 앞의 책, 같은 쪽.
28 안창호, 앞의 책, 101쪽.

그러므로 폭력에 관한 도산의 입장은 대한제국 독립과 생존을 위해 사용되는 국가 질서의 회복을 중시함을 알 수 있다. 그는 이것을 임시정부를 통해서 이행하고자 하였다. 그가 주장하는 최후의 수단으로서의 폭력은 일본이 대한제국을 독립시키려는 의도가 전혀 없다는 것을 알고 어쩔 수 없이 폭력에 호소하는 마지막 방법으로의 폭력, 대한제국의 독립을 위한 폭력이다. 그러므로 그 대상은 일본의 비전투 요원에게 확대되지 않으며 한반도와 중국대륙을 무력으로 점령한 일본 군대와 관리에 한정되는 폭력이다.

이 폭력은 무차별적인 폭력이 아니라 분별 있게 사용되는 폭력이었다. 그뿐만 아니라 도산은 이 전쟁으로 일본은 패망하나 한국과 아시아 그리고 세계는 평화가 온다고 생각했다.

3. 힘의 실천철학을 기르는 방법으로서 건전한 인격

도산은 일제 치하에 있는 민족의 현실을 바라보면서 힘을 기를 것을 주장한다.

힘이란 사람의 힘, 물질의 힘, 지혜와 지식의 힘, 도덕과 윤리의 힘, 단체를 위한 단결의 힘과 리더십을 위한 지도자의 힘 등을 말한다. 그중에서도 도산이 중요하게 생각한 것은 힘의 근원으로서 '사람의 힘'이었다. 세상만사의 주체는 사람이기 때문이다. 도산은 대한민국민회 중앙총회장 취임 연설에서 사람이 힘을 기르고 준비하는 방식에 대해 자세하게 설명한다. 하나는 건전한 인격을 기르는 것이고, 또 하나는 신성한 단결을 훈련하는 것이다. 그러면서 도산은 청년들에게 제군들이 가장 먼저 힘쓰고 할 일은 인격 훈련과 단결 훈련이라고 말한다.

오늘 일반 민중에게 큰 기대를 많이 가진 제군, 스스로 큰 짐을 지고 있는 제군의 하여야 될 일이 많지만, 그중에서 가장 먼저하고 가장 힘쓸 것은 인격 훈련과 단결 훈련이니 이 두 가지라는 것을 말한다. … 오늘 우리 대한 청년이 인격 훈련과 단결 훈련을 하고 아니하는데 우리의 사활 문제가 달렸다고 나는 생각한다. 세상의 모든 일은 힘의 산물이다. 힘을 준비함에는 별한 새 주의와 방법을 연구할 것이 없습니다. 다못, 우리의 근본 정한주의와 방침을 관철할 것뿐이외다. 개인 개인의 힘이 있기 위하여 건전한 인격을 작성하며, 각 개인이 고립하지 않고 집합하여 큰 힘을 발휘하기 위하여 신성한 단결을 조성하자고 하옵세다. 각 개인의 건전한 인격을 이루기 위하여 4대신성(4大神聖)과 3대육(3大育)을 수련하자고 하옵세다. 속이거나 거짓말하지 아니하고 진실하여 신용의 자본을 동맹저축 하옵세다. 한 가지 이상의 학술이나 기예를 학수하여 전문 직업을 감당할만한 지식의 자본을 동맹저축 하옵세다. 각기 수입에서 10분지 2 이상을 저금하여 적어도 천 원 이상의 금전의 자본을 동맹저축 하옵세다. 이 주의와 이 방침이 곧 우리의 힘을 예비하는 첩경이요 순서입니다.[29]

도산은 힘의 철학을 기르는 가장 구체적인 방법으로 인격 훈련과 단결 훈련을 주장하였다.

건전한 인격이란 도산이 제안한 가장 바람직한 인간상이요 모범적인 인격을 말한다. 도산은 홍사단 단우들이 모범적인 인격이 되어 조국 독립운동과 나라의 번영과 발전 운동에 핵심이 되고 중심이 되기를 원했다. 하지만 건전한 인격은 다만 홍사단에 국한된 것만은 아니다. 도산은 우리 민족 한 사람 한 사람이 건전한 인격이 되어야 한다고 생각했다. 그는 인격 혁명과 건전한 인격을 기르는 것을 중요하게 생각했다.

---

29 주요한, 앞의 책, 544-545쪽.

도산은 1935년 대전 감옥에서 출옥한 후, 서울 성북동 황산(凰山) 이종린(李鍾麟, 1883년-1951년)의 집에서 그와 대화를 나눴다. 천도교의 지도자인 이종린은 출옥한 도산을 집으로 모시고 와서 시국에 대해 이야기하였다.

도산은 물산 장려, 발명 등 우리가 할 일은 많지만, 인격 혁명이 모든 일의 근간이 되기 때문에 민족 변화를 주장한다. 비록 춘원식 민족개조론(春園式 民族改造論)이라고 비웃겠지만 가장 중요한 것은 인간 혁명이라고 주장한다. 지금 우리는 일을 할 때 서로 믿지 않는다. 우리 세상은 시기, 질투, 당파를 가르기 바쁘다. 과거 우리나라가 망하게 될 때와 같은 심리와 인격을 그대로 가지고 있다. 그래서 사람들은 그런 인격을 가진 사람들이 무슨 나쁜 제도를 타파하고 인격을 수양한다고 하지만 나쁜 제도를 타파하지 않는다면 훌륭한 인격을 나타낸다는 것은 불가능하다고 한다.

그러면 누가 나쁜 제도를 타파할 수 있는가?

그것은 인격이 할 수 있다. 망국의 인격으로 사회 혁명을 할 수 없다. 그래서 근간인 인격 혁명으로 돌아가야 한다. 인격 혁명을 하지 못하면 나쁜 사회제도를 타파할 수 없다. 타파한다고 해도 다시 그 제도로 돌아올 뿐이라고 말한다.[30]

도산은 그 당시 아무것도 보이지 않는 어두운 절망의 시대에서도 인격 혁명이 무엇보다 긴급한 과제요 가장 근본적인 사업이라고 확신했다. 대한제국의 독립을 위해서는 군사력, 경제력, 외교력도 중요한 것이지만, 도산은 국가적인 것보다 더 긴급한 일이, 더 근원적인 일이 무실역행을 수행할 수 있는 건전한 인격 훈련이라고 보았다.

도산의 제안은 준비론자나 현실을 안일하게 보는 이상주의라는 비판을 받을 수도 있다. 그러나 도산의 제안은 현재와 미래를 바라보는 넓은 시야를 가지고 있었다. 그는 철저히 성경적인 사고에 바탕을 두면서, 이성과 합리적인 사고를 펼쳐 나갔다.

---

30 주요한, 앞의 책, 466-467쪽.

도산의 인격 혁명은 과거와 현재와 미래를 바라보는 탁월한 관점이다.

도산이 인격 혁명을 통해 과거, 현재, 미래를 바라보는 것은 성경을 보는 직설법과 명령법에서도 나타난다.

직설법의 원리는 과거에 하나님이 주신 것이지만 현재에도 원리는 변하지 않는다. 그리고 직설법의 원리는 현재의 문제를 발견하고 개선될 것을 명령한다. 그래서 명령법은 현재의 적용도 되지만 점점 이루어 가야 하는 미래적인 측면이 있다. 그러므로 직설법과 명령법은 과거와 현재 그리고 미래를 관통하고 있다.

그러니까 인격 혁명이라는 것이 과거나 현재 그리고 미래에만 한정된 것이 아니라 매일의 삶을 통해서 인격 혁명을 해야 한다는 점에서 도산의 위대함이 보인다. 도산은 가시나무에는 가시가 열리고 포도나무에는 포도[31]가 열린다고 하면서 하나님이 정하신 우주 만물의 원인과 결과인 인과율을 강조하였다. 인격 혁명이 없이는 아무리 탁월한 방법과 제도도 성공할 수 없다는 것을 힘있게 주장한 것이다.

도산은 만물의 영장인 사람의 중요성을 인식했다. 그는 한 사람 지도자의 중요성을 깨달았기 때문에 평생 교육에 헌신했다. 그는 교육을 통해 인물을 양성해서 계몽사업과 사회를 변화시키는 운동에 전심전력했다. 그는 구세학당을 졸업한 이후에 20대에 고향인 강서에 점진학교를 세웠고, 30대에는 동방의 예루살렘이라고 하는 중심도시 평양에 대성학교를 세웠고, 50대에는 나라를 잃고 망명 중에도 중국 남경에 동명학원을 세웠다.

도산은 20대에 미국 유학의 길을 올랐다. 유학길에 오른 도산은 공부를 해야 했는데, 공부는 뒤로하고 교포들의 생각을 개혁하는 인식 개혁과 낙후된 교민들의 생활 개혁을 위해 솔선수범하였다. 또한, 청년동우회와 흥사단을 창단해서 인격 만들기 운동, 지도자 기르고 세우는 운동을 숙원사

31　요한복음 15장 5절 "나는 포도나무요 너희는 가지라 그가 내 안에, 내가 그 안에 거하면 사람이 열매를 많이 맺나니 나를 떠나서는 너희가 아무것도 할 수 없음이라", 사사기 9장 7-21절 "감람나무, 무화과나무, 포도나무, 가시나무."

업으로 하였다.

도산은 대한민국의 독립과 번영과 발전을 위해, 특히 학생이나 젊은 청년들이 무실역행하고 정의돈수하는 진실한 인격, 건전한 인격으로 점점 자라나기를 기대하였다.

도산은 불쌍한 조국의 동포들이 힘을 예비하는 인물을 바라고 기다린다고 했다. 배우고자 하는 작정이 옳은 사람이 되고자 하는 작정을 잊지 말라고 한다. 그리고 잊었다면 다시 생각하고 다시 결심을 강하게 하자고 한다.[32]

도산은 청년 학생들을 '힘을 예비하는 인물'로 불렀다. 도산은 '낙망은 청년의 죽음이다. 청년이 죽으면 민족이 죽는다'[33]라고 했다. 그는 청년들이 민족의 소망이며, 희망, 민족의 꿈이라고 말한다. 청년들은 사회로 나갈 무한한 잠재력을 가진 사람들이다. 청년들이 사회 변혁을 준비할 사람들이다. 사람의 활동 때문에 민족과 개인의 생존과 번영, 발전이 있는 것이다. 활동이 있으면 살고 크게 번영할 수 있지만, 작으면 작게 번영할 수밖에 없음을 강조하였다.

도산은 인류 사회가 생존할 수 있는 것은 사람이 활동해서이고 활동할 무기를 잘 준비하는 것에 있다. 이 무기를 예비하는 사람이 바로 학생이다. 그래서 대한의 학생들은 대한 사회부터 세계 어느 사회로 나아가 활동할 수 있는 자라는 사실을 잊지 말아야 한다고 말한다.[34]

그렇다면 건전한 인격을 기르려고 하면 어떻게 해야 하는가? 이것에 대해서는 도산이 창단한 청년학우회와 흥사단의 목적에 잘 나타나 있다.

> 청년학우회의 목적은 무실(務實), 역행(力行), 충의(忠義), 용감(勇敢)의 4대 정신(4大情神)으로 인격을 수양하고 단체생활의 훈련에 힘쓰며, 한 가지 이상의

---

32 주요한, 앞의 책, 1018-1019쪽.
33 주요한, 앞의 책,「청년에게 부치는 글」, 547쪽.
34 도산기념사업회 編,「오늘의 대한학생」,『安島山全集中』, 범양사출판부, 1990. 33쪽.

전문 학술이나 기예를 반드시 학습하여 직업인으로서의 자격을 구비하여, 매일 덕(德) 체(體) 지육(智育)에 관한 수양 행사를 한 가지씩 행하여 힘쓴다는 것이다.[35]

본 단의 목적은 무실역행(務實力行)으로 삼는 충의남여(忠義男女)를 단합하여 정의(情誼)를 돈수(敦修)하며, 덕(德) 체(體) 지(智) 삼육(三育)을 동맹수련(同盟修鍊)하여 우리 민족 전도번영(前途繁榮)의 기초(基礎)를 수립함에 있다.[36]

도산은 건전한 인격을 이루기 위한 방식으로 무실, 역행, 충의, 용감의 4대 정신과 덕육, 체육, 지육의 3대 육을 제안하였다. 무실은 참되고 정직하기를 힘쓰는 것이고, 역행은 행함과 실천을 힘쓰는 것이다. 충의는 사람에게 신의와 충성을 지키고, 일을 할 때에는 충실하고, 용감은 모든 일에 적극적으로 실천하고 굳센 용기와 참고 견딤으로 하는 지구력을 말한다.

무실(務實), 역행(力行) 다음에 스스로 몸과 마음을 힘써 가다듬는 자강(自強), 충직하고 성실한 충실(忠實), 부지런히 일하며 힘쓰는 근면(勤勉), 정돈하여 가지런한 정제(整齊), 용감(勇敢) 등이 청년동우회 회가에 나타난다.[37]

흥사단과 청년학우회는 무실, 역행, 충의, 용감을 사대 근본정신으로 삼아서 이것을 중요시했다. 따라서 도산이 추구한 건전한 인격의 실체는 무실하는 참된 인간이고 역행하는 실천하는 인간이 핵심이라 할 수 있다.

또한, 청년학우회의 삼대육(三大育)은 지육(智育), 덕육(德育), 체육(體育)이다. 도산은 일반적으로 부르는 지덕체(智德體)로 수정해 사용하였다. 이것은 도산의 인간관과 교육관을 잘 드러내 표현한 것이다.

---

35 주요한, 앞의 책, 127쪽.
36 주요한, 앞의 책, 169쪽.
37 황의동, 「도산사상에 대한 고찰」, 『학생생활연구』, 제11집, 청주대 학생생활연구, 1989, 46쪽.

사람의 타고난 본성은 지성, 덕성, 욕망, 감성 등으로 이루어져 있다. 다양한 인간 성질들이 서로 협력하고 서로 살피고 서로 갈등을 해소하면서 인간의 본성을 이룬다. 그중 가장 중요한 것은 어질고 너그러운 성질의 덕성이다. 지식과 기술은 인간 생활의 도구이고 어떤 가치관이나 태도에도 치우치지 않는 가치중립적인 것이기 때문이다. 그래서 인간이 어떤 가치 기준을 가지고 지식과 기술을 사용하는가에 따라 선과 악의 결과가 달라진다. 또한, 인간의 감성과 욕망도 어질고 너그러운 성품인 덕성의 절제를 받지 않으면 정도를 벗어날 가능성이 높다. 도산의 덕성 교육의 핵심이 무실역행이다. 즉, 진실이요 참인 것이다.
  도산은 사대 근본정신을 통해서 건전한 인격을 형성하고 삼대육의 교육을 통해서 바르고, 실천적인 모범적이고 능력 있는 인격을 형성하고자 했다.

4. 힘의 실천철학을 기르는 방법으로서 신성한 단결

  도산은 힘을 기르는 방법으로 건전한 인격과 신성한 단결, 동맹수련의 필요성을 강조하였다.
  도산의 신성한 단결이란 변치 않는 일편단심의 단결을 의미한다. 시간과 공간과 장소는 물론 남녀노소, 출신과 관계없이 언제나 변함없는 단결을 의미한다. 도산은 구한말 각 개인만으로는 민족과 국가에 힘이 되기에 부족하다고 생각하고 민족공동체, 국가공동체에 큰 힘이 되기 위해서는 한 사람 한 사람이 단결해야 한다고 보았다. 신성한 단결이 신성한 단체와 민족공동체와 국가공동체를 만들 수 있기 때문이다.
  도산은 오랫동안 독립운동 과정에서 민족의 가장 큰 결점은 단결력이 부족하다고 정확하게 보았다. 그는 우리가 무슨 일에서 실패하는 근본적인 원인은 민족적 결합력이 약한 것에 있다고 한다. 단결력이 없는 것이 패망의 원인이다. 그래서 우리가 일찍부터 단체생활 훈련이 부족한 민족이라는 사실을 자인하지 않을 수 없는 것이라고 말한다.[38]

도산은 우리 민족이 단합의 힘을 기르기 위해서는 신성한 단결 훈련을 해야 한다고 주장하면서 대동단결, 통일, 신성한 단결, 합동, 협동 등의 다양한 용어를 사용하면서 단결의 필요성을 주장한다. 도산이 얼마나 신성한 단결과 신성한 단체를 강조하고 중요시하는 것은 '안창호의 통일 독립'이라는 별명에서 알 수 있다. 그는 신성한 단결의 문제를 우리 민족이 죽느냐 사느냐의 문제로 인식하였다.

> 우리가 큰 힘을 얻으려면 전 국민의 통일을 규호하여야 하겠소. 무력도 통일하고 금력도 통일도 지력도 통일하여야 하겠소. 무력도 통일하고 금력과 지력도 통일하여야 하겠소. … 각지 각 단체의 의사를 소통하여 동일한 목적하에 동일한 각오를 가지게 함이니, 우리는 과거의 모든 악한 생각을 회개하고 하나가 될 결심을 하여야 되겠소.[39]

도산이 생각하는 단결과 통일은 무력, 지력, 금력 등 모든 분야에서 힘을 하나로 모아 통일하는 것이다. 이렇게 단결되어야 민족적으로서 큰 통일의 힘을 발휘할 수 있다. 도산은 통일을 위해 개인의 사사로운 감정과 이해를 피해야 하고 또한 민족과 국가라는 큰 도리 앞에 마땅히 복종하는 자세를 가져야 한다고 보았다.[40]

도산은 '합동하면 흥하고 분리되면 망한다. 합동하면 살고 분리하면 죽는다'고 보았다. 합동 여부가 민족의 흥망성쇠(興亡盛衰)를 좌우하게 된다고 본 것이다. 그는 우리 민족이 하나되지 못하고 분열하는 폐해에 대해 날카롭고 매섭게 비판한다. 도산은 신약성경의 세례 요한이 예수는 흥하고

---

38 도산기념사업회 編, 「청년에게 부치는 글」, 『安島山全集 中』, 흥사단, 1990, 545쪽.
39 주요한, 앞의 책, 253-254쪽.
40 주요한, 앞의 책, 254-255쪽.

자신의 쇠하여야 한다는 심정으로 합동의 중요성을 말한 것이다.[41]

도산은 이 합동과 신성한 단결 문제도 남에게 그 책임을 전가하면 안 된다. 그는 나 자신이 합동과 단결에 남보다 먼저 솔선수범해야 한다고 주장한다. 도산은 합동과 단결이 왜 필요한가를 몸의 비유를 들어서 설명한다. 우리는 사지백체(四肢百體)로 이루어진 몸인데 분리되면 생명이 끊어지는 것 같이 우리 민족도 합동하지 못하고 분리되는 순간 사망할 것이라고 말하면서 우리가 합동력이 없다면 다른 것은 말할 것조차 없다고 한다.[42]

도산은 합동과 분리에서 성경에 나오는 몸의 각 지체의 비유를 들어 각 개인의 중요성과 합동의 중요성을 말한다. 그는 우리 몸이[43] 사지(四肢) 백체(百體)로 되어 있는데, 이것이 각기 하나되지 않고 흩어진다면 생명까지 위태롭고 몸의 지체가 흩어지면 마침내 사망에까지 이른다고 한다. 몸은 머리와 지체로 되어 있다. 몸의 각 지체는 머리의 지시를 받아 기능대로 움직인다. 발은 걸어가는 기능, 손은 만드는 기능, 눈은 보는 기능, 코는 냄새를 맡는 기능을 가지고 있다. 몸의 기능은 머리 되신 예수를 중심으로 유기적으로 연결되어 있다. 몸의 기능은 합동을 이루고 하나가 되는데 다 중요하다. 그래서 손이 발 더러 너는 쓸데가 없다. 발이 손 더러 쓸데없다고 할

---

41 요한복음 3장 30절. "그는 흥하여야 하겠고 나는 쇠하여야 하리라 하니라."
42 주요한, 앞의 책, 같은 쪽.
43 바울은 고린도전서 12장 14-27절에서 비유한다. "몸은 한 지체만 있지 않고 여럿이다. 만일 발이 말하기를 나는 손이 아니기 때문에 몸에 붙지 않겠다 해도 몸에 붙지 아니한 것이 아니다. 또 귀가 나는 눈이 아니기 때문에 몸에 붙지 않겠다 해도 몸에 붙지 않은 것이 아니다. 만일 온 몸이 눈이라면 듣는 곳은 어디겠는가, 온 몸이 듣는 곳이라면 냄새 맡는 곳은 어디겠는가, 그러나 이제 하나님이 원하는 지체를 각각 몸에 두셨다. 만일 다 한 지체뿐이라면 몸은 어디겠는가, 이제 지체는 많지만 몸은 하나이다. 눈이 손에게 내가 너를 쓸 데가 없다 한다거나 머리가 발에게 내가 너를 쓸 데가 없다 하지 못한다. 더욱이 더 약하게 보이는 몸의 지체가 반대로 요긴하다. 우리가 몸에서 덜 귀히 여기는 부분이 더욱 귀한 것들로 입혀 준다. 우리의 아름답지 못한 지체가 더욱 아름다운 것을 얻는다. 그러므로 우리의 아름다운 지체는 그럴 필요가 없다. 오직 하나님이 몸을 고르게 하셨다. 부족한 지체에게 귀중함을 더하셨다. 몸 가운데서 분쟁이 없다. 오직 여러 지체가 서로 같이 돌보셨다. 만일 한 지체가 고통을 받는다면 모든 지체가 함께 고통을 받는다. 한 지체가 영광을 얻는다면 모든 지체가 함께 즐거워한다. 너희는 그리스도의 몸이다. 지체의 각 부분이다"라고 했다.

수 없다. 몸의 각 기능은 유기적으로 단결하고 연합되어 있기 때문이다(고전 12:14-27). 마찬가지로 민족의 경우도 각 개인이 저마다 합동하지 못하고 흩어지면 민족도 국가도 사회도 힘을 잃어 사망에 이르게 된다고 경고하였다.

도산은 「동포에게 드리는 글」에서 민족적 감정이 아닌 민족적 사업에 대해 합동을 해야 한다고 주장하였다. 합동이나 신성한 단결이 일시적인 사사로운 감정에 의한 것이어서는 안 된다는 것이다. 민족적 사업에 대한 합동과 단결이어야 그것이 참된 의미가 있다고 하였다. 이렇게 할 때 민족의 독립운동이 될 것이고, 장기적으로는 민족의 중흥과 번영, 민족 부흥의 사업이 될 것이기 때문이다.

그러면서 도산은 먼저 합동과 단결의 조건으로 신뢰와 신용을 말하였다. 그는 신뢰와 신용이 없으면 앞으로 일할 방향과 계획이 서로 같다고 하더라도 합동될 수가 없고, 공동의 목적과 방법을 세우기부터 할 수 없을 것이라 하였다. 이 신뢰와 신용의 기본은 단결과 합동이다. 아무리 훌륭한 계획과 좋은 목적이라도 신뢰가 수반되지 않는다면 합동은 있을 수 없다. 물론 신용이란 신뢰와 믿음인데 이는 정직과 진실을 기초로 한다. 그러니까 신성한 단결과 합동의 원리는 무실역행하는 것이다.

도산은 신성한 단결이 변질하지 않고 무너지지 않기 위한 조건으로 의(義)와 리(理)를 제시하였다. 홍사단의 입단 문답에서 홍사단은 이익을 목적으로 단결하지 않고 의(義)를 목적으로 단결한다고 밝히고 있다. 여기서 의(義)란 민족을 위한 일이라 하였다. 따라서 나라 잃은 우리 민족을 위하는 단결이 선이고 정의이다. 민족을 해치는 것은 단결을 무너뜨리는 것이기 때문에 악이고 불의라고 규정하였다.

도산이 신성한 단결의 조건을 의리(義理)라 목적한 것은 매우 중요하다. 신성한 단결이 사사로운 이해관계나 정의(情誼)로 하게 되면 그 신성한 단결은 든든히 세워질 수 없다는 것이다. 그는 홍사단의 신성한 단결을 개인의 이익을 위해 단결하는 것이 아니라 의를 위해 단결하는 것이라고 말한다. 의(義)란 다름 아니라 우리 민족을 위한 일이라 하였다. 그래서 그는 단호하게 우리 민족의 단결에 이로운 것은 선한 것이고 정의며, 우리 민족의 단결에 피해를 주는 해로운 것은 악한 것이고 불의라 규정한다.

  도산에게 합동과 단결은 나라와 민족을 위한 것이다. 따라서 신성한 단결은 개인, 파당을 위한 단결이 아니다. 우리 민족의 번영과 행복을 위한 단결이 궁극적 목적이었다. 도산은 신성한 단결을 위한 방식으로 '주인 정신'을 강조하였다.[44]

  도산은 영원한 책임심을 가진 사람이 주인이라 하였다. 책임심이 없는 것은 진정한 주인이 아니며 민족이 요구하는 주인은 우리 민족과 사회에 대해 영원한 책임심을 진정하게 가진 주인이라 하였다.

  도산은 구한말에 일제 나라를 잃은 것은 주인 정신과 책임감의 결여로 판단했다. 주인 정신은 도산이 개발한 대표적인 표어이다. 그는 주인 정신이 어떤 조직이나, 어떤 단체나, 어떤 민족공동체의 하나되게 하는 것과 건전성을 확보하는 중요한 요소라고 보았다.

  도산은 주인 정신을 강조하기 위해 주인과 여객, 주인과 나그네를 비교해 설명한다. 민족과 사회와 국가에 대해 변하지 않는 책임심이 있는 자가 주인이다. 그러나 반대로 여객은 책임심이 없는 사람이다. 있더라도 일시적인 책임감만 가진 사람이다. 그러므로 어떤 민족과 사회와 국가의 근원적인 문제는 책임감의 주인이 있고 없는 데 있다고 하였다.

  그런데 우리 민족의 문제는 주인 되는 이가 너무 없다는 것이다. 나라에 주인이 없었기 때문에 일제에 나라를 빼앗겼고, 주인 정신이 부족했기 때문에 이완용에 의해 나라가 팔리게 되었다는 것이다. 그러므로 주인 정신이 있느냐 없느냐, 주인이 많으냐 적으냐, 주인이 있느냐 없느냐에 따라서 대한민국의 발전과 번영과 민족의 흥망과 죽느냐 사느냐의 갈림길에 있다고 보았다.

---

44 주요한, 앞의 책, 518쪽.

5. 훈련 단체에서의 지도자의 조건

도산은 흥사단에 있어서 가장 중요한 것은 건전한 단결이다. 건전한 단결이 있어야 단체가 훈련의 장으로 세워진다. 단체가 사사로운 이익으로 세워진다면 그 단체는 건강하게 세워질 수 없다. 따라서 개인의 생각으로 단결을 하는 것이 아니라 주의를 중심으로 건전하게 단결해야 한다. 그뿐만 아니라 건전한 단체는 목적을 이룰 수 있는 건전한 지도자가 필요하다.

문: 단결이 왜 좋습니까?
답: 자연인은 수명이 짧지만 단결의 수명은 오래갑니다.
문: 군이 평생을 모범이 되어 힘쓰면 그만이지 단결해서 무엇합니까?
답: 아까 말씀드린 대로 개인의 생명은 한이 있으므로 첫째로 수명이 영원히 길 수 있습니다. 그리고 여럿이 모여서 한 목적으로 일을 하기 때문에 큰 힘을 낼 수 있습니다."[45]

단체는 한 사람 한 사람의 미약한 힘을 모아서 크고 강하게 한다. 그리고 단체는 모여진 힘을 지속적으로 실천하여, 보다 상식이 통하는 건전한 세상을 만드는 데에 가치가 있다. 그런데 단체가 조직되기 위해서는 그 단체의 조직을 실행하는 사람이 있어야 한다. 훈련을 받는 단체로서 조직을 만드는 데에는 사람들의 이해관계가 아니라 주의를 중심으로 모이는 것이 마땅하다고 생각했다.

> 주의를 중심으로 하지 아니하고 이해를 한 당파는 소인의 당파이고 지방 감정 또는 계급 감정을 사용하여서 민중의 열등 감정인 편벽, 증오, 질투의 감정을 일으켜 내어서 제 이해와 합하지 아니하는 다른 사람, 다른 당을 중상과

---

[45] 주요한, 앞의 책, 216쪽.

모해하는 방법이 목적을 위하여서는 수단과 방법을 아니 가린다 하는 것 같은 옳지 아니한 당파라고 생각합니다.[46]

훈련 단체를 조직하기 위해서는 주의(主義)가 필요하다. 그 주의는 참되고 건전한 것이어야 한다. 도산은 대공주의(大公主義)가 자신이 실현해야 할 주의라고 생각했다. 대공주의는 사람들의 사사로운 이해관계가 전혀 개입되지 않는 건전한 주의로서 개인이 민족의 헌신 봉사함으로써 자신에 대한 책임과 인류에 대한 의무와 책임을 완수할 수 있기 때문이다. 주요한은 도산 당시에 시대적인 흐름이었던 다양한 주의(主義)와 대공주의(大公主義)에 대해서 말한다.

그 당시는 주의 유행 시대였다. 민족주의, 사회주의, 공산주의, 무정부주의 등의 용어가 일상 회화에 주제가 되는 때였고 중국의 손문은 삼민주의를 주창하였다. … 도산은 한국 민족운동의 공통적 표어를 마련할 목적으로 대공주의라는 용어를 제창하였을 것이오.[47]

도산은 대공주의를 민족이 하나되는 것을 목적으로 주장한 주의라고 할 수 있다. 도산은 주의(主義)를 중심으로 해서 조직이 구성될 것을 기대하였다. 그 기대에 부응한다면 그 주의는 민족이 하나가 되는 대공주의로 되어야 할 것이다. 이처럼 단체가 개인의 힘을 한 방향으로 모으고 위대한 사업을 연속적으로 실행하기 위해서는 개인의 이익이 아니라 주의를 중심으로 모여야 한다.

훈련을 위한 공동체는 반드시 지도자가 필요하다. 따라서 도산은 단체를 이끌어갈 지도자의 필요성을 주장한다. 도산은 우리가 서로 믿고 협동해 나갈 때 지도자가 필요하다. 지도자를 세울 때 협동을 이루고, 협동의 효력

---

46 주요한, 앞의 책, 같은 쪽.
47 주요한, 앞의 책, 299쪽.

이 나타나고, 협동의 열매를 거둔다. 이것은 지도자의 준호를 주는 것이 아니라 지도자가 없지 못할 필요가 되었기 때문에 지도자를 둔 것이라고 말한다. 이와 반대로 "지도자가 없다고 하면 협동을 한다고 하더라도 그 사실을 이루지 못하고 따라서 효과를 거두지 못합니다. 적은 음악하는 일을 한 가지 두고 생각합시다. 나팔이나 피아노나 일종의 악기를 가지고 독주를 하면 모르거니와, 북과 나팔이나 퉁소나 거문고들의 여러 가지를 합하여 협동적으로 음악을 병주할 때에는 악대 전체를 지도하는 이가 있습니다. 이것은 어떤 사람에게 지도자의 준호를 주기 위하여 됨이 아니요 협동적 음악을 이룸에 없지 못할 필요가 된 고로 지도자를 두게 된 것이외다"라고 한다.[48]

도산이 추구하는 지도자의 조건은 태어나는 것이 아니라 만들어지는 것이다. 사람들은 지도자가 태어나는 것으로 착각한다. 그런데 지도자는 태어나는 것이 아니라 만들어지는 것이다. 그러니까 도산이 생각하는 지도자의 조건은 자격을 갖춘 자가 아니라 서로 협동할 수 있는 리더십이다.

또한, 지도자의 조건은 주의를 중심으로 단결할 수 있는 리더십이다. 지도자는 주의를 중심으로 나아갈 때 단체가 목적하는 것을 이룰 수 있다.

도산은 단체의 일을 옳고 좋은 방향으로 이끌어가기 위해서 지도자가 필요함을 역설한 것이다. 그런데 지도자는 자격과 임무가 있어야 한다.

지도자의 자격과 임무는 무엇인가?

도산은 지도자의 자격과 임무를 설명한다. 협동 중에서 가장 앞선 사람이 지도자 자격을 가진 사람이다. 지도자 자격은 비교 문제에서 생기는데 다른 협동적 인물과 비교하기 때문이 아니다. 협동할 때 그중에서 가장 앞에 선 사람을 지도자의 자격으로 인정하게 된다고 말한다.[49]

도산이 생각하는 지도자는 완벽하게 어떠한 조건을 갖춘 사람이 아니다. 그 단체에서 신임이 있고 조금 앞선 사람이라면 지도자의 자격과 임무가

---

48 안창호, 앞의 책, 38쪽.
49 안창호, 앞의 책, 39쪽.

있다고 한다.

그러면 그 단체 내에서 신임이 있고 앞섰다고 하는 것은 어떠한 표준으로 알 수 있는가?

도산은 지도자의 조건으로 일상 평범한 삶에서 나타난 태도와 자세에서 신임이 있는 사람을 말한다. 도산은 민중을 위해 돈을 쓰는 사람은 안 쓰는 사람에 비해서 앞선 사람이라고 말한다. 자기의 시간과 정력을 쓰는 사람은 안 쓰는 사람에 비한다면 앞선 사람이다. 한 지방과 단체에서도 신임을 얻은 사람은 신임을 얻지 못하는 사람에 비한다면 앞선 사람이라고 한다.[50]

지도자의 자격과 임무가 있는 사람은 그 단체에서 다른 사람보다 앞선 사람이다. 그 앞선 사람은 헌신적이고 봉사적인 면에서 앞서 있어야 할 뿐 아니라, 다른 사람보다 능력 면에서도 앞서 있어야 함을 말한다. 그런데 모두가 사기 협잡꾼일 때에는 협잡을 적게 하는 사람이 앞선 사람으로서 지도자의 자격이 있다고 하는 것이 도산의 주장이다.[51]

이렇듯 도산의 실천철학은 어떠한 단체이든지 간에 지도자의 필요성은 반드시 있으며, 단체의 목적에 따라 적당한 지도자의 자질을 갖춘 인물이 있음을 말한다.

이렇게 볼 때 도산의 실천철학에서 단체는 힘을 모으기 위한 실천과 훈련의 장이다. 단체는 개인의 사사로운 이익이 아니라 주의(主義)를 중심으로 해야 한다. 그리고 단체의 목적에 맡는 지도자가 있어야 하고, 민족의 번영과 발전에 도움이 되어야 한다. 따라서 훈련 단체가 되기 위해서는 건전한 인격자들이 사랑으로 굳게 뭉쳐 지도자를 중심으로 대공주의에 근거를 두고 실천해야 한다.

50　안창호, 앞의 책, 42쪽.
51　안창호, 앞의 책, 45쪽. 도산은 다 협잡(挾作)하고 싸움만 한다고 판정을 해도 그중에서 적게 협잡과 싸움하는 사람이 지도자의 자격인데 자체의 인물에 비교해도 앞선 때문이라 말한다.

도산이 추구하는 단체는 구성원들의 자발적인 헌신과 봉사를 요구한다. 그런데 희생적인 봉사는 구성원들이 어떠한 보상도 요구하지 않는 봉사이다. 오로지 옳은 주의, 대공주의(大公主義)에 입각해서 살 것만을 요구하고 있다.

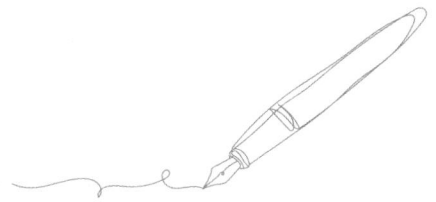

제4장

무실역행의 실현장으로서 국가

1. 국가관

라파엘(D.D. Raphael)은 『정치철학의 문제들』에서 국가관에 대해서 국가가 규칙과 법률의 최종적인 권위가 있다고 주장한다.

> 국가의 존재 유무는 그 구성원들의 존재가치가 보장되는 것과 직결된다. 국가에서 통치권은 공동체 가운데 최종적인 권위이며 국가의 규칙은 어떤 연합체의 권위를 능가한다. 이러한 국가가 가지고 있는 법률적인 권위는 국가 내부에서 분쟁이나 갈등에 직면했을 때 법률적인 힘 그 자체로 발휘된다. 이것을 국가가 가지는 최고권인 통치권으로 간주할 수 있다. 국가가 통치권을 가진다는 것은 국가가 규칙과 법률의 최종적인 권위를 가지고 있음을 의미한다.[1]

국가가 세워지는 데 근본 되는 터전은 최종적으로 국민에게 있다는 것이 민주주의의 중요한 핵심이다. 민주주의는 국민은 국가가 통치권을 가질 때 공식적으로 국민으로서 인정을 받게 된다. 국가에 소속된 구성원은 무실역행의 참다운 삶을 살아가기 위하여 자유로운 의무를 행사할 수 있다. 그러나 국가가 위험한 비상 상황에 처하거나, 존재 자체를 잃어버리게 될 때 국

---

[1] D.D. 라파엘, 『정치철학의 문제들』 김용환 역, 서광사, 1986, 74쪽.

민도 위협을 받게 된다. 구한말 일제의 침략으로 나라를 잃었을 때 국민은 삶에서 위협을 받았다. 국가는 국민 한 사람 한 사람이 모인 공동체이기 때문에 국가는 국민과 아주 긴밀하게 관계성을 가진 유기적인 조직이기 때문이다.

국가관에 대한 정의는 학자들의 관점과 시각에 따라 다양한 차이가 있다. 막스 베버는 국가는 일정한 영역 안에 있는 정당한 물리적 경제력의 독점에 대해 효과적으로 요구하게 되는 인간의 공동체[2]라고 하였다. 그가 말하는 국가는 일정한 지역에 거주하는 모든 국민 위에 유일한 권위를 가지는 권력 조직을 갖춘 정치사회를 의미한다.

헤겔(Hegel)에 의하면 국가는 개인의 권리와 개인의 안녕 그리고 가정과 시민사회의 측면에 대립하는 외적 필연성이지만 그러한 한에서 개인들은 국가에 대한 의무와 원리를 가진다. 인간이 갖는 모든 가치와 정신적 현실성은 오직 국가를 통해서 갖게 된다고 본다. 그는 개개인의 최고 의무는 국가의 성원이 되는 것이라고 말한다.[3]

헤겔은 국가를 전체라는 공동체로 먼저 보지 않고 현실적인 틀에서 보았다. 그는 국가라는 틀이 만들어지는 것은 국가를 구성하는 개인의 존재 유무에 있다고 보았다. 헤겔은 국가와 국민을 유기적으로 보았다. 그러므로 국가의 정의는 한마디로 규정하기 어려운 다양한 의미를 가지고 있다.

도산에게 있어 국가란, 건전한 인격체들이 모여 무실역행을 실현하는 장이다. 그는 국가의 목적을 정의 구현 실현으로 보았다. 그가 의미하는 무실역행적인 정의 구현이란, 구한말 일제강점기에 백성의 보호와 국민의 번영과 행복에 있었다.

그는 「전쟁의 종결과 우리의 할 일」이라는 연설문에서는 대한민국의 보전에 대해서 말한다. 도산은 일본은 어느 나라가 권한다고 해서 한국을 내

---

2 정경환, 「백범 김구의 문화국가론에 관한 연구」, 『한국동북아논총』 제13권 2호, 한국동북아학회, 2008, 104쪽.
3 강영계, 『헤겔 절대정신과 변증법 비판』, 철학과 현실사, 171쪽.

놓을 생각이 없으며 조상 조선이 보전하겠다는 뜻보다도 오히려 10배나 더 굳건하다고 말한다. 계속해서 도산은 미국도 우리나라의 독립을 위해 미일 전쟁을 일으키고 대한 사람을 귀엽고 가엾게 보면서 국가의 재정을 줄이고 자국의 수백의 목숨을 희생하면서 싸워줄 생각을 하지 않을 것이라고 했다.[4]

도산에 의하면 국가는 국력을 가지고 있어야만 국가의 기능을 능히 감당할 수 있고 나라와 백성을 보존할 수 있다. 단체에서도 살펴보았듯이 구한말의 국제사회는 제국주의 사회진화론의 세계관의 관점으로 약육강식에 의해서 힘의 논리에 지배되고 있었기 때문이다.

도산은 국가의 기능을 교육, 사법, 재정, 군사, 외교, 통일 등의 여섯 개의 분야로 나누었다. 교육 분야는 대한민국의 근원이 되는 실력을 기르는 교육을 하고, 사법제도는 백성을 거짓과 악한 것으로부터 보호하여 선하고, 정직하고, 바른 양심에 따라 구속받거나 무엇에 얽매이지 않고 자유롭게 살 수 있게 하며, 재정은 나라를 다스리고 운영하는 국정 전반을 원활하게 하며, 군사는 제국주의로부터 독립과 독립된 나라 유지, 보존하고 자기 나라 국민을 안전하게 보호하는 일을 하며, 통일 분야는 국력을 한군데로 모아서 집결한다. 국가는 여기저기 흩어져 있는 개인의 힘을 하나의 힘으로 만들어서 가치 있게 사용하게 하는 역할을 한다.

도산은 힘의 논리에 지배되는 제국주의의 국제관계 속에서 자기 나라 국민을 안전하게 보전하기 위하여 국력을 하나로 집결할 것과, 동시에 자국민이 실력을 기름으로 제국주의의 침략과 약탈을 받지 않게 됨을 말한다. 국가와 백성 개인의 힘이 있으면 국제사회에서 분쟁과 전쟁을 제어하고 세계 평화를 유지하게 하는 역할을 한다. 그러므로 국가는 국민을 보호하고 보존할 때만 존재 의의를 가진다.

---

4 안창호, 앞의 책, 610-611쪽.

따라서 도산에게 있어서 제국주의, 전제주의, 군국주의 국가관은 철저하게 배제되고 백성이 주인이 되는 민주주의 국가관이 인정된다. 그는 「정부와 인민의 관계」라는 연설에서 백성이 주인이 되는 민주주의를 주장한다.

> 오늘날 우리나라에는 황제가 없나요? 있소, 대한 나라에는 황제가 일인밖에 없었지마는 금일에는 이천만 국민이 다 황제요. 제군이 앉은 자리는 다 옥좌요 머리에 쓴 것은 다 면류관이외다. 주권자를 이름이니 과거의 주권자는 유일이었으나 지금은 제군이 다 주권자이외다. 과거에는 주권자가 일인이었을 때에는 국가의 흥망이 일인에 있었지마는 지금은 인민 전체에 재(在) 하오. 정부 직원은 노복(奴僕)이니 이는 정말 노복이요, 대통령이나 국무총리나 다 제군이 노복이외다.[5]

도산은 국민 한 사람 한 사람이 황제이고 주인이라고 말했다. 민주주의는 국민 한 사람이 주인이 되는 시민의식이다. 주권자인 민주시민은 주인의식을 가지고 국가의 일에 참여하고 국가의 주인으로 무한한 책임을 져야 한다.

그래서 도산은 국민과 정부 직원과의 관계를 냉철하게 구분한다. 도산은 국민을 군주로 보고 노복(奴僕)은 정부 직원으로 본다. 그러므로 주권자인 국민은 그 종살이를 하는 노복(奴僕)을 선히 인도하는 방법을 연구해야 한다. 정부 직원들은 인민의 노복이다.

정부 직원은 결코 인민 각 사람의 노복이 아니라 인민 전체의 공복이다. 그래서 정부 직원들은 인민 전체의 명령을 복종하고 개인의 명령을 따라서 사용하는 노복이 아니다. 그러니까 정부 직원을 사복으로 삼으려고 하지 말고 공복으로 삼아야 한다. 국민과 정부 직원은 각자의 위치에서 최선을 다해야 할 근본적인 자세와 책임에 대해서 말한다.

---

5 안창호, 앞의 책, 655쪽.

도산은 국가의 주인인 국민이 나라의 주인으로서 책임이 있음을 주장하면서 황제인 제군들이 신복(臣僕)인 직원들을 다루는 법을 알아야 한다고 말한다. 노복(奴僕)은 명령과 견책만으로 부리지 못한다는 것을 일러 주어야 한다는 말이다. 당국자에게 공격만 하지 말고 칭찬도 해주고 만일 종들이 불만이 있어 다른 종이 필요하거나 다 내쫓거나 새 종으로 간다고 해도 만일 쓸만하다면 얼러 주면서 가라고 당부한다.[6]

민주 시민으로서 주권자인 국민은 정부 직원에게 국민의 심부름꾼이라는 책임감을 심어주어야 한다. 그리고 정부 직원이 국민의 노복으로서 사명감을 가지고 최선을 다해 일할 수 있는 환경을 만들어 주어야 한다. 정부 직원에게 명령과 견책 그리고 비판만 하지 말고 일을 잘했을 때는 칭찬과 격려함으로써 노복을 잘 다스려야 할 것을 말한다.

또한, 도산은 정부 직원들에게 공적인 일과 사적인 일을 구분할 것을 당부한다. 공적인 일을 하는 정부 직원들에게 개인의 사적인 부탁을 하는 것은 분명히 옳지 않다고 한다. 도산은 정부 직원을 사우(私友)나 사복(私僕)으로 삼지 말고 공복으로 삼으라 한다. 여러 사람이 국무원을 방문해 사정을 논하고 사사를 탁(托)하는 것을 보았기 때문에 정부 직원을 사우, 사복으로 삼는 것은 크게 불가한 일이라는 것이다. 공사(公使)를 맡은 자와 결코 한담(閑談)을 하지 말라고 한다. 이것이 심상한 일인 것처럼 보이지만 사실은 큰일이다. 정부 지원은 아들이나 사우(私友)라도 아들과 사우로 알지 말라고 한다. 사우를 위하는 공사를 해하는 것은 큰 죄이기 때문이다.[7]

국가의 주권자인 민주시민은 한 국가의 주인이다. 국가의 주인은 나라를 유지하고 보존하고 존속시킬 무한한 책임이 있다. 그래서 정부 직원은 사적으로 선출해서는 안 된다. 정부 직원은 공적으로 선별해서 잘 선출해야 한다. 그들에게 일할 수 있는 직무와 책임을 주어야 한다. 그들에게 충성되게 일할 수 있는 여건과 조건을 만들어 주는 것이다. 그리고 국가라고 하는

---

6   안창호, 앞의 책, 655-656쪽.
7   안창호, 앞의 책, 같은쪽.

공동체에 각 기관을 통해서 한 방향으로 힘을 집중하는 것이다.

국민 한 사람 한 사람은 힘이 미약하지만 국민 한 사람 한 사람이 공동체로서 힘을 집결하면 아주 큰 힘을 발할 수 있다. 일찍이 단체에서도 힘의 실천철학을 강조했던 도산은 개인이 나누어지면 주권을 상실한다고 했다. 그러나(상실하지만) 합하면 국민이 되기 때문에 주권을 누릴 수 있다고 주장한다.[8]

살펴본 바와 같이, 도산의 국가관은 국민 각 개인이 가지고 있는 힘을 단결하는 일에 초점을 맞추고 있다. 국민의 단결된 국력으로 국외적으로는 제국주의의 침략으로부터 보호받고 보존 받아 평안한 삶을 누리는 것이다. 국내적으로는 사회 안녕과 질서를 유지하고, 국민 각 개인이 가지고 있는 실력을 기른다. 국민 각 개인은 힘의 조화와 균형을 이루어 평안한 삶을 가능하게 해준다. 그리고 세계 모든 나라의 국민은 자국에 모든 힘을 한 군데로 단결시켜 강한 힘을 가짐으로 국가 상호 간에 침입, 즉 제국주의 침략의 위험으로부터 자국을 지키고 세계 평화를 가능하게 할 수 있다.

2. 국권 회복의 실현으로서 독립 국가

도산은 국가를 민족과 사회의 각개 분자인 국민으로 구성된 것으로 보았다. 국가는 국민이 없으면 존재할 수 없다. 국가가 있고 없는 것은 그 자체로서 국민이 개인에게 미치는 영향은 매우 크다. 그래서 도산은 국가와 국민을 나누려 하여도 나눌 수가 없는 관계로 보았다. 도산의 국가관은 민족공동체와 국민이 상호 불가분의 관계라는 인식에 기초한다. 그는 국민 한 사람 한 사람을 인정한다. 그러므로 도산의 국가관은 개인의 이익뿐만 아니라 사회 전체의 이익과 국가의 이익을 중시하는 유기체적 관점에서 볼 수 있다.

---

8 안창호, 앞의 책, 656쪽.

도산은 일평생 일제의 총칼에 빼앗긴 국권 회복을 위해 독립운동을 힘있게 전개했다. 독립운동의 전개 과정은 대한민국의 존재성을 인정받지 못하고 국가의 기능을 잃어버리는 진행 과정에 있었다. 따라서 그는 민족의 현실을 보고 나라를 사랑하는 뜻있는 국민이 일제의 압력에 굴하지 않는 민족 독립운동을 전개해 나갈 수밖에 없었다.

국가는 국민에 의해 제도나 조직을 유지하고 계속 발전해 나가는 기관이다. 도산이 활동했던 일제강점기는 국민이 국가의 정치적인 비전과 목적을 이룰 수 있는 동력이 억압된 시기였다. 국민은 국가의 존재와 독립을 담보해야 하는 가장 기본적인 문제를 가지고 있었다.

따라서 도산의 독립운동은 대한민국이 직면한 '망해 없어진 나라'라는 엄연한 현실을 기억하며 민족과 국가의 주권을 회복해야만 하는 수준에서 독립운동을 시작할 수밖에 없었다. 도산이 보는 국가는 개인적으로는 가치관, 인생관, 세계관이 배제되어 나타난다. 그러나 큰 틀에서 보면 도산이 추구하는 목표와 방향을 반영하고 있다.

이미 앞에서 살펴본 대로 국가는 국민에게 행복과 평안, 보호와 안전, 보전과 자유를 보장해야 한다. 그래야 국민은 국가가 제공하는 보호와 보존의 틀에서 개인의 기량과 실력을 발휘하며 국가의 발전에 도움이 된다. 그래서 국가는 국민과의 관계뿐만 아니라 국민의 존재와 역할에 더 큰 의미의 권리와 명예와 임무를 준다.

이러한 관점에서 볼 때, 도산의 시각은 민족이라는 범주에서 국가의 틀을 주입하고 있으며, 이에 따르는 국민의 역할을 강하게 주장하고 있다. 도산은 우리나라의 특별한 상황과 현실, 민족의 타고난 재능이나 성질을 국가와 국민의 상관관계에서 발견했다. 이것은 우리 민족이 처한 구한말의 시대적 환경이 갖는 밀접한 연관성을 기초로 한다. 그래서 도산도 한민족이라는 국가의 틀에서 관심을 가진다.

도산이 말하는 국가와 국민 역할과 실천의 중요성은 그의 성장 배경과 과정을 살펴보면 알 수 있다.

도산이 성장했던 시기는 근대 시기였다. 근대 시기는 국가와 국민의 개념과 역할이 도입되지 않는 유교의 전통적인 신분제도가 다스리는 사회였다. 신분제도 이후 암울한 일제강점기를 지나면서 신분적으로 차별을 받았던 국민은 독립운동을 계기로 한 국가의 국민으로서 그 역할이 강조되었다. 구한말의 국권을 회복하기 위한 독립운동은 국가와 국민의 관계가 재정립되기 시작했다. 오랫동안 내려오던 신분제도는 무너지고 개인이 국가의 국민으로 인정받기 시작하면서 국민이 부각되기 시작한 것이다.

이런 사회변화 속에서 도산은 국민의 역할에 관심을 가지고 주의 깊게 살폈고, 국민에 의한 무실역행의 정직한 정치를 실현하는 국민과 국가를 소망하였다.

도산은 잃었던 국가의 주권과 통치권을 되찾기 위한 전략으로 국가가 행사하는 강한 권력의 필요성을 주장한다. 그는 스스로 자족하는 강한 국가를 강조한다. 도산은 국가가 행사하는 강한 권력에 관심을 가지고 주의 깊게 보았다. 강한 국가에 대한 그의 관심은 일제의 치밀한 식민지 과정에서의 나라를 잃은 원인과 국권이 정상화된 이후의 국가 형편에 대한 그의 계획과 관련이 있다. 그는 대한민국이 나라를 잃은 원인을 힘이 없는 것에서 찾았다. 그래서 그는 힘이 있는 국가, 강한 국가를 주장한다.

나라에 힘이 없다는 도산의 문제 제기는 그가 주장하는 국가의 방향에서 근본을 형성하고 있다고 생각된다. 도산의 힘 있는 국가론은 국가 회복의 정체성이다. 그는 힘 있는 국가에 주목하여 자기 나라를 사랑하는 마음과 애국심의 정신이 나타나야 한다고 주장하고 있다. 도산의 애국심과 나라 사랑 정신은 나라를 잃은 일제 신민지 과정에서 나라를 지키고 보호하는 의지로 나타난다. 그리고 장기적으로는 국권 회복의 독립운동과 독립 국가를 실현해 나가는 정신적인 초석으로 보았다. 도산은 나라 없는 설움이 어떠한지를 묻는다. '여러분들은 겪어 보았기 때문에 그 설움이 무엇인가, 아

픔이 무엇인가를 알면서 그 앓는 소리로 8년을 지내왔다'고 했다.[9]

도산은 잃어버린 나라를 찾기 위해서는 대한민국의 정체성이 중요하다고 생각했다. 그는 한민족의 정체성을 세우기 위해서 일본에 식민지 된 나라의 현실을 직시하라고 한다. 황국 신민화된 나라의 현실을 냉철하게 직시할 때, 국권 회복을 위한 독립운동을 할 수 있고 민족의 정체성을 회복할 수 있기 때문이다.

도산은 1918년 「불쌍한 우리 한인은 희락이 없소」 중의 「나라 없는 설움 어떠하시오」의 담화에서 나라 없는 설움에 처한 민족의 현실을 피하지 말고 정신을 집중해서 보라고 언급했다.

도산은 '나라 없는 설움이 어떠하옵더니까', '여러분들이 겪어보셨지요' 하는 현실을 관통하는 질문을 통하여 나라를 잃은 아픈 심정의 주체를 여러분, 즉 국민으로 보고 있다. 도산은 '나라 없는 데서 더 아픈 일이 없다하오'에서는 나라를 잃은 망국의 한없는 슬픔을 뼛속 깊은 곳에서 표현한다. 특히, 질문하고 답변하는 반복을 통해 민족의 현실을 바라보며, 독립을 어떻게 전개해 나갈 것인가를 강조하고 깊이 고민했다.

도산은 나라를 잃은 원인을 외부의 세력에서 찾지 않았고 내부에서 찾았다. 바로 '나 자신'인 국민 한 사람에게서 그 원인과 결과를 찾았다. 그러니까 도산은 국권 상실을 타인이나 외세가 아니라 국민에게서 나라를 잃은 원인을 분석해서 찾고 해결하고자 했다.[10]

도산은 우리나라를 망하게 한 것과 나라 잃은 슬픔과 서러움의 책임은 바로 나 자신이라고 한다. 민족을 망하게 한 책임자는 나 자신이라고 언급했다. 도산은 이것에 대해 '일본으로 하여금 우리 조국에 손톱을 박게' 한 민족의 현실을 나 자신이 애통해야 한다고 한다. 나 자신의 행동으로 인한 선택으로 인해 큰 후회를 느끼는 상황을, 내 조국에 손톱을 박게 했다고 표현한다.

---

9   안창호, 앞의 책, 603쪽.
10 주요한, 앞의 책, 33-34쪽.

도산은 자신이 왜 일본이 내 조국에 손톱을 박게 했는지, 왜 이완용이 조국을 팔도록 내버려 두었는지에 대해 자기 비판적인 발언을 했다. 나라를 팔아먹는 주체를 이완용이 아니라 '나 자신'으로 보았다. 이런 도산의 시각은 나라를 잃은 원인과 책임을 바로 국민으로 보았다.

또한, 나라를 찾고 국권을 회복하는 주체를 국민으로 보고 있다. 즉, 국민이 스스로 자립 자족하고 나라를 사랑하는 애국심을 가져야 국권 회복이 될 것으로 본 것이다. 도산은 「언제나 언제나」에서 애국정신을 잊지 말자 곧 편할 때나 즐거운 때나 애국정신을 잊지 말고 우리의 애국성은 죽더라도 잊을 것인가를 노래한다.[11]

도산은 힘 있는 국가, 강한 국가를 만들기 위한 근본적인 힘으로 국민 한 사람 한 사람이 애국하는 마음과 나라 사랑을 강조하고 있다. 이는 한 나라의 주체는 국민이고, 국가는 국민 한 사람의 역할을 바탕으로 한다는 그의 국가관에 기초를 두고 있다. 여기서 나라 사랑하는 마음과 나라를 사랑하는 정신은 남녀노소, 양반과 서민뿐만 아니라 모든 계층의 백성이 가져야 할 성품과 덕목이다. 애국심과 나라 사랑은 국가가 처한 상황과 관계없이 나라의 주체라면 반드시 갖추어야 할 근본정신이다.

이런 나라 사랑하는 마음과 나라 사랑의 실현은 시간과 장소의 구분을 넘어서고, 남녀의 성별과 양반과 서민의 신분과 남북의 지역을 극복해서 하나되기를 힘쓰는 민족과 나라의 통합정신을 함의한다.

그러므로 도산의 애국심과 나라 사랑은 국민으로서 정체성을 마련하고 국가와 국민이 독립 국가를 실현할 수 있는 근거로서 말한다. 도산은 신 대한의 애국청년의 끓는 피가 뜨거워서 일심으로 분발하여 혈성대를 조직하기 위해 굳게 맹세하였다. '두려워 마라 부모국아 강하고 담대하고 용맹이 있는 혈성대의 청년들의 부모국을 지켜내기 위해 굳게 파수를 섰다. 산은 능히 뽑히더라도 우리 정신은 뽑히지 않는다'고 했다.[12]

---

11 안창호, 「언제나 언제나」, <신민일보>, 1915년 9월 16일자.
12 주요한, 「혈성대」, 『安島山全集』, 흥사단, 568-569쪽.

도산은 힘 있는 강한 국가를 세우기 위한 정신적 근거로서 나라를 사랑하는 피 끓는 애국청년의 임무에 관심을 가지고 주의 깊게 살폈다. 민족을 사랑하는 애국청년은 비록 주권을 상실한 나라이지만 대한민국을 끊임없이 사랑할 수 있는 사실 그리고 현재와 미래의 주인이기 때문이다. 도산은 불타는 마음을 「혈성대」 가사 중에서 '신 대한민국의 애국청년'으로 현상화하여 변화와 혁신의 주체인 애국청년을 힘 있게 말하고 있다.

도산은 국가를 발전시켜 나가기 위해서 경제적 기초로서 3대 자본을 강조하고 있다. 그가 주장하고 있는 3대 자본은 경제적인 자본의 토대로서 금전의 자본, 정신적 자본의 기초로서 지식과 기술의 자본, 도덕적 자본의 밑바탕으로서 신용의 자본을 말한다. 3대 자본의 토대는 물질적인 것과 기술적인 것과 인적인 것은 독립운동의 기초가 된다고 정확하게 예측했다.

물적, 인적, 정신적인 토대는 이상 국가를 실천하기 위한 도산의 철학이 집약된 대공주의의 실현과도 긴밀하게 연결된다. 대공주의는 도산의 무실역행의 인생관과 기독교 실천철학을 중심적으로 표현한 것이다. 사(私)적인 것보다 공(公)적인 것을 으뜸으로 삼고 무슨 일이나, 어떤 일에서나 무실역행의 실천철학으로 그릇됨이 없이 아주 정당하기를 힘쓰고 공평하여 사사로움이 없는 것을 힘쓰는 것을 말한다.[13]

결론적으로 도산은 대한민국을 공동체적인 시각에서 국민을 세우고자 했고, 국민 한 사람 한 사람의 이익을 실현하기 위해 노력했고, 국민으로부터 시작해서 잃어버린 나라의 국권을 회복하기 위해 독립운동을 했다. 국권 회복의 독립운동은 국민과 국가를 참되게 세우고 발전시키기 위한 것이다. 도산은 국내외적인 독립운동의 토대로 도산은 지역과 국경과 국적을 뛰어넘어 활동을 전개했다. 즉, 그의 국권 회복은 힘 있는 강한 국가의 역할과 건강한 방향으로 드러났다.

---

13 박의수, 「도산 안창호의 사상과 민족운동」, 『도산 안창호의 사상과 민족운동』, 도산사상연구회(편), 1995, 130쪽.

3. 주인의식의 실현으로서 통합 국가

　도산의 국가관은 국가의 백성 한 사람 한 사람이 주인의식과 힘을 합쳐 하나로 만드는 합동, 통합 국가의 비전을 이루는 것이다. 국가에서 국민통합은 단체나 사회에 있어서 갈등이나 분쟁을 해결하고 발전과 번영 그리고 질서와 안정을 만들어 가는 데 영향을 미친다.
　그런데 국민통합은 도산이 활동했던 일제강점기에만 국한된 과제는 아니다. 오늘날의 국민통합은 민족통합과 앞으로의 통합 국가를 구현하는 데 중요한 과제이다. 국민이 하나되는 것은 사회를 구성하는 국민이 사회적인 통합을 통해 사회의 대립과 갈등을 해결하는 중요한 일이다. 국민통합을 실현하기 위해서는 국민이 하나 될 수 있는 공통분모를 필요로 한다. 도산은 그의 연설과 담화를 통해서 합동, 곧 국민 합동, 민족 합동을 부르짖는다.
　도산은 독립운동의 전개 과정에서 희생하고 감내해야 할 부분을 국민 구성원들 간의 갈등과 반목, 서로 대립하는 것으로 보았다. 국권 회복과 대한 독립을 이루고 국민 간에 보호와 질서, 회복과 안정을 가지는 것이 최우선의 문제라고 보고 해답을 제시한 것이다.
　도산은 국민 한 사람 한 사람의 힘을 조직화할 때 통합 국가의 목표를 이룰 수 있다고 하였다. 그는 국민 모두 하나되는 것을 힘쓰고 합동이라는 토대 위에서 단체(동우회, 흥사단)와 사회와 민족의 조화를 이루는 방향으로 나아갔다. 그는 사회와 민족 조화 방향에서 국민통합과 통합 국가를 실현하기 위한 구체적인 대안과 방법을 제시한다. 먼저 개인적으로는 책임감이 있는 주인의식을 가지고 자발적인 참여를 주장한다. 단체나 국가적으로는 균형과 조화를 이루고 리더의 역할을 강조한다. 리더는 개인과 국민 그리고 국가의 상호관계 안에서 문제의 해결을 찾고 있다. 그는 일평생 나라 잃은 국민의 합동과 통합 국가를 중요하게 생각했다. 그래서 그는 통합의 실현을 위해 단체와 국민과 국가에 갈등과 반목, 대립을 해결하는 지도자를 세우는 데 노력했다. 그리고 국민통합을 이끄는 지도자의 책무에 주목했다.

도산은 '갑자 논설' 중에 「당신은 주인입니까」라는 글에서 민족사회의 참 주인, 참 지도자의 책임과 임무에 대해서 주장하고 있다.[14] 도산이 말하고 있는 참 주인은 대한 사회의 실제적인 주인이자 민족사회의 참 주인을 뜻한다. 참 주인이란 무실역행을 하는 주인을 의미한다. 거짓이 없고, 바르고 변함없이 주인의 역할을 하는 것을 말한다. 도산이 언급한 참 주인은 성실한 주인, 착실한 주인, 진실한 주인이다.

도산은 무실역행의 정직한 행함이 있는 실천철학을 주장한다. 그가 이렇게 하는 것은 구한말의 일제로 인한 왜곡된 사회와 정직하지 못한 현실 속에서 '진실한 참 주인이 누구인가?'라는 질문과 연결된다. 또한, '당신은 주인입니까'라는 질문은 '당신이 진정한 참 주인으로서 무거운 책임감을 갖고 있는가?' 하는 질문과 연결된다.

도산은 주인과 객을 구분한다. 주인의 역할을 하는 국민과 객의 역할을 하는 국민이 있다는 것이다. 주인과 객의 구분은 책무를 감당하는 것을 보면 알 수 있다. 국민이 국가에 가지는 책무를 주인과 객으로 언급하는 것이다.

도산은 합동 사회와 통합 국가를 실현하기 위해서는 진정한 참 주인 의지와 정직한 통합의지를 가진 국민이 필요하다고 생각했다. 그러니까 국민 중에 책임감 있는 강한 실천을 하는 자가 참 주인이요, 참 주인이 통합사회와 통합 국가를 실현할 수 있음을 강조한다.[15]

도산은 통합 국가가 세워지는 조건으로 진실한 주인의식을 강하게 주장한다. 그는 정직한 주인의식을 민족국가, 민주국가를 실현해 나가는 중요한 기초로 생각하고 있다. 도산이 연설한 「6대 사업(시국대강연)」 중에 '이천만 국민이 다 황제이외다'라는 연설에서 알 수 있듯이, 그는 대한민국의 주인이 바로 국민이고 그 국민을 황제, 주권자라고 언급한다. 도산은 과거

---

14 주요한, 앞의 책, 518쪽.
15 주요한, 앞의 책, 같은 쪽.

의 주권자는 하나였으나 지금은 제군이 다 주권자라고 말한다. 도산이 비전으로 삼고 있는 국가는 절대 왕정국가가 아니라 국민이 주인이 되는 국가임을 알 수 있다. 국민 한 사람 한 사람이 스스로가 자족하고 자유롭게 재능을 실현하는 통합 국가이다.

국민이 국가의 주인이 되어 자신이 맡은 영역에서 최선을 다하는 것을 국민 주권자로 말하고 있다. 그는 '국민국가'에 관한 자신의 신념을 주장하기 위해 주권자의 역할을 강조했다. 도산은 주권자란 국민 한 사람 한 사람이 자발적으로 자신의 재량을 발휘해서 국가의 참 주인으로서 책임과 임무를 다하는 주권자를 말한다.[16]

도산은 연설과 담화를 할 때, 과거와 현재가 동떨어진 것이 아니라 연결선상에서 국민의 변화에 대해서 언급하고 있다. 그는 과거에 아무리 암울한 역사를 가졌다 할지라도, 역사의식을 토대로 진정한 참 주인의식을 행사하여 민족의 현실 문제를 극복하려는 해결책을 찾고자 하였다.[17] 도산은 문제의 해결책을 국민의 주인의식에서 찾았다. 그리고 도산은 참 주인의식과 함께 공동적으로 하는 국민통합을 통해 직면한 우리 민족의 현실을 극복하려 했다.

이를 위해 도산은 국내외 동포들의 마음과 정신을 한 방향으로 결집해 하나의 목적을 지향하고 조정과 통합시킬 수 있는 지도자를 말한다. 도산은 합동의 역할을 할 수 있는 지도자를 제시한다. 그는 지도자의 합동 역할의 주장을 통해 국민통합을 실현하고자 하였다.

도산은 통합을 위한 실현의 방법으로 합동을 제안한다. 그리고 합동을 위한 조건으로 첫째는 목적을, 둘째는 합동의 목적을 달성하기 위한 방향과 계획을 언급한다. 합동은 국민 모두의 공통된 관심과 조건과 목표가 하나로 될 때 힘 있게 실천된다고 본 것이다. 이렇게 함께할 수 있는 관심과

---

16 안창호, 앞의 책, 655쪽.
17 장규식, 「도산안창호의 민족주의와 시민사회론」, 『도산사상연구』, 도산사상연구회, 2000, 제6집, 64쪽.

조건을 이루기 위해서 도산은 통합의 수행자로 지도자를 생각했다.

도산은 참 주인 정신을 가진 지도자야말로 무실역행의 정신으로 목적을 향해 국민 합동을 실천할 수 있는 적격자라고 하면서, 의로운 참 지도자의 표준과 주인의식을 가진 지도자의 역할을 주장한다. 그가 주장하는 지도자란 먼저 지도자 자신이 사람을 품고 국민을 사랑하고 국민과 모든 영역에서 조화를 함께 이루어 가는 조정자로 보고 있다. 그리고 국민의 지도자는 국민과 국가의 현 상황을 정확하게 분석 파악하여 현재 해야 할 목적과 가치가 무엇이며, 또한 어떻게 실현해 나가야 하는가에 대한 방향과 대안을 제시하는 사람으로 보았다.

도산은 지도자의 실력과 능력에 관하여는 임무와 자격에서 앞선 사람을 말하고 있다. 도산이 말하는 앞선 사람이란, 특정 계층이나 계급, 특별히 뛰어나고 정해져 있는 지도자가 아니다. 그는 단체나 사회의 사람 중에서 앞선 사람은 누구나 지도자가 될 수 있는 자격이 있다고 보았다. 그러니까 사람들의 합동과 협동을 도출할 수 있는 사람은 누구나 지도자가 될 수 있다는 것이다.[18]

아울러 앞선 사람이란 단순히 물리적으로 앞선 사람이 아니라 단체나 사회 전체 사람 중 인정된 사람을 말한다. 앞선 사람은 주의의 주된 요지를 잘 알고, 주의에 대한 방향과 방법, 능력 면에서도 인정된 자이다. 주의와 본령, 능력과 방침에 기초해 선발된, 국민 간의 갈등과 대립을 통합으로 이끌 수 있는 사람을 의미한다. 이처럼 도산은 일제강점기의 특수한 현실 속에서 국민의 통합을 실현할 수 있는 지도자의 중요성에 집중했다.[19]

국가통합의 지도자는 단순히 지도자 지위에서 실력을 갖추고 영향력과 권리만을 주장해서는 안 된다. 지도자는 현실에서 대면하고 있는 과제를 풀기 위해 주인의식을 가지고 실천할 때 국민통합을 실현할 수 있다.

---

18 안창호,「협동의 조건 - 지도자」,『島山安昌浩全集1』, 島山安昌浩記念事業會. 2000, 187쪽.
19 안창호, 앞의 책, 225쪽.

도산이 목적하는 국가는 국민이 자발적으로 변화를 이끄는 국가이다. 국민과 지도자 간의 분명한 역할 분담과 실천을 통해, 하나가 될 때 국가의 힘이 작동하여 국민합동, 국민통합을 이룰 수 있다고 본 것이다.

이런 관점에서 국민의 존중과 사랑을 실천하는 지도자는 개인과 국가의 통합을 실천하는 방향으로 나아간다. 그러므로 도산은 주인의식을 가진 지도자가 준비될 때 강한 국가, 정직한 국가를 실천할 수 있고 통합 국가가 실현될 수 있다고 인식하였다.

4. 변화의 실현으로서 문명국가

도산은 대한민국이 스스로 자족하고 변화와 발전을 실현하는 것을 목적으로 하고 있다. 도산은 국가가 힘있게 변화하는 문명화된 국가를 지향하였다. 그는 문명국가, 문명 민족을 위해서 변화와 포용과 수용의 필요성을 생각하고 대한민국 발전의 청사진을 제시하였다.

그는 일제강점기의 억눌린 식민 문화의 구습의 탈피를 원했다. 그래서 그는 우리 민족의 뛰어난 문화의 우수성을 강조하여 문명 발전을 지향한다. 문명 발전에 대한 도산의 생각은 기존 민족문화의 발전하지 못한 구습의 형태를 비판하는 것으로 시작한다.

도산은 민족문화의 현실을 냉철하게 분석하고 진단한다. 그는 구습의 문제를 해결하기 위해 관심을 가질 뿐만 아니라 변화가 없는 민족문화를 비판하였다. 특히, 세계 근대화의 흐름에 대응하지 못하고 구 문화에 편승하여 기득권을 유지하는 구한말 정부 지도층의 의식변화를 촉구하면서 근대화의 흐름을 따라 자주적이면서 능동적이고 자발적인 사고의 변화가 필요하다고 역설하였다. 이렇게 도산은 변화 없이 정체되어있는 기존의 옛 구습의 낡은 사고방식에서 벗어나 근대 신문화를 받아들여야 하는 필요성을 강변한다.

도산은 「오늘의 대한학생」 담화에서 구한말에 질서 없이 도덕으로 혼란 상태를 진단한다. 구 도덕은 깨져 버렸고 신 도덕은 없어서 혼란한 상태가 되었다고 한다.[20] 도산은 「오늘의 대한학생」이라는 연설에서 우리 문화의 문제를 진단하고 현재의 문화적 도덕적 혼란을 이겨낼 수 있는 자세와 태도를 연설한다. 새로운 신문화와 신 도덕을 과감하게 수용할 필요성을 역설하면서, 특히 신문화와 신 도덕을 받아들이기 위한 자세는 남이 알든지 모르든지 대한 민족에 대한 헌신적인 정신과 희생적인 정신을 기르는 것이라고 하였다. 그는 무엇보다 긍휼히 여기는 정신을 길러야 함을, 그리고 서로 협동하는 공동적 정신을 배양하여야 함을 언급한다.

도산이 신문화와 신 도덕을 수용하는 데 정신과 태도를 언급하는 것은 신문화의 무분별한 수용이 아니라 비판적으로 분석해서 받아들여야 하는 것을 전제로 하는 것임을 유의해야 한다.

도산은 신문화와 신 도덕을 받아들이는 수용의 의지를 「우리 민족사회 불평시하는가 측은시하는가」라는 담화에서 더 명확하게 강조한다.

도산은 우리 민족은 아름다운 기질과 아름다운 산천에서 성장했고 그래서 근본이 우수한 민족이라고 한다. 그런데 일시 불행한 경우에 처하게 된 것은 단지 구미 문화를 남보다 늦게 수입했기 때문이라고 했다. 동아의 신문화가 처음으로 들어왔을 때 정권을 잡았던 자들이 몽매(蒙昧)했기 때문에 신문화가 늦게 들어왔다는 것이다.[21]

아울러 도산은 신문화를 받아들이지 못한 원인을 몽매한 정치권과 구미의 문화를 남보다 늦게 수입한 까닭이라 하였다. 자국의 문화가 구습을 못 벗어날 수밖에 없었던 이유를 말하였다. 또 그는 「우리 민족 사회에 불평시(不平視)하는가, 측은시(惻隱視)하는가」라는 글에서 근본적으로 우수한 지위에 있는 우리 민족이 구습에서 벗어나지 못한 것으로 인해 열등한 민

---

20 안창호, 앞의 책, 549쪽.
21 안창호, 앞의 책, 517쪽.

족으로 오해를 받는 현실을 가슴 아파한다.²²

계속해서 도산은 근대문화 수용의 문제에 대하여 언급한다. 우리 민족이 다른 신문화를 수용할 문화수용의 태도와 자세는 문화수용의 필요성보다 더 객관적인 관점에서 해야 한다는 것이다. 그는 「우리 민족사회 불평시하는가 측은시하는가」라는 글에서 신문화 수용의 자세와 태도에서 포용 의지가 부족하여 우리 문화의 발전이 늦어지게 되었다고 하였다.

그러니까 도산의 분석은 기존 구습 문화의 포용성이 없는 것을 비판하는 것이다. 동시에 도산의 주장은 구습 문화의 정체성을 극복하기 위한 태도를 강조한 것으로 사료 된다.

도산은 앞서 논한 내용을 기초로 개조론을 전개한다. 도산은 개조론을 의인화해서 독특하게 설명한다. 개조론의 중요한 핵심 사항은 문명에도 습관이 있다는 것이다. 그래서 그는 문명의 습관을 강조한다. 따라서 문명 습관의 변화로서 빠르게 받아들이는 것이 전제될 때 다른 민족보다 문명의 발전이 크게 일어나는 것을 핵심 내용으로 한다. 도산은 습관을 개조하라고 한다. 모든 문명한 사람은 그들의 문명한 습관 때문이며 야만한 사람들은 그들의 야만적인 습관 때문이라고 하면서 모든 문명스럽지 못한 습관을 개조하여 문명스런 습관을 가지자고 말한다.²³

구한말 도산이 개조론으로 민족을 일깨운 시기에 문화는 국가의 향상이 눈에 띄게 발전하는 매개체로 작용했다.

도산은 우리 문화의 자부심과 자긍심을 고취하고 문명을 실현하기 위하여 개인과 민족 그리고 국가 개조의 중요성을 주장했다. 도산의 개조는 일본과 서양을 답습하는 것이 아니었다. 그는 민족주의 관점에서 개조론을 주장했다. 도산의 개조론은 일본을 미화하고 일본과 서양에 추종하는 개조가 아니라 민족의 정체성을 분명히 하는 개조론이었다. 그는 서양의 신문

---

22 안창호, 「우리 민족사회(民族社會)에 불평시(不平視) 하는가 측은시(惻隱視)하는가」, 도산기념사업회(편), 『安島山全集 中』, 516쪽.
23 안창호, 앞의 책, 646쪽.

화를 받아들일 것은 빨리 수용하고 수용하지 말아야 할 것은 받아들이지 않았다.

또한, 도산의 개조는 국부적인 것이 아니라 전방위적이었다. 민족문화의 진보를 위한 개조는 습관, 풍속, 농업, 상업, 토목, 교육, 종교 등을 제안하였다. 도산은 개인, 단체, 사회, 국가에 변화가 없는 민족문화를 과감하게 혁신할 것을 주장했다. 도산의 문명과 문화관은 국가의 발전과 국가의 혁신, 국가의 변화를 동일 선상에서 대안을 제시하여 민족과 국가 발전을 실현하고자 하였다.

도산은 문명(文明)이란 아름다운 것, 명(明)은 밝은 것이니 화려하고 광명한 것이라고 한다. 분명한 것은 문명은 아름답고 밝은 것이지만 문명하지 못한 것은 어둡고 더럽다. 행복이란 본래부터 귀하고 좋은 물건이다. 그래서 밝고 아름다운 곳이 있다. 문명한 나라에는 행복이 있다. 그러나 문명하지 못한 나라에는 행복이 없다. 문명한 나라 백성들은 문명에서 오는 행복을 보존하고 증진하기 위해 문명을 보존하고 증진한다고 말한다.[24]

도산이 바라는 문명은 문명한 국가를 만들고 문명한 국민을 보호하고 보존하여 행복한 나라에 이르게 하는 것이다. 도산은 문명 소통국가를 실현하는 것을 추구했다. 구 문화와 신문화가 국민 속에서 자유롭게 소통할 수 있는 국가를 지향하였다. 이것은 기존의 제도나 체제를 개혁하는 개조를 통해서 민족을 회복하는 것, 문명 개조국가를 지향하는 것이다. 문명 개조의 관점에서 도산의 문명한 국가는 민족문화의 진보와 발전을 위한 정신적, 사회적, 정치적 개조로서 대한민국 전체의 행복으로 나타난다.

앞에서 살펴본 도산의 국가관은 개인과 단체와 국가의 유기적 관계에 기초한 관점이다. 그는 전체 속에서 국민 한 사람 한 사람의 역할에 주목한다. 그는 국가를 민족공동체적 관점에서 보고 있다. 즉, 도산이 말한 이상적인 국가의 실현은 힘 있는 강한 국가, 통합 국가, 문명국가를 목적으로 한다.

---

24 안창호, 앞의 책, 같은 쪽.

그리고 이런 국가의 실현은 민족의 발전과 진보를 이루는 방향으로 나타났다. 도산의 문제의식은 일제강점기에 민족의 현실을 정확하게 파악하고 대한민국의 발전 실마리를 찾은 국가의 방향에서 알 수 있다. 도산의 국가에 대한 시각은 외세에 의해서 국민 한 사람의 권리가 침해받지 않고 보호와 보존을 받으며 자유가 보장되는 국가관이다. 국가의 틀에서 개인의 권리가 보존 보호되고 독립된 나라의 자유인으로 떳떳하게 살아갈 수 있는 국가를 만드는 것이다.

결론적으로 도산의 국가관은 국가 전체와 개인 간의 관계에 있어서 하나의 유기적인 관계를 형성하는, 유기적인 국가관의 성격이 드러난다. 도산은 힘 있는 강권 국가와 문명국가의 확립을 실천하는 과정에서 민족통합을 주장한다. 그는 민족주의를 포괄적 개념으로 사용하고 있다. 따라서 도산이 실천하고자 하는 통합 국가의 실현은 국민과 국가통합에 토대를 두는 국민통합 국가의 형태로 제시될 수 있다. 그러므로 도산은 나라를 찾는 국권 회복을 위한 독립운동의 실현 과정에서 국가 전체와 국민 간의 유기적 관계에 기초하여 국민통합 국가의 형태에서 제안하고 있음을 알 수 있다.

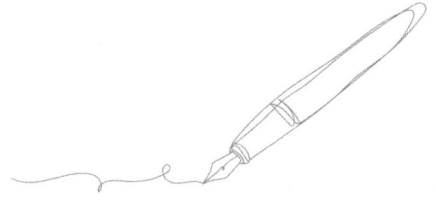

제5부

결론

* * *

    도산 안창호의 기독교 실천철학은 유가 철학과 기독교에 토대를 두고 있다.

    도산의 기독교 실천철학은 유학과 기독교의 융합이다. 도산은 유교적 전통에 토대를 둔 가정에서 태어났다. 어린 시절 그는 유교 전통에 엄격했던 할아버지 밑에서 한문을 수학하고 유학(儒學)을 공부했다. 유교 전통에 사로잡혀 있던 그는 상경 후, 언더우드가 경영하는 구세학당에서 기독교의 정신과 세계관과 가치관 그리고 성경의 진리를 배웠다.

    도산의 기독교 실천철학에서 존재론, 형이상학, 인식론, 미학 등 기본적 철학 체계는 많이 부족하다. 하지만 윤리학과 도덕철학 그리고 가치론은 풍성하다. 그리고 무엇보다도 구한말 일제강점기라는 특수한 상황 속에서 대한제국의 독립이라는 시대적인 문제를 해결하는 데 있어서 강력한 실천적 대안을 제시하고 있다. 도산의 유교 철학은 그 밑바탕에 율곡(栗谷) 이이(李珥)의 무실 철학, 18세기 조선 말의 실사구시(實事求是) 실학의 맥을 계승하고 있다. 도산은 무실의 개념과 실학의 정신을 기독교와 융합했다. 그는 성경의 (서양) 직설법과 명령법의 프레임에 동양의 무실역행과 정의돈수를 융합하여 자신만의 방식으로 독특하게 발전시켰다.

    이제 동서양의 융합으로써 도산 안창호의 기독교 실천철학에 관한 연구를 요약하고 결론을 맺고자 한다.

    무엇보다 먼저, 도산의 기독교 실천철학의 핵심은 무실역행(務實力行)과 정의돈수(情誼敦修)이다. 도산의 실천철학을 다른 여러 관점에서 고찰하는 것이 가능하지만 그의 철학의 핵심은 무엇보다 무실역행에 있다. 도산은 구한말, 대한제국이 망한 원인을 정직하지 못하고 진실하지 못한 공리공담(空理空談), 즉 거짓에서 찾았기 때문이다. 그리고 대한제국의 독립과 발전과 문명국가로 나아가는 청사진도 정직과 진실에 있다고 보았다.

도산은 무실(務實)의 유가 철학적인 근거를 중용(中庸)의 성(誠)에서 찾았다. 성(誠)은 진실이요 참이다. 송나라의 주자(朱子)는 성(誠)을 '진실하고 정직하여 거짓이 없는 것'이라 정의하였다. 도산은 중용(中庸)의 성(誠)을 무실(務實)의 개념으로 바꾸어 자신의 실천철학의 기본 개념으로 삼고 무실역행(務實力行)을 주장했다. 그래서 도산은 무실역행의 지향점을 진실성(眞實性), 착실성(着實性), 실용성(實用性) 그리고 실천성(實踐性)에 두었다. 무실 철학의 가장 본질적이고 근본적인 것은 진실(眞實)이다. 거짓 없는 참을 말한다. 착실성은 진실의 연장으로 견실하고 실한 것을 말한다. 실용성은 실제성을 말한다. 실천성은 강력한 행함을 말한다. 공리공담이 아니라 몸소 이행하는 실천궁행(實踐躬行)을 의미하는 것이다.

또한, 도산은 구한말 나라를 잃은 원인을 거짓에서 찾았다. 그는 조선 민족의 정치, 사회, 경제 구석구석에 정직과 진실이 결여하고 있다고 진단했다. 따라서 민족을 변화시키기 위해서는 다른 어떤 것보다도 먼저 진실성과 착실성과 실용성 그리고 실천성을 지향으로 하는 무실역행을 강력하게 시행하는 것이 중요하다고 생각했다.

구세학당은 동서양 만남의 시간과 공간이었다. 도산은 구세학당에서 예수 그리스도를 중심으로 하는 기독교 진리를 체계적으로 배웠다. 그리고 그는 그곳에서 산수, 영어, 성경, 군사학, 한문 등, 신학문을 배웠다. 이런 서양의 신학문뿐만 아니라 다양한 서구 문명과 문화를 접하고 유길준(俞吉濬)과 양계초(梁啓超)의 사상적 영향도 받았다. 그가 어려서부터 배운 유학의 무실에 대한 개념은 구세학당에서 배운 기독교 정신과 융합하면서 직설법과 명령법으로 표현되기 시작했다.

성경의 프레임과 관점은 직설법과 명령법으로 되어 있다. 직설법을 통해서 원리적인 면을 설명하고 명령법을 통해서 원리를 어떻게 삶에 적용할 것인가를 말하는 것이다. 사복음서(마태복음, 마가복음, 누가복음, 요한복음)에 나오는 예수의 가르침은 직설법과 명령법이 유기적으로 함께 어우러져 나오는 구조를 가진다. 그뿐 아니라 바울서신은 서신 앞부분에서는 직설법으로 그리스도인의 삶의 원리를 설명하고 이어지는 서신 뒷부분에서는 앞에서 말한 삶의 원리를 명령법을 통해서 삶에 직접 적용할 것을 촉구한다. 도산은 구세학당에서 성경과 교리문답을 배우면서 자연스럽게 성경의 직설법과 명령법을 배웠을 것이다.

도산은 자신의 연설과 담화 그리고 글에서 원리를 설명할 때는 무실역행이나 정의돈수의 유가적인 개념을 직설법의 형태로 말하고 뒤이어 실천의 부분을 강조할 때는 성경의 단어나 문장 그리고 성경의 의미를 가지고 와서 기독교 실천철학으로 살아갈 것을 강조하면서 명령법을 사용했다.

이렇듯 도산의 모든 글과 연설은 직설법과 명령법으로 되어 있다. 그의 연설과 글이 논리적이고 귀에 잘 들리는 것은 직설법과 명령법의 구조로 되어 있기 때문이다. 도산은 직설법과 명령법의 관점으로 동서양의 융합을 실천철학으로 제시하고 있다.

무실역행의 출발점으로써 애기애타(愛己愛他)는 먼저 자기 자신을 참으로 사랑하지 않는 자 즉, 무실역행의 사랑이 없는 자는 타인과 가족을 사랑할 수 없다고 말한다. 그는 어떻게 자신을 사랑할 수 없는 자가 이웃을 사랑할 수 있는가를 반문하면서 사랑의 출발점은 자기 자신을 진실로 사랑하는 것임을 강조한다. 도산은 자기를 사랑하는 사람은 하나님과 이웃을 사랑한다고 언급한다.

도산은 혼인관에 있어서도 자신을 거짓 없이 사랑하고 존중하는 자가 다른 사람을 존중할 수 있다고 말했다. 특히, 자녀들에게 교훈할 때 혼인의 조건은 외형적인 것이 아니라 자기 일을 사랑하고, 자기 일에 성실하고, 자신 일에 충실한 자와 결혼할 것을 당부했다. 그는 자녀들의 혼인에 있어서도 무실역행을 강조했다. 그리고 도산은 가정에 정의돈수가 강같이 흘러야 함을 주장했다. 즉, 부부 관계와 자녀 관계를 통해 가정이 서로 사랑하고 존중함으로 가정이 세워져야 하는 것이 도산의 주장이다.

도산은 무실역행의 훈련장으로서 단체에서는 힘의 철학을 강조한다. 그는 대한민국의 독립을 위해서는 힘을 양성하는데 집중할 것을 주장한다.

그는 힘의 철학의 근원을 무실역행(務實力行)이라고 생각했다. 도산은 무실역행의 훈련장으로써 단체의 중요성을 이야기하면서 힘의 철학을 강조했다. 그는 구한말 조선의 독립을 위해서는 민족적인 힘을 양성하는 데 집중해야 함을 주장했다. 그가 말한 힘의 철학의 근원에도 역시 무실역행(務實力行)이 자리하고 있다. 도산은 구한말에 우리 민족의 국력이 약화 된 원인을, 정직을 잃어버리고 거짓된 것을 추구한 이유로 보았기 때문에 민족적인 힘을 양성하는 방법 역시 거짓이 없는 정직과 진실에서 찾고자 했다. 도산은 세상의 모든 일이 힘의 소산물이지만 그 힘은 거짓에서 나와서는 안 되고 진실함에서 나와야 한다고 생각했다. 정치든, 행정이든, 교육이든, 상업이든, 국방이든 분야에 상관없이 거짓된 것은 진정한 힘의 원천이 될 수 없다고 생각했다.

도산은 국가와 사회를 건강하게 변화시키는 주체는 정직한 국민이고 진실한 사회 구성원이라고 생각했다. 결국, 모든 일은 인간이 하는 것이기 때문에 일을 수행하는 인간 개개인의 정직하고 진실한 품성이 일의 성패를 좌우한다고 믿었다. 사람의 근본 마음이 진실해야 일을 성취할 수 있고 사람의 일도 진실하고 정직해야 성공할 수 있다고 생각한 것이다. 그래서 도산은 나라의 미래를 짊어진 젊은이들이 진실하고 참된 인격과 그 참된 인격에서 나오는 품성을 소유해야 한다고 강조했다. 그래야만 다른 민족이나 나라가 결코 무시할 수 없는 진정한 힘이 양성될 수 있다고 보았던 것이다. 그리고 그렇게 양성된 각 개인의 힘들이 모일 때 국가의 독립을 이룰 수 있는 거대한 힘이 될 수 있다고 생각했다. 그래서 도산은 힘을 기르는 실천철학의 방법으로서 각 개인이 정직하고 건전한 인격을 함양하는 것 외에 각 개인이 단체를 이루고 그 단체 안에서 사심 없이 신성하게 단결할 것을 강하게 주장했다. 그리고 도산은 단체를 이끌어가는 지도자의 중요한 조건으로 솔선수범하며 자기 일에 충실한 자여야 한다고 언급했다.

도산은 무실역행의 실현장으로서 국가를 생각할 때, 백성이 주인이 되는 민주주의를 주장했다. 도산에게 있어서 국민 한 사람 한 사람이 황제이고 주인이었다. 민주주의는 국민 한 사람이 주인이 되는 시민의식으로 연결된다. 그는 주권자인 민주 시민은 주인의식을 가지고 국가의 일에 참여하고 국가의 주인으로서 무한한 책임을 져야 한다고 주장했다. 그래서 도산은 국민과 정부 직원과의 관계를 냉철하게 구분했다. 도산은 국민을 군주로 보았고 노복(奴僕)은 정부 직원으로 보면서 주권자인 국민은 그 종살이를 하는 노복(奴僕)을 선히 인도하는 방법을 연구해야 한다고 언급했다.

아울러 도산은 대한민국을 공동체적인 시각에서 바라보며, 국민을 세워야 하고, 또한 국민 한 사람 한 사람의 이익을 실현하기 위해 노력해야 하며, 국민으로부터 시작해서 잃어버린 나라의 국권을 회복하기 위해 독립운동을 해야 한다고 주장했다. 국권 회복의 독립운동은 국민과 국가를 참되게 세우고 발전시키기 위한 것임을 강조했다

이를 통해 도산은 대한민국이 스스로 자족하고 변화와 발전을 실현하기를 소원하였다. 도산은 국가가 힘 있게 변화하는 문명화된 국가를 지향한 것이다. 그는 문명국가, 문명화된 민족을 위해서 변화와 포용과 수용의 필요성을 생각하고 대한민국 발전의 청사진을 제시했다.

도산의 국가관에서 국가 전체와 개인은 하나의 유기적인 관계를 형성한다. 그렇기 때문에, 도산의 국가관에는 유기적인 국가관의 성격이 드러난다고 말할 수 있다. 도산은 힘 있는 강권 국가와 문명국가를 세우기 위해서 무실역행을 실천하는 과정에서 민족통합을 주장했다. 여기서 그는 민족주의를 포괄적 개념으로 사용했다. 따라서 도산이 실천하고자 하는 통합 국가의 실현은 국민과 국가통합에 토대를 두는 국민통합 국가의 형태로 제시될 수 있다. 도산의 국가관은 나라를 찾는 국권 회복을 위한 독립운동의 실현 과정에서 국가 전체와 국민 간의 유기적 관계에 기초하여 국민통합 국가의 형태를 주장함을 알 수 있다.

결론적으로 도산의 기독교 실천철학은 21세기에도 가능하다. 21세기는 융합의 시대이다. 100년 전 도산은 유교의 철학과 기독교 정신을 기독교 실천철학으로 융합했다. 그의 동서양 융합의 관점은 구한말 민족에게 진실

한 비전을 제시했다. 그는 연설과 담화와 글을 통해서 공리공담에 잠들어 있는 민족을 진실로 깨웠다. 정직과 진실 강력한 실천이 바탕이 된 융합의 정신은 21세기에는 학제 간 융합, 기술 과학의 융합으로 이루어져야 하며, 특히 철학에서도 동서양 철학의 융합에 관한 연구로 이어져야 할 것이다.

도산의 기독교 실천철학은 오늘날 한국 사회에서도 너무나 필요하다. 속임수와 거짓과 부정과 비리가 사회 전반의 문제가 되고 있다. 100여 년 전에 도산이 주창한 무실역행과 정의돈수의 정직과 진실과 사랑의 정신은 현대에도 꼭 필요한 것이고 사회적으로 매우 큰 영향을 끼칠 수 있다.

정치권이 진실하고 정직해야 백성으로부터 존경받게 된다. 경제가 정직해야 기업이 살아나고 국가 간의 경쟁력도 강화된다. 교육이 정직해야 진실의 덕성과 인성과 품성 교육이 참으로 이루어진다. 과학기술의 응용이 정직해야 불량품이 나오지 않고 세계로부터 인정받을 수 있는 우수한 상품이 나와 경제와 산업이 발전할 수 있다. 모든 분야가 정직과 진실에 기초할 때 발전할 수 있고 미래에 성공할 수 있다.

오늘날 대한민국 사회는 변화와 개혁을 소망하고 있다. 그런데 개혁의 길은 멀기만 하고 오히려 후퇴하는 것 같다. 도산은 사람과 사회와 민족의 개조를 언급했다. 그런데 제도적인 개혁보다는 사람의 개혁이 우선되어야 한다. 도산이 개인의 개조 이전에 기독교의 회개를 강조한 것처럼 개조는 회개가 선행되어야 한다. 그렇게 할 때 개인과 민족 그리고 우리의 습관, 풍습과 환경이 변화하는 것은 물론, 인간이 누리고 보호해야 할 강과 산까지도 변화될 수 있다. 도산의 회개가 선행하는 인간 개조는 우리 사회의 변화와 개혁을 위한 대안적인 가치가 있다.

오늘날 대한민국은 힘의 철학의 필요성을 통감하고 있다. 155마일 허리 잘린 남북 분단과 강대국에 싸여있는 국가 안보의 생태계는 힘 있는 국력을 요청한다. 세계화 시대에 국가의 힘은 안전과 평화 그리고 민족 번영과 행복의 밑바탕이 된다. 도산은 힘의 철학의 필요성을 절절히 깨닫고 힘을 기르기 위한 전략적인 방법과 비전을 제안했다. 그는 하나님이 주시는 정직한 이성, 진실한 이성, 합리적인 이성으로 민족의 현실을 진단하고 이에 대한 정확한 처방을 제안하였다. 그 힘의 원천이 정직한 사람이고, 또한 진실한 사람이라는 것을 주장하였다. 아울러 힘을 도덕력, 단결력, 경제력, 인물력 등 구체적으로 제시하였는데, 도산의 안목과 식견은 21세기에도 구체적으로 실천 가능하다는 점에서 큰 의의를 가진다.

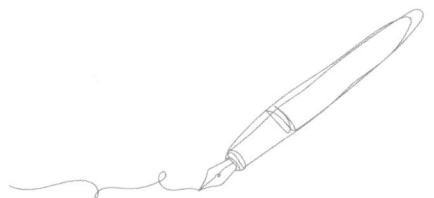

참고 문헌

강영계, 『헤겔 절대정신과 변증법 비판』, 철학과 현실사, 2004
컨트리, Robert A. 『산상설교 1. 2』, 배용덕 역, 솔로몬, 1994
금장태, 「개혁운동과 도산의 인간 개조사상」, 『安島山全書』下, 범양사, 1993
김기전, 「鷄鳴而起하야」, 『개벽』, 1921
김문수, 『겨레의 스승 안창호』, 도서출판 영, 1986
김 산, 『아리랑』, 동녘, 1984
김성도, 『독립운동의 선구자 안창호』, 계림출판사, 1984
경신중고등학교, 『경신사』, 2021
김영덕, 서광선 외, 『한국여성사 : 개화기 - 1945』, 이대출판사, 1978
김영한, 「나사렛 예수께서 가르치신 하나님 나라의 윤리」, 『크리스찬투데이』, 2022
김정환, 「도산 교육사상의 발전적 계승책」, 『도산사상연구』, 1986
김형식, 「평양 대성학교와 안창호」, 『삼천리』, 1932
김혜수, 「주자철학의 충서(忠恕)의 개념 분석과 그 윤리학적 함의 고찰」, 『中國學報』, 제80집, 2017
나진명, 「애기애타(愛己愛他)의 의미(意味)」, 『기러기』, 제43권 제10호 통권 477호, 2007
도산안창호선생전집편찬위원회편, 『도산안창호전집 1권 시문·서한 Ⅰ』, 도산안창호선생기념사업회, 2000
＿＿＿, 『도산안창호전집 2권 서한 Ⅱ』, 도산안창호선생기념사업회, 2000
＿＿＿, 『도산안창호전집 3권 서한Ⅲ』, 도산안창호선생기념사업회, 2000
＿＿＿, 『도산안창호전집 4권 일기』, 도산안창호선생기념사업회, 2000
＿＿＿, 『도산안창호전집 5권 민족운동과 대한인국민회』, 도산안창호선생기념사업회, 2000
＿＿＿, 『도산안창호전집 6권 대한민국임시정부과 유일당운동』, 도산안창호선생기념사업회, 2000
＿＿＿, 『도산안창호전집 7권 흥사단』, 도산안창호선생기념사업회, 2000
＿＿＿, 『도산안창호전집 8권 흥사단 원동위원회』, 도산안창호선생기념사업회, 2000
＿＿＿, 『도산안창호전집 9권 동우회 Ⅰ』, 도산안창호선생기념사업회, 2000
＿＿＿, 『도산안창호전집 10권 동우회Ⅱ·흥사단우 이력서』, 도산안창호선생기념사

업회, 2000
_____, 『도산안창호전집 11권 전기 Ⅰ』, 도산안창호선생기념사업회, 2000
_____, 『도산안창호전집 12권 전기 Ⅱ』, 도산안창호선생기념사업회, 2000
_____, 『도산안창호전집 13권 논찬·추모록』, 도산안창호선생기념사업회, 2000
_____, 『도산안창호전집 14권 사진』, 도산안창호선생기념사업회, 2000
라파엘, D.D. 『정치 철학의 문제들』, 김용환 역, 서광사, 1986
리델보스, H. 『하나님 나라』, 오광만 역, 도서출판 엠마오, 1987
바빙크, 헤르만. 『개혁파 윤리학』, 박문재 역, 부흥과개혁사, 2021
바클레이, 존 M. G. 『바울과 선물』, 송 일 역, 새물결플러스, 2019
박용옥, 『한국근대여성운동사 연구』, 한국정신문화연구원, 1984
박인주, 「도산 안창호의 신민주의 사회교육 사상과 실천 연구」, 아주대학교대학원 박사 학위 논문, 2017
박의수, 「도산 안창호의 사상과 민족운동」, 『도산 안창호의 사상과 민족운동』, 도산사상연구회(편), 1995
박정신, 「실력양성론」, 『韓國史市民講座』, 一潮閣, 1999
박재순, 『애기애타』, 홍성사, 2020
박재섭, 김형찬, 『나의 사랑 헬렌에게』, 소화, 1999
반구실주인, 「愛他는 愛己의 遠慮」, 『新生活』, 1922
백남준, 『한국개신교사』, 연세대학교출판부, 1995
백성호, 「백성호의 현문우답」, <중앙일보>, 2022
서상목·안혜문, 『사랑 그리고 나눔』, 북코리아, 2015
성주현, 「한말 사회진화론의 수용과 자강론의 형성」, 『시민인문학』, 2020
손동유, 「안창호의 정치활동 연구」, 홍익대학원 박사 학위 논문, 2004
스탠리 E. 포터, 『바울 서신 연구: 사도 바울의 생애와 사상』, 임재승, 조명훈 공역, 새물결플러스, 2019
심옥주, 「도산 안창호의 정치철학에 관한 연구, 그의 국가, 자유, 정의, 평화의 관점을 중심으로」, 동의대 대학원 박사 학위 논문, 2013
아리스토텔레스, 『형이상학』1권, 조대호 역, 나남, 2012
안병욱, 『도산사상』, 대성문화사, 1970
안병욱, 「민족의 스승 도산 안창호」, 『도산안창호선생기념사업회』, 범양사출판부, 1999

안창호, 「개조」, 島山安昌浩記念事業會, 『島山安昌浩全集 1』, 島山安昌浩記念事業會, 2000
안창호, 「기독교인의 길」, 『새사람』1, 1937
_____, 「나라없는 설움 어떠하시오」, 島山安昌浩記念事業會, 『島山安昌浩全集1』, 島山

安昌浩記念事業會, 2000
_____,「내무총장에 취임하면서」, 島山安昌浩記念事業會,『島山安昌浩全集1』, 島山安昌浩記念事業會, 2000
_____,「내 힘과 우리의 힘」, 島山安昌浩記念事業會,『島山安昌浩全集 1』, 島山安昌浩記念事業會, 2000
_____,「당신은 주인입니까」, 島山安昌浩記念事業會,『島山安昌浩全集 1』, 島山安昌浩記念事業會, 2000
안창호,『도산 안창호』, 흥사단출판부, 2004
_____,『도산안창호연설집』, 을류문화사, 1973
_____,「동지(同志)들게 주는 글」, 島山安昌浩記念事業會,『島山安昌浩全集1』, 島山安昌浩記念事業會, 2000
_____,「동지(同志)제위(諸位)에게」, 島山安昌浩記念事業會,『島山安昌浩全集 1』, 島山安昌浩記念事業會, 2000
_____,「따스한 공기」, 島山安昌浩記念事業會,『島山安昌浩全集 1』, 島山安昌浩記念事業會, 2000
안창호,「無情한 社會와 有情한 社會」, 島山安昌浩記念事業會,『島山安昌浩全集 1』, 島山安昌浩記念事業會, 2000
_____,「물방황」,『安島山全集 中』, 범양사출판부, 1990
_____,「부허에서 떠나아 착실로 가자」, 島山安昌浩記念事業會,『島山安昌浩全集 1』, 島山安昌浩記念事業會, 2000
_____,「비관적인가 낙관적인가」, 島山安昌浩記念事業會,『島山安昌浩全集 1』, 島山安昌浩記念事業會, 2000
_____,「사람마다 가슴에 참을 모시여 共通의 信用을 세우자」, 島山安昌浩記念事業會,『島山安昌浩全集 1』, 島山安昌浩記念事業會, 2000
_____,「사업에 대한 책임감」, 島山安昌浩記念事業會,『島山安昌浩全集 1』, 島山安昌浩記念事業會, 2000
_____,「사업(事業)에 대한 책임심(責任心)」, 島山安昌浩記念事業會,『島山安昌浩全集 1』, 島山安昌浩記念事業會, 2000
_____,「언제나 언제나」,『新民日報』, 1915
_____,「언제나 언제나」, 島山安昌浩記念事業會,『島山安昌浩全集 1』, 島山安昌浩記念事業會, 2000
_____,「예심 심문기」, 島山安昌浩記念事業會,『島山安昌浩全集 1』, 島山安昌浩記念事業會, 2000
_____,「오늘의 대한학생(大韓學生)」, 島山安昌浩記念事業會,『島山安昌浩全集 1』, 島山安昌浩記念事業會, 2000

_____,「오늘의 조선학생」, 島山安昌浩記念事業會,『島山安昌浩全集 1』, 島山安昌浩記念事業會, 2000.

_____,「우리나라」, 島山安昌浩記念事業會,『島山安昌浩全集 1』, 島山安昌浩記念事業會, 2000

_____,「우리 민족사회(民族社會)에 대하여 불평시(不平視)하는가 측은시(惻隱視)하는가」, 島山安昌浩記念事業會,『島山安昌浩全集 1』, 島山安昌浩記念事業會, 2000

_____,「전쟁 종결과 우리의 할 일」, 島山安昌浩記念事業會,『島山安昌浩全集1』, 島山安昌浩記念事業會, 2000

_____,「제1차 북경로 예배당 연설」, 島山安昌浩記念事業會,『島山安昌浩全集1』, 島山安昌浩記念事業會, 2000

_____,「조선민족의 문화향상과 민족적 대계」, 島山安昌浩記念事業會,『島山安昌浩全集 1』, 島山安昌浩記念事業會, 2000

_____,「조선청년의 용단력과 인내력」, 島山安昌浩記念事業會,『島山安昌浩全集 1』, 島山安昌浩記念事業會, 2000

_____,「청년에게 호소함-인격완성, 단결 훈련에 대하야」, 島山安昌浩記念事業會,『島山安昌浩全集 1』, 島山安昌浩記念事業會, 2000

_____,「한국여자(韓國女子)의 장래(將來)」, 島山安昌浩記念事業會,『島山安昌浩全集 1』, 島山安昌浩記念事業會, 2000

_____,「합동의 조건-지도자」, 島山安昌浩記念事業會,『島山安昌浩全集 1』, 島山安昌浩記念事業會, 2000

_____,「同胞에게 告하는 글」, 島山安昌浩記念事業會,『島山安昌浩全集 1』, 島山安昌浩記念事業會, 2000

_____,「항해가」, 島山安昌浩記念事業會,『島山安昌浩全集 1』, 島山安昌浩記念事業會, 2000

_____,「학도가」, 島山安昌浩記念事業會,『島山安昌浩全集 1』, 島山安昌浩記念事業會, 2000

_____,「合同과 分離」, 島山安昌浩記念事業會,『島山安昌浩全集 1』, 島山安昌浩記念事業會, 2000

_____,「協同論」, 島山安昌浩記念事業會,『島山安昌浩全集 1』, 島山安昌浩記念事業會, 2000

_____,「혈성대」, 島山安昌浩記念事業會,『島山安昌浩全集 1』, 島山安昌浩記念事業會, 2000

_____,「홍사단 단기가」, 島山安昌浩記念事業會,『島山安昌浩全集 1』, 島山安昌浩記念事業會, 2000

_____, 「6대 사업(시국대강연)」, 島山安昌浩記念事業會, 『島山安昌浩全集 1』, 島山安昌浩記念事業會, 2000.

_____, 「6대사업(六大事業)」, 『安島山全書』, 범양사, 1990

양용의, 『하나님 나라: 어떻게 이해할 것인가』, 성서유니온선교회, 2005

양재언, 『도산 안창호』, 흥사단출판부, 1988

오스카 쿨만, 『그리스도와 시간』, 김근수 역, 나단, 1995

오자일, 「내가 본 도산.」, 『새벽』, 1954

유교사편찬위원회 편, 『유교대사전』, 박영사, 1990

윤경로, 『새문안교회 100년사』, 2019

윤경로, 「씨알의 연원을 도산 사상에서 찾다 : 애기애타(愛己愛他) 박재순 의 애기애타(愛己愛他) : 안창호의 삶과 사상」, 『기독교사상』, 2020

윤병석, 윤경로, 『안창호 일대기』, 역민사, 1995

윤병욱, 『도산의 향기, 백년이 지나도 그대로』, 기파랑, 2012

이경직, 『기독교 철학의 모색』, 기독교연합신문사, 2006

李敬化, 「庚申年을 보내면서」, 『개벽』, 6호 1920

이광린, 『초대 언더우드 선교사의 생애』, 연세대학교 출판부, 1991

이광수, 『도산 안창호』, 상·하, 대성문학사, 1959

_____, 『도산 안창호』, 우신사, 1997

이동진, 「"우리 민족은 서로 사랑함이 부족합니다", 도산 안창호의 사상에 나타난 사랑과 자유의 의미에 대한 해석」, 연세대학교 대학원, 박사 학위 논문, 2018

이만근, 『도산어록』, 흥사단출판부, 1989.

이만열, 「도산 안창호와 그리스도의 신앙 : 역사에 살아있는 그리스도인」, 『도산 안창호 전집 11권, 전기』, 2016

이명화, 「중국에서의 안창호의 독립운동 연구」, 홍익대 대학원 박사 학위 논문, 2000

이배용, 「개화기·일제시기 결혼과의 변화와 여성의 지위」, 『한국근현대사연구』, 제 10집, 1999

이상호, 「무실역행 사상의 사적 전개」, 상·하, 『기러기』, 181호, 182호, 흥사단기러기, 편집실, 1980

이석희, 「도산사상 구조론」, 『도산과 힘의 철학』, 흥사단 출판부, 1985

이순복, 「도산 안창호의 성인교육 연구」, 강남대 대학원 박사 학위 논문, 2003

이옥수, 『한국근세여성사회 상』, 규문각, 1985

이영석, 「안창호의 정치적 리더십 연구 : 비무장 카리스마적 변환의 리더십 모델을 중심으로」, 고려대학교 대학원, 박사 학위 논문, 2015

印貞植, 「安昌浩論」, (七)·(完), 『朝鮮中央日報』, 1937

임중빈, 『도산 안창호』, 명지사, 1996
이창기, 「도산의 대공주의를 다시 생각한다.」, 『기러기』, 2020
이태복, 『도산 안창호 평전』, 동녘, 2006
이태영, 「한국 여성의 법적지위」, 『한국여성사Ⅱ』, 이화출판부, 1978
이흠영, 「主義의 分析」, 『日月時報』, 제2호, 1935
장규식, 「도산안창호의 민족주의와 시민사회론」, 『도산사상연구』, 도산사상연구회, 2000
장리욱, 『도산 안창호』, 태극출판사, 1976
장리욱, 『도산의 인격과 생애』, 대성문화사, 1975
장리욱, 「도산의 인격과 생애-가정인으로서의 도산」, 『기러기』, 제31호, 1967
장리욱, 주요한, 『나의사랑 한반도야』, 흥사단출판사, 1987
전광식, 『학문의 숲길을 걷는 기쁨』, CUP, 1998
전영택, 「안도산선생을 생각함」, 『전영택전집』, 3, 목원대학교출판부, 1994
정경환, 「도산 안창호의 교육철학에 관한 연구」, 『민족사상』, 2015
정경환, 「도산 안창호의 정치사상에 관한 연구」, 『통일전략』, 제10권, 제2호, 한국통일전략학회, 2010
_____, 「백범 김구의 문화국가론에 관한 연구」, 『한국동북아논총』 제13권 2호, 한국동북아학회, 2008
정은표, 「혼인과 가정에 대한 성경적 고찰」, 『월간개혁신앙』, 제46호, 2016
정훈택, 『신약서의 기독교 윤리의 근거와 그 의의』, 에베소서원, 1990
주요한, 『안도산전서』, 삼중당 1963
_____, 『인격 혁명』, 대성문화사, 1967
_____, 『도산 안창호 논설집』, 을류문화사, 1985
_____, 『안도산전서』, 흥사단출판부, 1999
_____, 『안도산전서』, 흥사단, 2015
주요한, 「혈성대」, 『安島山全集』, 흥사단, 1999
주운성, 「安昌浩氏演說私評」, 『三千里』, 1936
최기영, 『도산 안창호의 기독교신앙; 한국근대계몽사상연구』, 일조각, 2003
최남선, 「진실정신」, 『새벽』, 1957
최주한, 「改造論과 근대적 개인」, 『語文研究』, 2004
최진영, 「도산 안창호의 교육사상과 교육운동」, 한양대학교 교육대학원 석사 학위 논문, 2010
최청평, 「도산 안창호의 다차원적 리더십에 관한 실증 연구」, 서울벤쳐대학원대학교, 박사 학위 논문, 2017
퍼니쉬, V.P. 『바울의 神學과 倫理』, 金龍玉 譯, 大韓基督敎出版社, 1982

프랜스, R. T. 『마태복음』, 권해생, 이강택 공역, CLC, 2018
프레임, 존. 『우리는 모두 철학자입니다』, 송동민 역, 복있는 사람, 2020
프린스, R. P. 『마태복음』, 권대영, 황의무 공역, 부흥과개혁사, 2019
한국여성연구회, 『여성학강의』, 동녘, 1999
한인수, 『기독교교리해설』, 도서출판 경건, 2008
허 수, 「1920년대 전반 이돈화의 改造思想 수용과 '사람性주의'」, 『東方學志』, 2002
홍인규, 『로마서』, 성서유니온, 2001
_____, 『바울의 율법과 복음』, 생명의 말씀사, 1996
황수영, 「도산 안창호의 사회철학연구」, 충남대학교 대학원 박사 학위 논문, 2014
황의동, 「도산사상의 본질」, 『도산과 힘의 철학』, 흥사단출판부, 1985
_____, 「도산사상에 관한 고찰」, 『학생생활연구』, 제11집, 청주대학생활연구소, 1989
황의동, 『율곡 사상의 체계적 이해 2』, 서광사, 1998
_____, 『위기의 시대 유학의 역할』, 서광사, 2004
_____, 「우계학파의 학문과 사상」, 『기호유학연구』, 서광사, 2009
황의동, 「흥사단의 이념」, 『기러기』, 제60호, 제61호, 흥사단 기러기 편집실, 1969
흥사단출판부, 『흥사단운동』, 대성문화사, 1965
_____, 『흥사단 50년사』, 대성문화사, 1964
_____, 『흥사단 70년사』, 흥사단출판부, 1986
_____, 『도산안창호』, 흥사단출판부, 1987
『개벽』, 통권 5호, 1920

「서울교육역사기록 관리체계 구축 정책연구」, 『경신고등학교 학교역사기록물』, 서울시 : 2021
「안도산환영회」, <신민일보>, 1924
「오인의 신기원을 선언하노라」, 『개벽』, 1920
「인내천연구의 其七-의식상으로 觀한 자아의 관념」, 『개벽』, 1921
<신민일보>, 1925년 10월 15일자
『論語』
『中庸』
『大學』
『栗谷全書』
『性理大全』
『與猶堂全書』
『芝峰集』
『傳習錄』

『春亭集』
『梅月堂集』
『靜菴集』
『退溪集』
『河西全集』
『牛溪集』
『芝峰集』
『魯西遺稿』
『明齋集』
『南溪集』
『霞谷集』
『密庵集』
『德村集』
『敬菴遺稿』
『陶庵集』
『星湖全集』
『立齋遺稿』
『大山集』
『湛軒書』
『弘齋全書』
『老洲集』
『老洲集』
『與猶堂全書』
『梅山集』
『蕭齋集』
『鼓山集』
『淵齋集』
『艮齋集』
『楊園遺集』
『明美堂集』

Morris, Leon. *The Epistle to the Romans*. Eerdmans, 1988

Mott, S. C. *Biblical Ethics and Social Change*. New York: Oxford University Press, 1982

Schrage, Wolfgang. *The Ethics of the New Testament*. Philadelphis: Fortress, 1988

Sanday, W. and Headlam, A. C. *A Critical and Exegetical Commentary on the Epistle to the Romans*. Edinburgh, 1980

국문 초록

도산 안창호의 동서양을 말하다
직설법(Indicative)과 명령법(Imperative)을 중심으로

본서는 도산 안창호의 기독교 실천철학에 관한 연구이다. 이 연구는 도산의 기독교 실천철학의 근간이 그가 어린 시절 서당에서 배운 유가 철학과 청소년기에 구세학당에서 배운 기독교 사상이 융합되어 체계화된 것임을 보여준다.

또한, 도산의 기독교 실천철학이 함유하는 의미를 직설법과 명령법의 관점에서 설명한다. 그래서 도산의 기독교 실천철학의 핵심을 무실역행(務實力行)과 정의돈수(情誼敦修)로 보고 무실역행과 정의돈수를 실현하기 위한 애기애타(愛己愛他), 가정, 단체, 국가를 고찰하고 오늘날 한국 사회가 가진 문제를 해결할 몇 가지 방법을 제시하고자 한다.

도산 안창호는 구한말 청일전쟁과 일제에 주권(主權)을 무기력하게 빼앗기는 것을 보았다. 그래서 그는 주권을 빼앗긴 국민과 국가를 잃은 자기 민족을 위해 무엇을 할 것인가를 고민했다. 그는 큰 뜻을 품고 학문을 배우기 위해 고향인 평양을 떠나 서울로 갔다. 그는 서울 정동에서 미국인 선교사 밀러를 만나 기독교 학교인 밀러학교(구세학당)에 입학했다. 그곳에서 성경은 물론 교리문답을 통해 기독교 교리를 체계적으로 배울 수 있었다. 또 한문과 산수 같은 일반 학문도 함께 배웠다.

구세학당은 동서양이 만나는 공간이었다. 공부하는 시간은 동서양이 융합하는 시간이었다. 구세학당은 도산의 기독교 실천철학이 형성되는 데 막

대한 영향을 주었다. 구세학당 졸업 후 도산은 무실역행을 실행하는 개인과 가정, 단체와 국가에 주목하게 되었다.

도산은 교육가로서 점진학교를 세워 후학들을 가르쳤고 나라의 독립을 위해 만민공동회와 독립협회에서 왕성한 활동을 했다. 그리고 그는 청년동우회와 흥사단을 조직해서 무실역행과 정의돈수를 솔선수범하며 실천했다. 특히, 그는 연설과 담화, 그리고 설교를 통해 그의 기독교 실천철학을 주장하였다.

도산 안창호의 연설이나 담화, 설교를 보면 항상 직설법과 명령법의 관점이 등장한다. 연설이나 글을 시작할 때, 먼저 그는 직설법으로 원리적인 측면을 설명한다. 그 후 그 원리를 실천하고 적용할 것을 촉구할 때는 명령법을 사용한다. 그런데 도산의 직설법과 명령법의 독특한 점은 직설법에서는 유가 철학의 개념인 무실역행이나 한문의 내용을 말하고 명령법에서는 성경의 단어나 문장이나 의미를 가지고 와서 실천할 것을 주장한다.

도산의 많은 연설과 글은 직설법과 명령법의 구조와 관점으로 되어 있다. 직설법과 명령법의 관점은 도산이 구세학당에서 성경을 통해서 배운 것이라 할 수 있다. 그는 무실역행을 통해 진실과 정직을 직설법으로 설명하고 진실한 삶을 살 것을 성경을 통해 명령법으로 주장한다. 또한, 정의돈수를 사랑을 쌓는 원리로 설명할 때 직설법을 사용한다. 그리고 정의돈수의 명령법으로 사랑을 쌓기 위해서는 성경의 명령대로 다른 사람을 존중할 것을 강조한다.

도산은 무실역행과 정의돈수의 기독교 실천철학을 실현하기 위해서 개인과 가정과 단체와 국가를 강조한다.

첫째, 무실역행의 출발점으로서 그는 개인에게 애기애타(愛己愛他)의 삶을 살 것을 강조한다. 먼저 자기 자신을 참으로 사랑하지 않는 자는 타인과 가족을 사랑할 수 없다. 사랑의 출발점이 자기를 진실로 사랑해야 하는 무실역행이다. 그리고 자기 자신을 사랑하는 자는 하나님과 이웃을 사랑할 수 있다.

둘째, 그는 무실역행의 전개로서 가정에서 혼인(婚姻)의 중요성을 말한다. 혼인관(婚姻觀)에서도 자신을 거짓 없이 사랑하고 존중하는 자가 다른 사람을 존중할 수 있다. 혼인은 외형적인 것이 중요한 것이 아니라 진실한 마음과 상대방의 존중이다. 그리고 부부 관계에는 부부 상호 간의 존중과 신뢰가 있어야 한다. 가정은 정의돈수의 사랑 가운데 세워야 한다.

셋째, 도산은 무실역행의 훈련장으로써 단체의 중요성을 이야기하면서 힘의 철학을 강조한다. 그는 대한민국의 독립을 위해서는 힘을 양성해야 함을 주장한다. 그는 힘의 철학 근원을 무실역행(務實力行)이라고 강조한다. 그는 구한말에 우리 민족의 국력이 약화 된 원인을 정직이 없는 거짓된 것에서 발견한다. 그리고 나라의 힘을 양성하는 데는 두 가지가 필요하다고 말한다. 그것은 개개인이 건전한 인격을 양성하고 그 토대 위에 각 개인의 신성한 단결을 이루는 것이다.

넷째, 도산은 무실역행의 실현장으로써 국가에서는 백성이 주인이 되는 민주주의를 강조한다. 국민 한 사람 한 사람이 황제이고 주인이다. 민주주의는 국민 한 사람 한 사람이 시민의식을 가지고 나라의 주인이 되는 것이다. 주권자인 민주 시민은 주인의식을 가지고 국가의 일에 참여하고 국가의 주인으로 무한한 책임이 있다. 그리고 국가는 공동체적인 정신을 가지고 공동의 이익을 실현하기 위해 나아가야 한다. 또한, 국가는 변화하는 발전된 문명을 지향해야 한다. 그럴 때 국가통합을 이룰 수 있다.

결론적으로 도산의 기독교 실천철학은 21세기에도 가능하다. 21세기는 융합의 시대이다. 100년 전 도산은 유교의 철학과 기독교 정신을 기독교 실천철학으로 융합했다. 그의 동서양 융합의 관점은 구한말 민족에게 진실한 비전을 제시하였다. 그는 연설과 담화와 글을 통해서 공리공담에 잠들어 있는 민족을 무실역행으로 깨웠다.

그리고 정직과 진실의 강력한 실천이 바탕이 된 융합의 정신은 학제 간 융합, 기술 과학의 융합을 이루어야 하며, 특히 철학에서도 동서양의 융합이 학문적 융합연구로 이어져야 할 것이다.

도산의 기독교 실천철학은 오늘날 한국 사회에서도 너무나 필요하다. 속임수와 거짓과 부정과 비리가 사회적 전반의 문제가 되고 있다. 100여 년 전에 도산이 주창한 무실역행과 정의돈수의 정직과 진실과 사랑의 정신은 현대에도 영향이 매우 크다.

정치권이 진실하고 정직해야 백성으로부터 존경받게 된다. 경제가 정직해야 기업이 살아나고 국가 간의 경쟁력도 강화된다. 교육이 정직해야 진실의 덕성과 인성과 품성 교육이 참으로 이루어진다. 과학기술이 정직해야 불량품이 나오지 않고 세계로부터 인정받을 수 있는 우수한 상품이 나와야 경제와 산업이 발전할 수 있다. 모든 분야가 정직과 진실에 기초할 때 발전할 수 있고 미래에 성공할 수 있다.

오늘날 대한민국은 힘의 철학의 필요성을 통감하고 있다. 155마일 허리 잘린 남북 분단과 강대국에 쌓여있는 국가 안보의 생태계는 힘 있는 국력을 필요로 한다. 글로벌시대에 국가의 힘은 안전과 평화 그리고 민족 번영과 행복의 밑바탕이 된다.

도산은 힘의 철학의 필요성을 절절히 깨닫고 힘을 기르기 위한 전략적인 방법과 비전을 제안하였다. 그는 하나님이 주시는 정직한 이성, 진실한 이성, 합리적인 이성으로 민족의 현실을 진단하고 이에 대한 정확한 처방을 제안하였다. 그 힘의 원천이 정직한 사람이고, 또한 진실한 사람이라는 것을 주장하였다. 아울러 힘을 도덕력, 단결력, 경제력, 인물력 등 구체적으로 제시하였는데, 이러한 도산의 안목과 식견은 21세기에도 구체적으로 실천 가능하다는 점에서 큰 의미를 가진다.

핵심어: 안창호, 무실역행, 정의돈수, 구세학당, 직설법, 명령법

ABSTRACT

A Study on Dosan Ahn Chang-ho's Practical Philosophy of the Christianity Focused on Indicative and Imperative

Lee, Jung-kwon
Department of Philosophy
Graduate School of Konkuk University

This thesis is a study on Dosan's practical philosophy of the Christianity. It will show that the basis of Dosan's practical philosophy of the Christianity is the harmonized fusion of the Confucian philosophy he learned at Seodang in his childhood and the Christianity thought he learned at Guse-Hakdang, in his youth. It also explains the meaning of Dosan's practical philosophy of the Christianity in terms of indicative and imperative. This study sees the core of Dosan's practical philosophy of the Christian as Musilyeoghaeng(practical practice) and Jeonguidonsu(friendship and cultivation). It considers the love(both self-love and altruism), family, organization, and nation to realize Musilyeoghaeng and Jeonguidonsu. Furthermore it suggests several ways to solve the problems Korean society has today.

Dosan helplessly watched the First Sino-Japanese War and his country being taken away by the Japanese during at the end of the Chosen Dynasty. Dosan pondered what to do for his lost country and his people. He left Pyongyang, his hometown, and went up to Seoul for his study. There, Dosan met Miller, an American missionary and entered the Miller School as known as Guse-Hakdang.

Dosan was able to systematically learn Christian doctrine through catechism as well as the Bible. He also learned general subjects such as Chinese letters and arithmetic. Guse-Hakdang was a place where the East and the West converged and while studying there, he experienced the fusion of the East and the West. Guse-hakdang had a huge influence on the formation of Dosan's practical philosophy of the Christianity. After graduating Guse-hakdang, Dosan became interested in individuals, families, organizations, and the states that carried out Musilyeoghaeng.

As an educator, Dosan established Jumjin school to teach the younger generation and actively participated in both People's Assembly and Independence Club for the independence of his country. In addition, he organized the Youth Comrades and Heungsadan, to take the initiative in practicing Musilyeoghaeng and Jeonguidonsu. In particular, he asserted his practical philosophy of the Christianity through speeches, discourses, and sermons.

Dosan used indicative tone and imperative tone when giving speeches, discourses, and sermons to people. When he begins his speech, writing, or sermon, he explains the fundamental aspects in an indicative tone. After that, when urging the practice and application of the principle state capitalism in an indicative tone, he uses an imperative tone. There is a uniqueness in Dosan's indicative and imperative. In the indicative, he uses the concept of Confucian philosophy, such as Musilyeoghaeng or the Chinese literature in order to explain the basic principles. In the imperative, he used biblical words, sentences, or meanings in order to drive the people into practice. All of Dosan's speeches and writings consist of the structure and perspective of an indicative and imperative tone. This perspective was what Dosan learned through the Bible at Guse-hakdang. He explains truth and honesty in an indicative tone and insists on living a true life. He also explains the love of Jeonguidonsu as a principle using an indicative tone and emphasizes respect for others in an imperative tone, as the commandment of the Bible, to build love.

Dosan emphasizes individuals, families, groups, and nations in order to realize the practical philosophy of the Christianity such as Musilyeoghaeng and Jeonguidonsu.

First, as the starting point of Musilyeoghaeng, he emphasizes to the individuals to live a life of love, both self-love and altruism. Those who do not truly love themselves cannot love others including their families. The starting point of love is Musilyeoghaeng in which must truly love themselves. And those who love themselves can love God and their neighbors.

Second, he refers to the importance of marriage in the family as the development of Musilyeoghaeng. Even in the case of marriage, those who love and respect themselves without lying can also respect others. In marriage, appearance is not important, A sincere heart and respect of the other person is. The relationship between a husband and a wife should have mutual respect and trust. Families should be established in the love of Jeonguidonsu.

Thirdly, Dosan emphasizes the philosophy of power while talking about the importance of the organization as a training ground for Musilyeoghaeng. He argues that Korea must increase its power for it's independence. He points out that the source of the philosophy of power is Musilyeoghaeng. He seeks the cause of the national weakness at the end of the Chosen Dynasty in the lack of honesty. And he says that there are two components to build national strength. One is for each individual to cultivate a sound personality. The other is to form a sacred unity of each individual based on their sound personalities.

Fourth, Dosan emphasizes democracy in which the people are the masters in the state as a place of realization of Musilyeoghaeng. Each and every citizen is an emperor and master. Democracy is that all citizens become the owner of a country with a sense of citizenship. As a sovereign, each citizen participates in the affairs of the state and has unlimited responsibility as masters of the state. The state must move forward to realize common interests with a communal spirit. In addition, the state should aim for an advanced civilization that changes. Only then can national unity be achieved.

In conclusion, Dosan's practical philosophy of the Christianity is applicable in the twenty first century. The twenty first century is the age of convergence. One hundred years ago, Dosan fused Confucian philosophy and the Christian spirit into a practical philosophy. His idea presented a true vision to the people of the late Chosen Dynasty. Through his speeches, discourses, and writings, Dosan really awakened the people who had fallen asleep into the empty words to Musilyeoghaeng. The spirit of convergence, based on this strong practice of honesty and truth, should lead to interdisciplinary convergence, the convergence of technology and science, and the convergence of philosophical research.

Dosan's practical philosophy of the Christianity is absolutely necessary in today's Korean society. Deception, lies, injustice, and corruption are becoming problems throughout our society. The spirit of honesty, truth, and love, advocated by Dosan over one-hundred years ago, has a great influence even today. Only when politicians are sincere and honest can they be respected by the people. Only when entrepreneurs are economically honest, can companies survive and strengthen competitiveness among countries. Only when education is honest, true virtue, character, and character education can be achieved. Only when science and technology are honest, excellent products recognized by the world can be produced to develop the economy and industry. All fields can develop and succeed in the future when they are based in honesty and truth.

Today, South Korea is acutely aware of the need for a philosophy of power. The one-hundred-fifty-five-mile division of South and North Korea and the environment of national security surrounded by powerful countries require strong national power. In the age of globalization, national strength is the basis for safety, peace, national prosperity and happiness. Dosan acutely realized the necessity of a philosophy of power and proposed a strategic method and vision to develop power. Dosan diagnosed the reality of the nation with honest reason, true reason, and rational reason given by God and suggested an accurate prescription for it. Dosan insisted that the source of that power should be an honest and truthful person. In addition, he presented strength in detail, dividing it into categories such as moral power, solidarity, economic power, and character power.

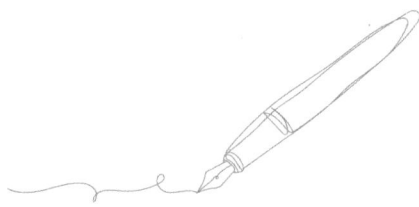